Kaiser Wilhelm-Institut für
AUSLÄNDISCHES und INTERNATIONALES PRIVATRECHT
Direktor: Hans Dölle

BEITRÄGE ZUM HANDELS- UND WIRTSCHAFTSRECHT

Herausgegeben von ERNST WOLFF

Sonderveröffentlichung der Zeitschrift für
AUSLÄNDISCHES und INTERNATIONALES PRIVATRECHT

1950

Im gemeinsamen Verlag von WALTER DE GRUYTER & CO. BERLIN und
J. C. B. MOHR (PAUL SIEBECK) TÜBINGEN

Die nachfolgenden Beiträge sind als deutsche Landesreferate zum III. Internationalen Kongreß für Rechtsvergleichung in London 1950 erstattet worden.

Der vorliegende Band umfaßt die zum 3. Teil des Kongreßprogramms erstatteten Referate. Eine Gesamtausgabe der Referate ist gleichzeitig unter dem Titel „Deutsche Landesreferate zum III. Internationalen Kongreß für Rechtsvergleichung in London 1950“ als Sonderveröffentlichung der „Zeitschrift für Ausländisches und Internationales Privatrecht“ im gemeinsamen Verlag von *Walter de Gruyter & Co., Berlin,* und *J.C.B. Mohr (Paul Siebeck), Tübingen,* erschienen.

Die Einrichtung für den Druck besorgte *Dr. Bernhard C. H. Aubin.*

Druck: Langenscheidt KG., Berlin-Schöneberg

INHALT

Die angegebenen Seitenzahlen beziehen sich auf die Paginierung am inneren Rand der Textseiten

Handelsrecht

Gewerblicher Rechtsschutz und Urheberrecht

Wirtschafts- und Arbeitsrecht

HANDELSRECHT

DIE VERSICHERUNG DER GESETZLICHEN HAFTPFLICHT FÜR KRAFTFAHRZEUGUNFÄLLE

Von Rechtsanwalt Dr. Erich Prölss, Direktor,
Hamburg und München

Literatur: Gülde/Schmidt-Rost, Die Kraftfahrzeugpflichtversicherung (1940) — *Thees-Hagemann*, Das Recht der Kraftfahrzeughaftpflichtversicherung (1940) — *Fromm*, Pflichtversicherung für Kraftfahrzeughalter und Kraftfahrzeugversicherungsbedingungen (1941) — *Schmidt-Tüngler*, Das Recht der Kraftfahrversicherung (1942) — *Prölss*, Kurzkommentar zum Versicherungsvertragsgesetz (6. Aufl. 1950) § 3 Anm. 3, §§ 149—158h, Zusatz zu §§ 149—158h (S. 440—469) — *Hagemann*, Die Einführung der Pflichtversicherung für Kraftfahrzeughalter: DJ 1939, 1757 — *Thees*, Das neue Haftpflichtversicherungsrecht: DJ 1939, 1763.

I.

Am 1. 7. 1940 ist in Deutschland die obligatorische Haftpflichtversicherung für Kraftfahrzeughalter eingeführt worden. Die wichtigsten hierfür maßgebenden Normen sind die folgenden:

a) das Gesetz über die Einführung der Pflichtversicherung für Kraftfahrzeughalter und zur Änderung des Gesetzes über den Verkehr mit Kraftfahrzeugen sowie des Gesetzes über den Versicherungsvertrag vom 7. 11. 1939 (RGBl 2223);

b) die Verordnung zur Durchführung und Ergänzung dieses Gesetzes vom 6. 4. 1940 (RGBl 617), ihrerseits ergänzt durch die Verordnungen vom 3. 10. 1941 (RGBl 616) und vom 21. 3. 1942 (RGBl 137) und die Bekanntmachung des Präsidenten des Reichsaufsichtsamtes für Privatversicherung vom 20. 6. 1940 (RAnz Nr. 145/40) über Mindestversicherungssummen für Fahrzeuge mit mehr als 80 Plätzen;

c) die Verordnung zur Änderung der Straßenverkehrs-Zulassungs-Ordnung vom 8. 4. 1940 (RGBl 619) nebst der Dienstanweisung des Reichsverkehrsministers vom 25. 4. 1940 (RVerkBl B. 132);

d) die Allgemeinen Bedingungen für die Kraftfahrhaftpflichtversicherung (vom Reichsaufsichtsamt für Privatversicherung unter dem 31. 7. 1940 im RAnz Nr. 187/40 bekanntgemacht) und das Rundschreiben R 48/40 des Reichsaufsichtsamtes vom 31. 7. 1940 an alle die Kraftfahrversicherung betreibenden Versicherungsunternehmungen;

e) der auf der Verordnung des Reichskommissars für die Preisbildung über die Versicherung von Kraftfahrzeugen vom 14. 2. 1938 (RGBl 200) beruhende Einheitstarif für die Kraftfahrzeugversicherung vom 23. 5. 1941 (RAnz Nr. 123/41) neugefaßt unter dem 30. 5. 1949 (OeffA Nr. 51/49).

Nach der Besetzung Deutschlands sind diese Vorschriften im wesentlichen unverändert geblieben, abgesehen von der Umstellung der in Reichsmark ausgedrückten Beträge. In der amerikanischen und britischen Zone ist der Tarif jetzt „Festpreisvorschrift "(Anordnung über Preisbildung und Preisüberwachung nach der Währungsreform vom 25. 6. 1948, GVBlWR 61 § 2). In der sowjetischen Zone ist die Materie durch übereinstimmende Landesgesetze geregelt worden, die jedoch im Großen und Ganzen dem alten Reichsrecht entsprechen (vgl. z. B. die mecklenburgische Verordnung über die Haftpflichtversicherung von Kraftfahrzeugen vom 1. 1. 1949, RegBl 8, und die Allgemeinen Bedingungen für die Kraftfahrzeughaftpflichtversicherung, RegBl 1949/32). Im folgenden wird von der Rechtslage in den Westzonen ausgegangen.

II.

1. *Verpflichtet*, eine Haftpflichtversicherung zur Deckung der durch den Gebrauch des Fahrzeuges verursachten Sach- und Personenschäden abzuschließen und aufrechtzuerhalten, ist jeder Halter eines Kraftfahrzeuges (auch eines Fahrrades mit Hilfsmotor) oder Anhängers, die ihren regelmäßigen Standort im Inland haben. Ausgenommen sind

a) folgende Fahrzeughalter ohne Rücksicht auf die Art der Fahrzeuge: die Länder, Gemeinden mit mehr als 100000 Einwohner, Gemeindeverbände, Zweckverbände, denen ausschließlich Körperschaften des öffentlichen Rechts angehören, Angehörige der Besatzungsmächte, exterritoriale Personen sowie Berufskonsuln, die nicht deutsche Staatsangehörige sind:

b) folgende Fahrzeuge, ohne Rücksicht darauf, wer sie hält: solche, deren Geschwindigkeit 6 km je Stunde nicht übersteigt, gewisse selbstfahrende Arbeitsmaschinen, deren Höchstgeschwindigkeit 20 km je Stunde nicht übersteigt, Anhänger, die den Vorschriften über die Zulassung zum Verkehr nicht unterliegen, maschinell angetriebene Krankenfahrstühle.

Die Halter der Kraftfahrzeuge und Anhänger, die im Inland verkehren, ohne dort ihren regelmäßigen Standort zu haben, können den Vorschriften der Pflichtversicherungsgesetzgebung unterstellt werden. Das ist bisher jedoch nicht geschehen, und auch eine anders geartete Regelung, wie sie z. B. die Schweiz in dem Bundesratsbeschluß über die Deckung der von ausländischen Motorfahrzeugen verursachten Schäden vom 22. 6. 1948 getroffen hat, ist nicht ergangen.

2. Die *Erfüllung der Versicherungspflicht* ist verwaltungsrechtlich und strafrechtlich gesichert.

a) *Verwaltungsrechtlich:* die Zulassung zum Verkehr wird nur erteilt, wenn nachgewiesen wird, daß eine der Pflichtversicherungsgesetzgebung entsprechende Kraftfahrzeughaftpflichtversicherung besteht, oder daß der Halter der Versicherungspflicht nicht unterliegt. Der Nachweis der Versicherung wird durch eine vom Versicherer zu erteilende Versicherungsbestätigung auf vorgeschriebenem Formular erbracht, die der Zulassungsstelle vorgelegt werden muß; außerdem kann diese jederzeit die Vorlage des Versicherungsscheines und den Nachweis über die Zahlung des letzten Beitrages verlangen.

Besteht eine ausreichende Haftpflichtversicherung nicht mehr, so ist der Halter verpflichtet, die amtlichen Kennzeichen des Fahrzeuges entstempeln zu lassen und die Fahrzeugpapiere an die Zulassungsstelle abzuliefern, d. h. das Fahrzeug aus dem Verkehr zu ziehen. Der Versicherer hat der Zulassungsstelle auf einem vorgeschriebenen Formular Anzeige zu erstatten, sobald die Versicherungsbestätigung ihre Geltung verloren hat, z. B. wenn er wegen Nichtzahlung von Prämien (§ 39 VVG) von der Verpflichtung zur Leistung frei ist, damit die Zulassungsstelle von sich aus veranlassen kann, daß das Fahrzeug aus dem Verkehr gezogen wird, auch wenn der Halter seine Pflicht vernachlässigt.

b) *Strafrechtlich:* wer ein Kraftfahrzeug, für das Haftpflichtversicherungsschutz nicht (oder nicht mehr) besteht, obwohl es vorgeschrieben ist, auf öffentlichen Wegen oder Plätzen gebraucht oder gebrauchen läßt, wird mit Gefängnis oder mit Haft, neben denen auf Geldstrafe erkannt werden kann, oder mit Geldstrafe allein bestraft.

3. Die Haftpflichtversicherung muß nicht nur die Haftpflicht des Halters umfassen, sondern auch die Haftpflicht des berechtigten Fahrers — nicht die Haftpflicht des schwarzfahrenden Lenkers — decken. Da es nur darauf ankommt, daß die Haftpflicht des Halters und des berechtigten Fahrers versichert ist, so ist der Pflicht zur Versicherung genügt, wenn ein Dritter Versicherung in diesem Umfang (also für fremde Rechnung) nimmt. Die Mitversicherten haben eigene Ansprüche gegen den Versicherer, sind also nicht darauf angewiesen, daß der Versicherungsnehmer sie geltend macht.

III.

Der Halter kann den *Versicherer* frei *wählen.* Träger der Auto-Haftpflichtversicherung können alle Versicherungsunternehmen ohne Rücksicht auf ihre Rechtsform (Aktiengesellschaft, Gegenseitigkeitsverein, öffentliche Versicherungsanstalt) sein, die die Konzession zum Betrieb der Haftpflichtversicherung in Deutschland besitzen, also auch ausländische Versicherer; in der sowjetischen Zone, in der allen anderen

Versicherungsunternehmen der Geschäftsbetrieb verboten ist, jedoch nur die Monopolanstalten.

Das Gegenstück zur freien Wahl des Versicherers ist der Kontrahierungszwang. Der Antrag auf Abschluß eines Auto-Haftpflichtversicherungsvertrages gilt als angenommen, wenn der Versicherer ihn nicht innerhalb einer Frist von 5 Tagen vom Eingang des Antrages an schriftlich ablehnt. Der Antrag kann nur aus folgenden Gründen abgelehnt werden:

a) Sachliche oder örtliche Beschränkungen im Geschäftsplan des Unternehmens stehen dem Abschluß eines Vertrages entgegen (der Halter eines in Süddeutschland stationierten Fahrzeuges stellt einen Antrag bei einer Gesellschaft, die nur in der britischen Zone zum Geschäftsbetrieb zugelassen ist).

b) Der Antragsteller war schon bei dieser Gesellschaft versichert und sie hatte nach dem 30. 6. 1940 (1) den Versicherungsvertrag wegen Drohung oder arglistiger Täuschung angefochten oder war (2) von dem Vertrag wegen Verletzung der vorvertraglichen Anzeigepflicht (§§ 16ff. VVG) oder wegen Nichtzahlung der ersten Prämie (§ 38 VVG) zurückgetreten oder hatte (3) wegen Prämienverzugs (§ 39 VVG) oder nach Eintritt eines Versicherungsfalles gekündigt.

IV.

Da für die Autohaftpflichtversicherung kein Monopolunternehmen gegründet oder bestimmt worden ist, so ist sie *weitgehend genormt:*

Es liegen ihr einheitliche Bedingungen und ein einheitlicher Prämientarif zugrunde. Die Vordrucke für Versicherungsverträge, vorläufige Deckungszusagen, Versicherungsscheine, Versicherungsbestätigungen und Anzeigen an die Zulassungsstellen (oben II 2) sind einheitlich. Auch die Mindestversicherungssummen für die einzelnen Kategorien von Kraftfahrzeugen sind einheitlich. Die Versicherungssumme beträgt:

a) für *Personenschäden:*

bei Personenfahrzeugen bis zu 6 Plätzen:	100000 DM	
bei Personenfahrzeugen mit 7 bis 10 Plätzen:	150000 DM	
bei Personenfahrzeugen mit 11 bis 80 Plätzen:	150000 DM	zuzüglich je 8000 DM für den 11. und jeden weiteren Platz;
mit mehr als 80 Plätzen:	wie für 80 Plätze	zuzüglich je 6000 DM für den 81. und jeden weiteren Platz;

bei Anhängern, die für die Beförderung von Personen bestimmt sind, bis zu 80 Plätzen:	8000 DM für jeden Platz
für Personenschäden, die mit dem Betrieb des Kraftfahrzeuges nicht im Zusammenhang stehen (z. B. ein abgekoppelter an abschüssiger Straße abgestellter Anhänger gerät in Bewegung):	100000 DM;
bei Güterfahrzeugen, Zug- und Arbeitsmaschinen, einschließlich der Anhänger:	100000 DM,
und, wenn sie zur Beförderung rung von nicht mehr als 8 Personen benutzt werden:	150000 DM;
werden sie zur Beförderung von mehr als 8 Personen benutzt, so gelten die Mindestversicherungssummen für Personenfahrzeuge oder Anhänger;	
bei Omnibussen, die ausschließlich für Lehrzwecke benutzt werden:	100000 DM.

Dabei beschränkt sich die Leistungspflicht des Versicherers für den einer Einzelperson zugefügten Schaden auf 100000 DM.

b) für *Sachschäden:*

den zehnten Teil der Mindestversicherungssumme für Personenschäden, die für das betreffende Fahrzeug vorgeschrieben ist.

V.

Die obligatorische Haftpflichtversicherung ist ausschließlich im Interesse der Verkehrsteilnehmer eingeführt. Ihr Wert hängt daher im wesentlichen davon ab, welche Rechtstellung sie dem *geschädigten Dritten* einräumt.

In Deutschland hat man bewußt davon abgesehen, die grundsätzliche Konstruktion der Haftpflichtversicherung zu ändern und dem Dritten ein Pfandrecht oder einen direkten Anspruch gegen den Versicherer zu geben. Gleichwohl ist der Geschädigte wirtschaftlich nicht weniger geschützt als in anderen Ländern, die ihm ein Pfandrecht an der Forderung des Versicherungsnehmers gegen den Versicherer oder die action directe gegen den Versicherer gewähren.

Zu unterscheiden sind „normale" Versicherungsverhältnisse und „kranke", d. h. solche, die den Versicherer an sich zur Leistung nicht verpflichten.

1. Normales Versicherungsverhältnis:

a) Die Stellung des geschädigten Dritten ist mittelbar schon dadurch stark verbessert, daß *objektive Risikoausschlüsse* — die den Versicherungsschutz verringern würden — durch die Einheitsbedingungen auf ein Mindestmaß beschränkt worden sind: von der Deckung ausgeschlossen sind im wesentlichen nur noch vorsätzlich und widerrechtlich herbeigeführte Schäden sowie Schäden durch Aufruhr, innere Unruhen, Kriegsereignisse, Verfügungen von hoher Hand und Erdbeben, Schäden bei Rennen und Trainingsfahrten und Haftpflichtansprüche aus Unfällen von Angehörigen oder gesetzlichen Vertretern und gegen Mitversicherte (z. B. Ansprüche des Halters gegen den Fahrer), auf Grund vertraglicher Haftungsübernahme, aus gewissen reinen Vermögensschäden und aus der Beschädigung, Zerstörung oder dem Abhandenkommen anvertrauter Sachen. Die „Führerscheinklausel", die nach früherer Rechtsprechung ein Risikoausschluß war (*Prölss* VVG[3] Anm. 2 D zu 3 AllgKraftfahrzVersBed), enthält jetzt Obliegenheiten, deren Verletzung dem geschädigten Dritten nicht schadet (unten 2). Die obligatorische Haftpflichtversicherung erlischt nicht mehr, wie die Auto-Haftpflichtversicherung nach früherem Recht, mit der Veräußerung des Fahrzeuges, sie geht vielmehr (vorbehaltlich eines Kündigungsrechtes für beide Teile) auf den Erwerber über. Schließlich sind die Rechtsfolgen der Verletzung von Obliegenheiten, namentlich der nach Eintritt des Versicherungsfalles zu erfüllenden, gegenüber dem früheren Rechtszustand erheblich gemildert worden.

b) Die bedeutsamste Schutzvorschrift für den Dritten ist aber ein *Verfügungsverbot:* Verfügungen über die Entschädigungsforderung (des Versicherungsnehmers oder Mitversicherten, z. B. des Fahrers) aus dem Versicherungsverhältnis — ganz gleich, ob es sich um rechtsgeschäftliche Verfügungen oder solche im Wege der Zwangsvollstreckung oder Arrestvollziehung handelt — sind ihm gegenüber unwirksam. Der Dritte kann also die Forderung aus dem Versicherungsvertrag pfänden und sich überweisen lassen, wie wenn sie noch vorhanden wäre, und dann gegen den Versicherer vorgehen.

c) Für den Fall, daß der Haftpflichtige in Konkurs gerät, steht dem geschädigten Dritten ein Recht auf *abgesonderte Befriedigung* aus der Forderung gegen den Versicherer zu.

d) Sind mehrere durch den versicherten Halter (Fahrer) geschädigte Dritte — dazu zählen auch deren Rechtsnachfolger und z. B. Sozialversicherungsträger — vorhanden und übersteigen ihre Forderungen die Versicherungssumme (Deckungssumme), so sind ihre Forderungen *verhältnismäßig* zu befriedigen. Das Versicherungsvertragsgesetz hat hier die sehr komplizierte Regelung des Art. 49 des Schweizerischen Motorfahrzeug-Gesetzes vom 15. 3. 1932 übernommen, ohne daß näher darauf eingegangen werden könnte.

e) Der Versicherer darf die dem Dritten zu gewährende Leistung nicht dadurch schmälern, daß er ganz oder teilweise mit Forderungen *aufrechnet* (z. B. auf rückständige Prämien), die ihm gegen den Versicherungsnehmer zustehen; außerhalb der Pflicht-Haftpflichtversicherung ist ihm dieses Recht ausdrücklich zugestanden.

2. *„Krankes" Versicherungsverhältnis:*

Hier bestimmt das Gesetz, daß, wenn der Versicherer dem Versicherungsnehmer (Mitversicherten) gegenüber von der Verpflichtung zur Leistung ganz oder teilweise frei ist (z. B. weil er eine Obliegenheit verletzt, etwa das Fahrzeug geführt hat, ohne den vorgeschriebenen Führerschein zu besitzen, oder das Fahrzeug zu einem anderen als dem im Antrag angegebenen Zweck verwendet hat), seine Verpflichtung in Ansehung des Dritten gleichwohl — innerhalb der amtlich festgesetzten Mindestversicherungssummen und etwaiger objektiver Risikobegrenzungen — bestehen bleibt. Wird das Versicherungsverhältnis durch Kündigung, einverständliche Aufhebung, Zeitablauf beendigt oder ergibt sich, daß es nur dem äußeren Anschein nach bestanden hat (ein Minderjähriger oder ein Geisteskranker haben den Vertrag geschlossen), oder erlischt es durch Anfechtung wegen arglistiger Täuschung oder Rücktritt wegen Verletzung der vorvertraglichen Anzeigepflicht mit Wirkung ex tunc, so wirken das Nicht-Bestehen oder die Beendigung in Ansehung des Dritten erst mit dem Ablauf eines Monats, nachdem der Versicherer den dafür entscheidenden Umstand der Zulassungsstelle angezeigt hat, jedoch nicht vor Beendigung des Versicherungsverhältnisses; der Dritte bleibt also noch geraume Zeit — wiederum im Rahmen der Mindestversicherungssummen und etwaiger objektiver Risikobegrenzungen — geschützt. Der Versicherer haftet nur subsidiär, also nicht, wenn ein anderer Versicherer zur Leistung verpflichtet ist, wenn m. a. W. das kranke Versicherungsverhältnis mit einem normalen zusammentrifft. Da er den Versicherer auch in diesem Falle nicht unmittelbar in Anspruch nehmen kann, muß der Dritte — wenn er nicht freiwillig zahlt — einen Haftpflichtprozeß gegen den Halter (Fahrer) führen und auf Grund des ergehenden Urteils die Ansprüche gegen den Versicherer pfänden und sich zur Einziehung überweisen lassen.

Soweit der Versicherer den Dritten in diesem Falle befriedigt, geht dessen Forderung gegen den Versicherungsnehmer (Halter, Fahrer) auf ihn über; er kann diesen Übergang aber nicht zum Nachteil des

Dritten geltend machen. Wenn dieser mit Hilfe der Haftpflichtversicherung nicht voll befriedigt worden ist und wegen seines Unfalles gegen den Haftpflichtversicherer unmittelbar vorgeht, so muß der Regreß nehmende Versicherer zurücktreten.

VI.

Zum Ausgleich für die sehr wesentliche Verbesserung seiner Rechtsstellung, die die Pflichtversicherungsgesetzgebung ihm gebracht hat, ist der *geschädigte Dritte* dem Versicherer gegenüber nach dem Gesetz zu gewissen Anzeigen und Auskünften *verpflichtet:* er muß dem Versicherer binnen zwei Wochen schriftliche Anzeige erstatten, wenn er seinen Anspruch gegen den Versicherungsnehmer geltend macht; wenn er den Anspruch gegen den Versicherungsnehmer gerichtlich geltend macht, unverzüglich. Außerdem kann der Versicherer von ihm Auskunft verlangen, soweit sie zur Feststellung des Schadenereignisses und der Höhe des Schadens erforderlich ist.

Verletzt der Dritte diese Verpflichtungen, so beschränkt sich bei „krankem" Versicherungsverhältnis die Haftung des Versicherers auf den Betrag, den er bei gehöriger Erfüllung der Verpflichtungen zu leisten gehabt hätte. Dies gilt allerdings nicht für die Anzeige von der außergerichtlichen Geltendmachung des Anspruches und für die Auskunftspflicht nur dann, wenn der Versicherer auf die Folgen der Verletzung vordem ausdrücklich und schriftlich hingewiesen hatte. Wenn der Dritte den Versicherer arglistig täuscht oder zu täuschen versucht, z. B. durch unrichtige Auskunft oder Vorlegung gefälschter Belege, so verwirkt er nach allgemeinen Grundsätzen die gesamte Entschädigung.

Dem Verstoß gegen die Anzeige- und Auskunftspflicht wird es gleichgeachtet, wenn der Versicherungsnehmer mit dem Dritten ohne Einwilligung des Versicherers einen Vergleich schließt oder dessen Anspruch anerkennt. Auch dann beschränkt sich die Leistung des Versicherers auf den Betrag, der der wahren Sach- und Rechtslage entspricht: der Dritte muß sich in dem Prozeß gegen den Versicherer, den er nach Pfändung der Ansprüche aus dem Versicherungsvertrag führt, trotz Vergleichs oder Anerkenntnisses eine Nachprüfung seiner Ansprüche gefallen lassen. Es bewendet allerdings bei dem Vergleich oder Anerkenntnis, wenn der Versicherungsnehmer (Halter, Fahrer) sich dem Vergleich oder Anerkenntnis nicht ohne offenbare Unbilligkeit entziehen könnte.

VII.

Was den *Geltungsbereich* der deutschen obligatorischen Haftpflichtversicherung für Kraftfahrzeughalter betrifft, so wird man wegen des engen Zusammenhanges mit dem Auto-Haftpflichtrecht anzunehmen haben, daß die besonderen Bestimmungen zum Schutz des geschädigten

Dritten nur dann anzuwenden sind, wenn das zum Schadenersatz verpflichtende Ereignis innerhalb Deutschlands stattgefunden hat, obwohl an sich für Europa Deckung gewährt wird (die allerdings gegenwärtig wegen des Devisengesetzes der Militärregierung — Gesetz Nr. 53 — für den Versicherungsnehmer (Halter, Fahrer) von geringer Bedeutung ist, da der Versicherer nur in DM haftet). Andererseits gilt deutsches Versicherungsrecht nur, wenn der Versicherungsvertrag nach den Regeln des internationalen Privatrechts deutschem Recht untersteht, also nicht für die den Besatzungsmächten in Deutschland angehörenden Kraftfahrzeughalter; diese haben mit ausländischen Versicherungsunternehmen, die der deutschen Versicherungsaufsicht nicht unterliegen, Haftpflichtversicherungsverträge geschlossen.

DIE LEBENSVERSICHERUNG ZU GUNSTEN EINES DRITTEN IM KONKURSE DES VERSICHERUNGSNEHMERS

Von Dr. Hans Möller
ord. Professor an der Universität Hamburg

Literatur: Literaturangaben bei *Bruck-Dörstling*, Das Recht des Lebensversicherungsvertrages (2. Aufl. 1933) 263 Anm. 65 zu § 15 — dazu: *Knoch*, Die Stellung des begünstigten Dritten im Lebensversicherungsvertrag (1934) — *Müller*, Die Begünstigtenbezeichnung bei der Lebensversicherung (1934) — *Schmitz*, Die Anfechtung wegen Gläubigerbenachteiligung beim Lebensversicherungsvertrag auf den Todesfall (1935) — Wienandts ZVersWiss 1935, 38—47 — *derselbe*, Eine Frage aus dem Lebensversicherungsvertrag zugunsten Dritter (1935) — *Lücke*, Die Berechtigung bei der Lebensversicherung (1937) 57—60 — *Lange*, Die Sicherstellung der Ansprüche aus dem Lebensversicherungsvertrag (o. J.) 55—64 — Gilbert DR 1941, 2356—2369.

I. Fälle einer Drittbeteiligung

1. Wirtschaftliche Zwecke

Eine Lebensversicherung, die im Interesse eines Dritten genommen wird, kann entweder eine Einzel- oder eine Kollektiv-(Gruppen-)lebensversicherung sein. Bei einer Einzelversicherung pflegt der Zweck der *Familienfürsorge* im Vordergrund zu stehen, aber auch der Gesichtspunkt einer *Gläubigersicherung* kommt in Betracht. Eine Kollektivversicherung wird meistens von wirtschaftlichen Unternehmungen oder von Vereinen auf das Leben ihrer Arbeitnehmer oder ihrer Mitglieder genommen, sie dient vorwiegend dem *Versorgungsinteresse* dieser Personen oder ihrer Hinterbliebenen.

2. Juristische Gestaltungsmöglichkeiten

Rechtlich gesehen steht bei einem Lebensversicherungsvertrage dem Versicherer als Kontrahent der Versicherungsnehmer gegenüber, der die Versicherung *auf eigenes oder fremdes Leben* abschließt. Eine Kollektivversicherung muß sich notwendig als eine Versicherung auf fremdes Leben darstellen. Eine Fremdlebensversicherung auf den Todesfall setzt nach deutschem Recht zu ihrer Gültigkeit regelmäßig die vorherige Zustimmung der Gefahrsperson voraus (§ 159 II—IV Gesetz über den Versicherungsvertrag, abgekürzt: VVG), da immerhin die Möglichkeit besteht, daß der Versicherungsnehmer die Gefahrsperson ermordet, um die Versicherungssumme zu erlangen. Die Gefahrsperson als solche hat keine Rechte aus dem Versicherungsvertrage, sie ist mit diesem nur dadurch verknüpft, daß in ihrer körperlichen Integrität das versicherte Risiko liegt — sie hat, kraß ausgedrückt, nur die Aufgabe zu sterben oder einen gewissen Zeitpunkt zu erleben.

Die Rechte aus dem Versicherungsvertrage stehen also in der Regel dem *Versicherungsnehmer* zu, den auch allein die Verpflichtung zur Zahlung der Prämie trifft. Stirbt der Versicherungsnehmer, so gehört demnach die Versicherungsforderung zu seinem Nachlaß und die Erben sind diejenigen, denen eine Todesfallversicherung wirtschaftlich zugutekommt.

Jedoch bestehen nach deutschem Recht verschiedene juristische Möglichkeiten, *Dritte* in die Lebensversicherung einzuschalten, und zwar auf den Wegen eines Vertrages zu Gunsten Dritter, einer Zession oder einer Verpfändung.

a) Bezugsberechtigung

Bei einer Lebensversicherung zu Gunsten Dritter bezeichnet man den Dritten üblicherweise als Bezugsberechtigten oder Begünstigten. Dieser erwirbt ein eigenes Forderungsrecht, das auf zweierlei Weise ausgestaltet sein kann: Entweder erfolgt der Rechtserwerb sofort und unwiderruflich (*unwiderrufliche* Bezugsberechtigung) oder er erfolgt erst bei Eintritt des Versicherungsfalles und bis dahin kann der Versicherungsnehmer die Bezugsberechtigung widerrufen (*widerrufliche* Bezugsberechtigung). Im Zweifel ist eine Bezugsberechtigung lediglich eine widerrufliche (§ 166 VVG, § 15 Ziff. 1 S. 1, 2 Allgemeine Versicherungsbedingungen der Kapitalversicherung auf den Todesfall, abgekürzt: AVB). Bis zum Eintritt des Versicherungsfalles hat der Bezugsberechtigte dann nur eine „wesenlose Anwartschaft“[1]. Tritt aber der Versicherungsfall, insbesondere der Todesfall ein, so erwirbt der Bezugsberechtigte sein Recht nicht von Todeswegen, die Versicherungsforderung gehört nicht zum Nachlaß des Versicherungsnehmers, sondern das Recht auch des widerruflich Bezugsberechtigten beruht auf dem schon unter Lebenden geschlossenen Vertrage zu Gunsten Drittter[2].

Im Rahmen einer Versicherung auf fremdes Leben, insonderheit einer Kollektivversicherung, kann auch die *Gefahrsperson* als *bezugsberechtigt* eingesetzt werden. Sodann erwirbt sie in dieser ihrer zweiten Eigenschaft die Forderung aus dem Versicherungsvertrage, so daß bei einer Todesfallversicherung die Versicherungsforderung nach dem Tode der Gefahrsperon wiederum nicht zum Vermögen des Versicherungsnehmers gehört. Die Versicherungsforderung ist solchenfalls Bestandteil des Nachlasses der Gefahrsperson.

---

[1] *Bruck-Dörstling* a.a.O. 234 Anm. 13 zu § 15.

[2] RG 3. 6. 1902 RGZ 51/404—405.

b) Zession

Von der Bezugsberechtigung ist die Zession streng zu unterscheiden. Sie gestaltet den Lebensversicherungsvertrag nicht in einen solchen zu Gunsten Dritter um, sondern überträgt im Wege der *Rechtsnachfolge* die Forderung des Versicherungsnehmers auf den Zessionar. Wie der unwiderruflich Bezugsberechtigte erwirbt auch der Zessionar sofort ein Recht, und zwar die ihm übertragene Forderung des Versicherungsnehmers. Möglicherweise erfolgt die Abtretung nur sicherheitshalber, also auflösend bedingt oder mit der internen Verpflichtung des Zessionars, unter gewissen Voraussetzungen eine Rückabtretung vorzunehmen.

c) Verpfändung

Für die Erreichung eines Sicherungszweckes reicht es aus, wenn die Versicherungsforderung verpfändet wird. Allerdings ist die Stellung des Pfandgläubigers weniger stark als diejenige eines Zessionars: Denn vor der Pfandreife hat der Pfandgläubiger nur ein *Miteinziehungsrecht.*

II. Folgen eines Konkurses[3]

1. Rechtslage bei mangelnder Drittbeteiligung

Gerät der Versicherungsnehmer *zu Lebzeiten* in Konkurs, so fallen bei einer Einzel- oder Kollektivversicherung alle Rechte aus dem Versicherungsvertrage in die Konkursmasse, sofern kein Vertrag zu Gunsten Dritter, keine Abtretung und keine Verpfändung vorliegt. Zur Konkursmasse gehört auch das Kündigungsrecht des Versicherungsnehmers (§ 165 VVG, § 6 Ziff. 1 S. 1 AVB)[4]. Die Kündigung löst den Anspruch auf Erstattung der Rückvergütung aus (§ 176 I, III, IV VVG, § 6 Ziff. 3 AVB). Auf dem Wege über die Ausübung des Kündigungsrechtes kann der Konkursverwalter demzufolge die Lebensversicherung verwerten. Der mit dem Versicherungsvertrage möglicherweise verfolgte Zweck, die Erben zu versorgen, wird damit vereitelt.

Bei der *Kollektivversicherung* ändert sich an der geschilderten Rechtslage auch dann nichts, wenn *intern* Ansprüche Dritter gegen den Versicherungsnehmer bestehen; man denke an den Fall, daß eine wirtschaftliche Unternehmung ihren Arbeitnehmern Versorgungsleistungen derart versprochen hat, daß die Mittel hierfür durch eine Kollektivversicherung beschafft werden sollten. Solchenfalls haben die Arbeitnehmer im Konkurse ihres Arbeitgebers nur Ansprüche als Konkursgläubiger. Das ist dann besonders hart, wenn die vom Arbeitgeber gezahlten Prämien intern ganz oder zum Teil von den Arbeitnehmern aufgebracht worden sind. Deshalb fordern die Richtlinien für Gefolgschaftsversicherung, aufgestellt vom Reichsaufsichtsamt für Privat-

[3] Zum Schrifttum vergleiche das Literaturverzeichnis.

[4] *Bruck-Dörstling* 267 Anm. 73 zu § 15, 123 Anm. 8 zu § 6, 110 Anm. 11 zu § 5.

versicherung[5]: „Jedem Versicherten muß gegen das Versicherungsunternehmen ein unmittelbarer Rechtsanspruch auf die Versicherungsleistung eingeräumt werden, und zwar mindestens insoweit, als er den Beitrag selbst bezahlt hat".

Im *Nachlaßkonkurs* des Versicherungsnehmers gehören gleichfalls die Versicherungsforderung und die Versicherungssumme zum Nachlaß und somit zur Konkursmasse.

2. Rechtslage bei vorhandener Drittbeteiligung

a) Widerrufliche Bezugsberechtigung

Hier ist streng zu unterscheiden, ob der Konkurs des Versicherungsnehmers vor oder nach Eintritt des Versicherungsfalls eröffnet wird.

Fällt der Versicherungsnehmer in Konkurs, *bevor* der *Versicherungsfall eingetreten* ist, also bei einer Todesfallversicherung zu Lebzeiten des Versicherungsnehmers, so ist der widerruflich Bezugsberechtigte nicht gesichert. Er ist nur Träger einer wesenlosen Anwartschaft. Die Versicherungsforderung gehört noch zum Vermögen des Versicherungsnehmers und damit zur Konkursmasse. Der Konkursverwalter kann den Versicherungsvertrag kündigen und auf diese Weise die Rückvergütung zur Konkursmasse ziehen; darin liegt dann zugleich ein Widerruf der Bezugsberechtigung[6].

Günstiger ist die Rechtsstellung des widerruflich Bezugsberechtigten, wenn erst *nach Eintritt des Versicherungsfalles* der Konkurs eröffnet wird, man denke bei einer Todesfallversicherung an einen Nachlaßkonkurs. Hier hat sich die Anwartschaft des Bezugsberechtigten realisiert, er hat ein eigenes Recht aus dem unter Lebenden geschlossenen Vertrag zu Gunsten Dritter erworben. Die Versicherungsforderung gehört also nicht zur Konkursmasse. Allerdings kann möglicherweise die Einsetzung des widerruflich Bezugsberechtigten konkursrechtlich angefochten werden[7].

b) Unwiderrufliche Bezugsberechtigung

Im Vergleich zum widerruflich Bezugsberechtigten genießt der unwiderruflich Bezugsberechtigte den Vorteil, daß er auch schon vor Eintritt des Versicherungsfalles ein eigenes Recht sofort erworben hat. Die Versicherungsforderung gehört hier also von vornherein nicht mehr zum Vermögen des Versicherungsnehmers. Gleichgültig, ob letzterer vor oder nach Eintritt des Versicherungsfalles in Konkurs gerät: Die Versicherungsforderung zählt nicht zu seiner Konkursmasse[8]. Allerdings

---

[5] Abgedruckt: NeumannsZ 1939, 316—317 (Ziff. 6 S. 1) und dazu *Möller:* NeumannsZ 1939, 732.

[6] Vgl. *Bruck-Dörstling* 235 Anm. 13 zu § 15.

[7] *Bruck-Dörstling* 267 Anm. 74 zu § 15.

[8] *Bruck-Dörstling* 263 Anm. 66 zu § 15.

ist auch bei unwiderruflicher Bezugsberechtigung das Kündigungsrecht beim Versicherungsnehmer verblieben[9]. Häufig wird der Konkursverwalter es ausüben, um den Versicherungsvertrag zu beendigen, aber der Anspruch auf Rückvergütung steht dem unwiderruflich Bezugsberechtigten zu[10]. Allerdings muß er befürchten, daß bei Gegebensein der entsprechenden Voraussetzungen seine Einsetzung angefochten wird[11].

c) Zession

Die Stellung des Zessionars ist derjenigen des unwiderruflich Bezugsberechtigten sehr verwandt. Ein Unterschied könnte nur hinsichtlich der Kündigungsmöglichkeit bestehen: Es ist bestritten, ob nach der Abtretung dem Versicherungsnehmer noch das Kündigungsrecht verbleibt; auch wenn man dies bejaht, dürfte jedenfalls daneben der Zessionar kündigungsberechtigt sein[12]. Auch die Abtretung kann möglicherweise konkursrechtlich angefochten werden.

d) Verpfändung

Wie eine unwiderrufliche Bezugsberechtigung und eine Zession verschafft auch eine Verpfändung dem Drittbeteiligten eine Sicherung im Konkurse des Versicherungsnehmers. Während beim Vertrag zu Gunsten Dritter und bei der Zession die Versicherungsforderung gar nicht zur Konkursmasse gehört, gewährleistet die Verpfändung einen Anspruch auf abgesonderte Befriedigung. Wie bei der Abtretung ist auch bei der Verpfändung die Frage, wem das Kündigungsrecht zusteht, höchst umstritten[13]. Auch die Verpfändung ist der Gefahr konkursrechtlicher Anfechtung ausgesetzt.

III. Eintrittsrecht der Drittbeteiligten

1. Lücken des Schutzes

Dritte Personen die an einer Lebensversicherung als Familienangehörige oder Gläubiger des Versicherungsnehmers interessiert sind, genießen nach den bisherigen Ausführungen im Konkurse des Versicherungsnehmers in folgenden Fällen *keinen* besonderen *Schutz*: Bei Fehlen einer Bezugsberechtigung, Zession oder Verpfändung fällt die Versicherungsforderung stets in die Konkursmasse. Bei widerruflicher

---

[9] *Bruck-Dörstling* 238 Anm. 19 zu § 15.

[10] Über die Erfüllungsablehnung seitens des Konkursverwalters: *Bruck-Dörstling* 264—265 Anm. 70 zu § 15. Wenn der Konkursverwalter untätig bleibt, wird der Versicherer die Prämie anmahnen und das Versicherungsverhältnis kündigen, wodurch sich die Versicherung in eine prämienfreie umwandelt (§ 175 VVG, § 4 Ziff. 2b AVB).

[11] *Bruck-Dörstling* 267—268 Anm. 74 zu § 15.

[12] Zur Streitfrage *Bruck-Dörstling* 121 Anm. 5 zu § 6.

[13] Zur Streitfrage *Bruck-Dörstling* 121—122 Anm. 5 zu § 6.

Bezugsberechtigung gilt das gleiche, wenn der Konkurs vor Eintritt des Versicherungsfalles eröffnet wird. Bei jeder Bezugsberechtigung und ebenso bei Zessionen und Verpfändungen entfällt eine Begünstigung der Drittbeteiligten, sofern eine konkursrechtliche Anfechtung erfolgt.

Aber auch dann, wenn bei einer unwiderruflichen Bezugsberechtigung, einer Zession oder Verpfändung eine konkursrechtliche Anfechtung unterbleibt, ist der Konkurs des Versicherungsnehmers, sofern er vor Eintritt des Versicherungsfalles eröffnet wird, nicht ohne nachteilige Folgen für diese Drittbeteiligten. Denn wohl stets wird der Versicherungsvertrag umgestaltet: Entweder wird die *Rückvergütung* fällig, die besonders bei erst kürzere Zeit laufenden Versicherungen viel niedriger zu sein pflegt als die vereinbarte Versicherungssumme, oder *die Versicherung wandelt sich* mit ähnlich starker Minderung der Versicherungssumme *in* eine *prämienfreie um.* Zwar versetzt § 35a I VVG den unwiderruflich Bezugsberechtigten und den Pfandgläubiger (nicht den Zessionar)[14] in die Lage, fällige Prämien aus eigenen Mitteln zu zahlen, ohne daß der Versicherer die Zahlung zurückweisen könnte, aber die Drittbeteiligten können die Aufrechterhaltung der Versicherung nicht erzwingen, falls etwa der Konkursverwalter vom Kündigungsrecht Gebrauch macht.

2. Eintritt von Drittbeteiligten

Um die geschilderten Lücken eines Schutzes der Drittbeteiligten nach Möglichkeit wenigstens zum Teil zu schließen, sieht § 177 VVG ein Eintrittsrecht gewisser Drittbeteiligter vor[15]. Die Vorschrift ist 1939 nach dem Vorbild des österreichischen Rechtes geschaffen und lautet:

> „Wird in den Versicherungsanspruch ein Arrest vollzogen oder eine Zwangsvollstreckung vorgenommen, oder wird der Konkurs über das Vermögen des Versicherungsnehmers eröffnet, so kann der namentlich bezeichnete Bezugsberechtigte mit Zustimmung des Versicherungsnehmers an seiner Stelle in den Versicherungsvertrag eintreten. Tritt der Bezugsberechtigte ein, so hat er die Forderungen der betreibenden Gläubiger oder der Konkursmasse bis zur Höhe des Betrages zu befriedigen, dessen Zahlung der Versicherungsnehmer im Falle der Kündigung des Versicherungsvertrags vom Versicherer verlangen kann.
>
> Ist ein Bezugsberechtigter nicht oder nicht namentlich bezeichnet, so steht das gleiche Recht dem Ehegatten und den Kindern des Versicherungsnehmers zu.
>
> Der Eintritt erfolgt durch Anzeige an den Versicherer. Die Anzeige kann nur innerhalb eines Monats erfolgen, nachdem der Eintrittsberechtigte von der Pfändung Kenntnis erlangt hat oder der Konkurs eröffnet worden ist."

Die Ausübung des Eintrittsrechts bewirkt, daß der Drittbeteiligte an die Stelle des Versicherungsnehmers tritt. Aus einer Einzelver-

---

[14] *Prölss,* Versicherungsvertragsgesetz (6. Aufl. 1950) 120 Anm. 2 zu § 35a.

[15] Genaueres bei *von Laun,* Das Eintrittsrecht in der Lebensversicherung (1940), *Prölss* 491—494 Anm. 1—10 zu § 177.

sicherung auf eigenes Leben mit widerruflicher Bezugsberechtigung wird somit eine Versicherung auf das Leben des bisherigen Versicherungsnehmers derart, daß der bislang Bezugsberechtigte künftig Versicherungsnehmer wird.

Das Eintrittsrecht ist vorgesehen zu Gunsten des namentlich bezeichneten Bezugsberechtigten. Fehlt es an solcher Bezeichnung, so steht es dem Ehegatten und den Kindern des Versicherungsnehmers zu. Als Bezugsberechtigte, die einzutreten vermögen, kommen nicht nur widerruflich Begünstigte in Betracht, sondern auch unwiderruflich Bezugsberechtigte, die auf solche Weise eine konkursrechtliche Anfechtung nicht zu befürchten brauchen[16].

Das Eintrittsrecht der namentlich bezeichneten Bezugsberechtigten, des Ehegatten und der Kinder kann nur mit Zustimmung des Versicherungsnehmers ausgeübt werden; die Zustimmung ist wegen der Mordgefahr eine höchst persönliche, also nicht vom Konkursverwalter zu erklären. Der Eintritt erfolgt durch eine befristete Anzeige an den Versicherer und verpflichtet den Eingetretenen[17], der Konkursmasse denjenigen Betrag zu zahlen, dessen Zahlung der Versicherungsnehmer[18] im Falle der Kündigung des Versicherungsvertrags vom Versicherer verlangen kann. Diese Zahlungspflicht schreckt — in Verbindung mit der Notwendigkeit zur Fortzahlung der laufenden Prämien — die meisten Eintrittsberechtigten ab: Das Rechtsinstitut hat kaum praktische Bedeutung gewonnen.

IV. Wertung des Rechtszustandes

Die rechtlichen Lösungen, welche das geltende deutsche Recht gewählt hat, dürften auch de lege ferenda ausreichend sein. Es gilt, die Interessen des Versicherungsnehmers, des Versicherers, der Drittbeteiligten und der Konkursgläubiger gegeneinander abzuwägen.

Der *Versicherungsnehmer* kann nur daran interessiert sein, daß die bei einem Eintritt von Drittbeteiligten entstehende Versicherung auf sein Leben von seiner Zustimmung abhängig ist. Dem *Versicherer* wird regelmäßig daran liegen, daß trotz des Konkurses des Versicherungsnehmers das Versicherungsverhältnis weiter läuft. Hinsichtlich der *Drittbeteiligten* ist davon auszugehen, daß die Gedanken der Familienfürsorge und der Gläubigersicherung im Verhältnis zu den Konkursgläubigern zurücktreten müssen, falls nur eine widerrufliche Prozeß-

[16] So richtig *Prölss* 492 Anm. 3 zu § 177 gegen *von Laun* 25. — Das deutsche Recht sieht für Zessionare und Pfandgläubiger ein Eintrittsrecht nicht vor, eine Lücke des Gesetzes, die besonders für die Zessionare geschlossen werden müßte, auch hier speziell für die Fälle konkursrechtlicher Anfechtung der Zession.

[17] Zur Streitfrage, ob die Zahlung Rechtsfolge oder Voraussetzung des Eintritts ist: *Prölss* 492 Anm. 2 zu § 177.

[18] Gegebenenfalls nach konkursrechtlicher Anfechtung.

berechtigung geschaffen ist. Deshalb erscheint es in der Tat angemessen, daß die Eintrittsberechtigten der Konkursmasse die Rückvergütung zuzuführen haben[19]. Die Belange der *Konkursgläubiger* werden angesichts der Verpflichtung der Eingetretenen, der Konkursmasse die Rückvergütung zu zahlen, nicht berührt. Es erscheint nicht angängig, die Gläubigerinteressen hinter diejenigen der Familie zu stellen, falls der Versicherungsnehmer es nicht für richtig befunden hat, Familienangehörige durch eine unwiderrufliche Bezugsberechtigung oder Abtretung zu begünstigen[20].

Das *Nebeneinander* der verschiedenen Rechtsformen einer *Bezugsberechtigung*, der *Zession* und der *Verpfändung* ist zwar im deutschen Recht außerordentlich verwickelt, aber die in Frage kommenden Interessenlagen sind so mannigfach, daß die Rechtsordnung eine Mehrzahl von Instituten für die Zwecke ihrer rechtlichen Beherrschung zur Verfügung stellen muß. Vereinfachungen des geltenden Rechts werden sich also nicht verwirklichen lassen[21].

---

[19] Mit dieser Maßgabe könnten auch Zessionare und Pfandgläubiger in den Kreis der Eintrittsberechtigten einbezogen werden, vgl. oben Anm. 16.

[20] *von Laun* 83—86.

[21] Zum ausländischen Recht vgl. *von Gierke*, Der Lebensversicherungsvertrag zugunsten Dritter nach deutschem und ausländischem Recht (1936); *Koenig* in: Festgabe Moser (1931) 361—393, *Müller*, Familienversorgung, Kreditbeschaffung und Zwecksparen durch die Lebensversicherung (1935) 10—29, 43—45.

DIE TRANSPORTVERSICHERUNG BEI AUFEINANDERFOLGENDER LAND-, SEE- UND/ODER LUFTBEFÖRDERUNG

Von Dr. Hans Möller
ord. Professor an der Universität Hamburg

Literatur: Voigt, Zum See- und Versicherungsrecht (1880) — *Schilling,* Der Durchfrachtvertrag (1913) — *Ritter,* Das Recht der Seeversicherung (1922—1924) mit Literatur 1337 Anm. 4 zu § 125 — *Döring,* Die Luftversicherung (1928) — *Wüstendörfer,* Wege und Ziele des kommenden Weltluftrechts (1930) — *Bagge,* Der Durchfrachtverkehr, insbesondere die gemischte Beförderung: RabelsZ 10 (1936) 463ff. — *Wüstendörfer,* Neuzeitliches Seehandelsrecht (1947).

I. Entwicklungslinien

Frühere Zeiten pflegten Transporte, die auf verschiedenen Beförderungsmitteln nacheinander zu Lande und/oder zu Wasser durchgeführt wurden, auch juristisch getrennt zu behandeln: Es herrschte das *Prinzip des „gebrochenen Verkehrs"*[1]. Im Bereiche des Überseekaufrechtes ging und geht die Vergütungsgefahr regelmäßig erst mit dem Beginn der Seereise auf den Käufer über. Frachtrechtlich kam es — häufig unter Einschaltung von Zwischenspediteuren — zum Abschluß mehrerer selbständiger Frachtverträge. Auch versicherungsrechtlich wurden die einzelnen Transporte, insbesondere See- und Binnenversicherung streng geschieden.

Etwa seit der Mitte des vergangenen Jahrhunderts brach sich der zeit-, mühe- und kostensparende Gedanke des Durchfrachtvertrages und der einheitlichen Versicherung allmählich Bahn[2]. Neben den Transportmitteln zu Lande und zu Wasser gewinnen die Luftfahrzeuge auch für den Gütertransport immer wachsende Bedeutung. An die Stelle des gebrochenen Verkehrs tritt der *kombinierte Verkehr.*

II. Gesetzesrecht

Es wird in steigendem Maße vereinbart, daß eine Transportversicherung die aufeinanderfolgende Beförderung auf mehreren Transportmitteln umfassen soll *(durchgehende, durchstehende Versicherung).* Das deutsche Versicherungsrecht trägt dieser modernen Entwicklung

---

[1] *Wüstendörfer,* Seehandelsrecht 318.

[2] *Schilling* a. a. O. 7.

bereits Rechnung, ohne allerdings den Luftverkehr zu beachten. § 147 S. 1 Gesetz über den Versicherungsvertrag vom 30. 5. 1908 (abgekürzt: VVG) bestimmt:

> „Ist die Versicherung für eine Reise genommen, die teils zur See, teils auf Binnengewässern oder zu Lande ausgeführt wird, so finden auf die Versicherung, auch soweit sie die Reise auf Binnengewässern oder zu Lande betrifft, die Vorschriften des Handelsgesetzbuchs über die Seeversicherung entsprechende Anwendung.“

Überall dort, wo die Reise teilweise zur See ausgeführt wird, erweist sich demnach das Seeversicherungsrecht als das stärkere: Das Binnenversicherungsrecht weicht zurück vor dem älteren, erfahreneren, eingehenderen Seeversicherungsrecht[3]. Auch außerhalb Deutschlands findet sich die gleiche Regelung[4].

Angesichts der zunehmenden Sicherheit des Luftverkehrs sowie mit Rücksicht darauf, daß See- und Luftrecht enge Berührungspunkte aufweisen[5], dürften keine Bedenken dagegen bestehen, § 147 S. 1 VVG dann analog anzuwenden, wenn eine Reise teils zur See, teils als Luftreise ausgeführt wird. Auch hier gilt nur Seeversicherungsrecht[6].

III. Versicherungsbedingungen

1. § 147 S. 1 VVG verweist auf die Vorschriften des Handelsgesetzbuchs über die Seeversicherung. Aber diese Bestimmungen sind totes Recht. In der Rechtswirklichkeit gelten — vielleicht sogar gewohnheitsrechtlich — die *Allgemeinen Deutschen Seeversicherungs-Bedingungen* von 1919 (abgekürzt: ADS).

Im Rahmen der ADS sind verschiedene Tatbestände denkbar, bei denen der Seeversicherer andere als Seegefahren trägt:

---

[3] So schon die vorgesetzliche Gesetzgebung (Tit. I Art. 3 Ziff. 7 Hamburg. Assecuranz- und Haverey-Ordnung von 1731), die früheren Versicherungsbedingungen (Zusätze und Abänderungen zu §§ 60—61 Allgemeine Seeversicherungs-Bedingungen von 1867, abgedruckt bei *Bruck*, Materialien zu den Allgemeinen Deutschen Seeversicherungs-Bedingungen II [1929] 100), das vorgesetzliche Schrifttum (*Voigt* a. a. O. 59—77) und die frühere Rechtsprechung (RG 6. 2. 1901, RGZ 48/12). Weitere Nachweise bei *Ritter* a. a. O.

[4] So sect. 2 I britischer Marine Insurance Act, Art. 335 französischer Code de Commerce, § 59 I S. 2 dänisches, finnisches, norwegisches, schwedisches Gesetz über den Versicherungsvertrag, Art. 669, 706 brasilianisches Handelsgesetzbuch.

[5] Dazu *Wüstendörfer*, Wege und Ziele 26—43. Die neuere Gesetzgebung, besonders Großbritanniens hat häufig See- und Luftfahrzeuge (Luft„schiffe“) gleichgestellt, z. B. in Kollisions-, Bergungs- und Prisenrecht (Quellen bei: *Shawcross-Beaumont*, Air Law [1945] 657—660). Am weitesten ist die Zusammenfassung erfolgt im italienischen Codice della Navigazione.

[6] Der italienische Codice della Navigazione verweist in Art. 992 für das Luftversicherungsrecht völlig auf das Seeversicherungsrecht. § 59 I S. 2, skandinavisches Gesetz über den Versicherungsvertrag paßt seinem Wortlaut nach auch für kombinierte See- und Lufttransporte. Für Großbritannien vgl. *Shawcross-Beaumont* 265—266.

a) Zunächst wiederholt § 125 ADS den Rechtsgedanken des § 147 S. 1 VVG für die *durchgehende Versicherung:* Die ADS finden entsprechende Anwendung.

b) Aber auch, wenn die Versicherung der Ware *nur für eine Seereise* genommen wird, deckt die Versicherung *nicht nur den eigentlichen Seetransport.* Sie beginnt nämlich schon mit dem Zeitpunkt, in dem die Güter von dem Verfrachter zur Beförderung oder zur einstweiligen Verwahrung angenommen oder in dem sie von einer Kaianstalt oder einer ähnlichen Anstalt angenommen werden (§ 88 II ADS). Dem Seerisiko wird dadurch ein Landrisiko vorgelagert. Auch am Ende der Versicherung kann sich Entsprechendes ergeben (§ 88 III ADS). Der Versicherer trägt auch die Gefahr der Benutzung von Leichterfahrzeugen bei der Verladung oder der Ausladung, wenn die Benutzung ortsüblich ist (§ 89 ADS). Zwischen Beginn und Ende der Reise kann es im Falle der Umladung vorkommen, daß der Versicherer andere als Seegefahren trägt, beispielsweise dann, wenn die Güter infolge eines Unfalls, für den der Versicherer haftet, mit einem Binnenschiff oder zu Lande weiterbefördert werden (§ 95 II S. 1 ADS). Man wird heute annehmen müssen, daß auch eine Weiterbeförderung auf dem Luftwege unter die Versicherung fällt[7].

c) Die *„Von Haus zu Haus"-Klausel* ermöglicht eine weitere Ausdehnung der Haftung des Seeversicherers. Regelmäßig beginnt auch eine durchgehende Versicherung erst dann, wenn die Güter vom Beförderungsunternehmer angenommen werden. Demgegenüber beginnt nach der erwähnten Klausel die Versicherung schon mit dem Zeitpunkt, in dem die Güter zum Zwecke der Beförderung von der Stelle, an der sie bisher aufbewahrt wurden, entfernt werden (§ 124 I ADS). Entsprechendes gilt für das Ende der Versicherung (§ 124 II ADS). Die Klausel führt also zur Einbeziehung innerörtlicher, lokaler Transporte, während die Deckung von Vor- und Nachreisen nur mittels einer durchgehenden Versicherung erfolgen kann[8].

Auch für die „Von Haus zu Haus"-Klausel, die vertraglich übrigens häufig noch modifiziert wird und die auch längere Lagerungen decken kann, gilt nach § 124 III ADS die Regel:

> „Im übrigen finden, soweit die Beförderung der Güter auf Binnengewässern oder zu Lande ausgeführt wird, diese Bedingungen entsprechende Anwendung."

d) Rechtstatsächlich findet sich in den meisten *Transportversicherungsverträgen,* insbesondere in laufenden Policen, eine außerordentlich großzügige Umreißung der Versicherungsdauer, also eine Kombination der durchgehenden Versicherung mit einer „Von Haus zu Haus"-Klausel unter weitgehender Einbeziehung von Lagerungen und ohne Beschrän-

[7] Anders noch *Ritter* 1113 Anm. 21 zu § 95.

[8] *Ritter* 1333 Anm. 3 zu § 124, 1334 Anm. 6 zu § 124.

kung der Beförderungsmittel[9], so daß auch Lufttransporte gedeckt sind[10]. Zur Vertragsgrundlage werden die ADS gemacht, und zwar oft auch für den Fall, daß ein Transport nur zu Lande, auf Binnengewässern oder durch Luftfahrzeug ausgeführt wird.

e) Während im allgemeinen das moderne Seeversicherungsrecht seinen Anwendungsbereich auszudehnen trachtet, wird die *Kriegsrisikodeckung* kraft des auch in Deutschland angewendeten Waterborne Agreement auf die Dauer des Seetransportes beschränkt: Nach der Kriegsklausel 1949 des Deutschen Transport-Versicherungs-Verbandes beginnt die Versicherung, wenn die Güter an Bord des Seeschiffes gebracht sind und endet spätestens, wenn die Güter von Bord des Seeschiffes scheiden. Nur bei Umladungen gilt für eine beschränkte Zeit die Kriegsversicherung auch an Land, übrigen auch wieder unter entsprechender Anwendung der ADS.

2. Bisher ist nur die Rede gewesen von Fällen kombinierter Transporte, bei denen eine Seebeförderung eine Rolle spielt oder die ADS vereinbarungsgemäß für anwendbar erklärt sind.

In Fällen, in denen *Beförderungen zu Lande, auf Binnengewässern und/oder durch die Luft* aufeinanderfolgen und in denen die ADS nicht für anwendbar erklärt sind, pflegen für die einzelnen Transportabschnitte gesonderte allgemeine Versicherungsbedingungen vereinbart zu werden. Diese werden dann gemeinsam dem Versicherungsschein beigefügt. In Betracht kommen besonders folgende, vom Deutschen Transport-Versicherungs-Verband formulierte Versicherungsbedingungen:

Allgemeine Versicherungs-Bedingungen für den Gütertransport zu Lande mittels Eisenbahn, Post oder Fuhre,

Allgemeine Versicherungs-Bedingungen für den Gütertransport mit Kraftfahrzeugen,

Allgemeine Bedingungen für die Versicherung von Gütertransporten auf Flüssen und Binnengewässern.

Für Gütertransporte mit Luftfahrzeugen gibt es in Deutschland noch keine Versicherungsbedingungen wieder[11].

Die aufgeführten Bedingungen stehen gleichberechtigt nebeneinander. Die an erster Stelle genannten Bedingungen für den Gütertransport zu Lande sind auch anwendbar bei Trajekt-Transporten[12] und umfassen auch den örtlichen Zubringerdienst. Bei kombinierten Luft- und Eisenbahntransporten werden — mit einer Zusatzklausel — gleichfalls diese Bedingungen verwendet[13].

---

[9] Für Großbritannien besonders weitgehend die Wartime Extension Clause.

[10] *Döring* a. a. O. 171.

[11] Für die Vergangenheit *Döring* 171—172.

[12] *Hoffmann*, Erläuterungen zur Land-Güter-Police (1931) 17.

[13] *Hoffmann* 20.

Wenn einem Versicherungsschein trotz Deckung kombinierter Transporte nur eine Art von Bedingungen zu Grunde liegt, dann müssen diese Bedingungen auf die in ihnen nicht geregelten Transportabschnitte analog angewendet werden, ergänzend ist nach dem geltenden deutschen Recht das VVG heranzuziehen.

IV. Rechtsanwendung

§§ 147 S. 1 VVG, 124 III, 125 ADS schreiben eine „entsprechende Anwendung" der seeversicherungsrechtlichen Vorschriften für die Reise auf Binnengewässern oder zu Lande vor[14], und es konnte der Standpunkt vertreten werden, daß auch bei Beförderung in Luftfahrzeugen eine analoge Anwendung geboten ist.

Im allgemeinen bereitet solche sinngemäße Anwendung keine Schwierigkeiten[15]. Immerhin können aber in mehrfacher Hinsicht gelegentlich Rechtszweifel auftauchen.

1. Versicherte Interessen

Nach § 80 Ziff. 3 ADS sind gewisse Massengüter, z. B. Dungstoffe und Eisen grundsätzlich nicht versichert, wenn das Schiff damit zu mehr als einem Dritteil seiner Tragfähigkeit beladen ist. Man wird nicht umhin können, diese Bestimmung auch bei Binnenschiffen, Waggons, Kraftfahrzeugen usw. anzuwenden, obgleich sich eine anderweitige *Beiladung* besonders in Waggons und Kraftfahrzeugen häufig kaum wird ermöglichen lassen. Helfen kann eine abweichende Vereinbarung.

Die Versicherung des Güterinteresses bewirkt, daß automatisch das *Havariegrosse*haftpflichtinteresse mitversichert ist. Das Institut der großen Haverei gibt es jedoch nicht im Bereiche des Land- und Luftverkehrs[16], so daß hier — anders als bei der Binnenschiffahrt[17] — der Seeversicherer dieses Risiko nicht trägt.

Die versicherten Güter dürfen nach § 85 ADS nicht *auf Deck verladen* sein; sonst erfährt die Haftung des Versicherers starke Einschränkungen. Die entsprechende Anwendung dieser Vorschrift bewirkt, daß auch bei Verladung auf Deck von Binnenschiffen und in offenen Binnenschiffen, Waggons oder Kraftfahrzeugen diese Einschränkungen gelten[18]. Der Versicherungsort spielt auch eine Rolle nach § 95 ADS: Ist ein

[14] Auch für die sonst gedeckten Vor-, Zwischen- und Nachtransporte und -lagerungen (oben III 1b, d) gelten die seeversicherungsrechtlichen Bestimmungen entsprechend: *Ritter* 1338 Anm. 4 zu § 125.

[15] *Ritter* 1339 Anm. 5 zu § 125. Unmittelbar anwendbar sind z. B. die §§ 80 Ziff. 1, 2, 91 I, 92—94, 96—98 ADS, über die übrigen Bestimmungen des zweiten Titels der ADS vgl. die Ausführungen im Text.

[16] De lege ferenda: *Wüstendörfer*, Wege und Ziele 34.

[17] Bei der Binnenschiffahrt soll nach § 147 S. 2 VVG der § 133 II S. 2 VVG unberührt bleiben, wo von der Unverbindlichkeit einer Dispache des Schiffers die Rede ist. Dazu *Ritter* 1343 Anm. 15 zu § 125.

[18] *Ritter* 1341 Anm. 8 zu § 125.

bestimmtes Beförderungsmittel gattungsmäßig oder konkret im Versicherungsvertrage bezeichnet, z. B. für eine Vorreise ein Binnenschiff, so ist eine Beförderung per Bahn oder im Flugzeug regelmäßig nicht gedeckt[19].

Bei der Bemessung des *Versicherungswertes* nach § 90 ADS ist auszugehen nicht von dem Wert am Orte der (seerechtlichen) Abladung, sondern von dem Wert an jenem Orte, wo der Versicherungsschutz, also die Vorreise beginnt[20].

2. Versicherte Gefahren

Bei durchgehender Versicherung trägt der Versicherer nicht nur die Gefahren der Seeschiffahrt, sondern selbstverständlich auch die *Gefahren des Binnen- oder Lufttransportes oder der Lagerung*, und zwar gemäß § 28 S. 1 ADS nach dem Prinzip der Totalität[21].

Jedoch gehören die *Beschaffenheitsgefahren* (§ 86 I ADS) selbstverständlich auch außerhalb des Seetransportes nicht zu den gedeckten Risiken[22].

Die *Kriegsausschlußklausel* des § 35 ADS hat auch für die Binnen- und Luftreise Bedeutung[23].

Entsprechend § 81 ADS haftet der Versicherer auch dafür, daß etwa während eines Landtransportes über die Güter zum Zwecke der Fortsetzung der Reise *verfügt* wird.

3. Versicherte Schäden

Grundsätzlich haftet der Seeversicherer für eine *Beschädigung nur im Falle der Strandung* (§ 82 ADS, vgl. auch §§ 83, 86 II ADS). Die entsprechende Anwendbarkeit dieser Vorschrift hat zwar nicht bei Binnenschiffen, wohl aber bei Landfahrzeugen erhebliche Schwierigkeiten gemacht[24] und muß auch für Luftfahrzeuge untersucht werden. Die Strandungsfälle sind in § 114 III ADS zusammengestellt. Danach würde nicht nur gehaftet werden, wenn ein Land- oder Luftfahrzeug kollidiert oder wenn darauf ein Brand oder eine Explosion stattfindet, sondern auch dann, wenn ein Landfahrzeug umstürzt („kentert"), ein Flugzeug abstürzt oder notlandet („auf Grund stößt").

Haftet ein Seeversicherer auf See für *Beschädigungsschäden* nicht (§ 84 ADS), so haftet er dafür auch nicht außerhalb des Seetransportes[25].

Nach § 91 II wird der Fall der *Verschollenheit* als Totalverlust behandelt. Bei Flugzeugen kann eine Verschollenheit durchaus in Betracht

---

[19] *Ritter* 1343 Anm. 13 zu § 125.
[20] Anderer Meinung wohl *Ritter* 1062 Anm. 8 zu § 90.
[21] *Ritter* 86 Anm. 37 zu § 1, 469 Anm. 16 zu § 28.
[22] *Ritter* 1341 Anm. 9 zu § 125.
[23] *Ritter* 1343 Anm. 14 zu § 125.
[24] *Ritter* 1339 Anm. 6—7, 9 zu § 125, *Schilling* 118—120, *Voigt* 62—77.
[25] *Ritter* 1339 Anm. 5 zu § 125, 1341 Anm. 7 zu § 125.

kommen, in der Kriegszeit sind aber auch Waggons und Kraftfahrzeuge häufig verschollen.

4. Versicherungsdauer

Die entsprechende Anwendung der §§ 88, 89 ADS, wie sie § 125 ADS vorschreibt, scheint in einem gewissen Widerspruch zu § 147 S. 2 VVG zu stehen, wonach die binnenversicherungsrechtlichen Vorschriften über Beginn und Ende der Versicherung (§§ 134 II, 135 VVG) unberührt bleiben sollen. Aber beide Vorschriftengruppen führen wohl zu dem gleichen Ergebnis. Wenn nämlich ein bahnamtlicher Rollfuhrunternehmer die Güter beim Absender abholt, so beginnt damit die Versicherung sowohl nach § 88 II S. 2 ADS (Rollfuhrunternehmer als Vertreter des Verfrachters) als auch nach § 135 VVG. Als vertragliche Vereinbarung dürften in Zweifel die Vorschriften der ADS jene des VVG verdrängen[26].

5. Obliegenheiten

Der Versicherer haftet gemäß § 87 ADS unter Umständen nicht, wenn die gesetzliche *Haftung des Verfrachters* über das verkehrsübliche Maß hinaus beschränkt oder ausgeschlossen ist. Bei jeder durchgehenden Versicherung muß der Versicherungsnehmer darauf achten, daß auch für den Binnen- oder Luftverkehr das verkehrsübliche Haftungsmaß nicht unterschritten wird[27].

Auch bei einer durchgehenden Versicherung darf der Versicherungsnehmer nicht die *Gefahr ändern* oder die Änderung durch einen Dritten gestatten. Eine durchgehende Versicherung deckt an und für sich auch die Beförderung der Güter von einem vertragsmäßigen Transportmittel zum anderen und übliche Zwischenlagerungen[28]. Wenn aber der Versicherungsnehmer auf einer Zwischenstation die Güter übermäßig lange liegen läßt, so verzögert er die Vollendung der versicherten Reise (§ 23 II Ziff. 1 ADS) und der Versicherer wird leistungsfrei (§ 24 I S. 1 ADS)[29].

V. Vereinheitlichungsvorschlag

1. Bei *aufeinanderfolgendem Seetransport* einerseits *und Binnen- und/oder Lufttransport* andererseits erweist es sich als durchaus zweckmäßig, im Bereiche des Versicherungsvertragsrechtes überall die Seeversicherung dominieren zu lassen und einheitlich Seeversicherungsrecht anzuwenden. Nicht nur die deutschen, sondern viele andere nationale Rechtsordnungen sehen dies bereits vor[30], auch die Versicherungs-

---

[26] Dazu *Ritter* 1342 Anm. 11 zu § 125.
[27] *Ritter* 1341 Anm. 10 zu § 125.
[28] *Ritter* 1342 Anm. 11 zu § 125.
[29] *Ritter* 1344 Anm. 17 zu § 125.
[30] Nachweise oben Anm. 4.

bedingungen enthalten oft entsprechende Bestimmungen[31]. Durch die vorgeschlagene Regelung werden zugleich alle Schwierigkeiten des internationalen Privatrechtes vermieden. Denn abgesehen davon, daß sowieso das Seeversicherungsrecht international sehr einheitliche Züge aufweist[32], ist für den Einzelfall jeweils das Statut des Betriebsortes oder der Niederlassung des Versicherers entscheidend, so daß bei einer kombinierten Versicherung eine einzige Rechtsordnung, die leicht bestimmbar ist, angewendet werden muß.

2. Schwieriger ist eine Stellungnahme de lege ferenda, sofern bei einer kombinierten Reise ein Seetransport nicht in Rede steht, sondern *nur* ein *Binnenschiffahrts-, Land- und/oder Luftrisiko*. Vertraglich wird in solchen Fällen häufig bereits auf das Seeversicherungsrecht verwiesen. Andererseits kommt es vor, daß für die einzelnen Transportabschnitte gesonderte Versicherungsbedingungen vereinbart werden. Beim Fehlen solcher Vereinbarung würden nach deutschem Recht die §§ 129ff. VVG über die Binnentransportversicherung anwendbar sein, und zwar analog auch für den Lufttransportabschnitt. Die genannten Gesetzesbestimmungen sind aber außerordentlich knapp und lassen sehr viele Einzelfragen offen.

Es ist deshalb erwägenswert, bei Fehlen einer anderweitigen vertraglichen Vereinbarung angesichts der Lückenhaftigkeit des Binnentransportversicherungsrechtes gleichfalls das Seeversicherungsrecht anzuwenden. In Deutschland werden die Seeversicherung und die übrigen Zweige der Transportversicherung von den gleichen Versicherern betrieben. Den beteiligten Versicherern sind also die ADS vertraut. Auch in Großbritannien ist die Lage ähnlich, zur „marine insurance" gehören dort versicherungstechnisch auch die Binnentransportversicherung und die Luftgüterversicherung, die aus dem sonstigen Bereiche der Luftversicherung herausgenommen sind[33].

3. Während die Rechtsvereinheitlichung auf dem Gebiete des Außenhandels- und Durchfrachtrechtes große Schwierigkeiten bereitet[34], dürfte nach alledem eine international einheitliche Behandlung von kombinierten Versicherungen *nicht* auf *unüberwindliche Hindernisse* stoßen.

---

[31] Vgl. § 2 II dänische Konvention, Ziff. IIe belgische Clauses 1900, § 125 ADS.

[32] Näheres *Möller* in: Rohrbeck, Wirtschafts- und Rechtsfragen der Transportversicherung (1941) 60—73.

[33] In den Vereinigten Staaten allerdings werden die „inland marine"-Risiken von den „ocean-marine"-Risiken getrennt behandelt.

[34] Zum Durchfrachtrecht: *Bagge* a. a. O.

DER NUTZEN DER EINRICHTUNG ODER BEIBEHALTUNG VON HANDELSGERICHTEN UND IHR EINFLUSS AUF DIE WEITERBILDUNG DES RECHTS

Von Dr. Friedrich Lent
ord. Professor an der Universität Erlangen

Literatur: Endemann, Beiträge zur Kenntnis des Handelsrechts im Mittelalter: Zeitsch. f. d. ges. Handelsrecht 5 (1862) — *Kern*, Gerichtsverfassungsrecht (1948) — *Lent*, Der Laienrichter im Zivilprozeß: ZivArch 150 (1949).

§ *1. Geschichte der Handelsgerichte*

Die deutsche Rechtsordnung kennt Handelsgerichte schon seit dem *Mittelalter*. Nachdem das Städtewesen im 11. und 12. Jahrhundert zu beträchtlicher Blüte gelangt war und der Handel trotz der ablehnenden Haltung des Kanonischen Rechtes sich entwickelt hatte, entstanden in steter Wechselwirkung ein Handelsrecht und eine Handelsgerichtsbarkeit. Bei dieser kreuzten sich die beiden Gesichtspunkte, einmal der, daß eine Korporation, wie es auch die Kaufmannsgilden waren, eine *eigene Gerichtsbarkeit* über ihre Mitglieder ausüben dürfe, sodann der andere, daß für gewisse Streitigkeiten wegen ihrer besonderen sachlichen Natur eine *besondere Gerichtsbarkeit* bestehen müsse. Objektive Begrenzung nach dem Streitgegenstand und subjektive nach der Standeszugehörigkeit der Parteien verbanden sich miteinander. Die Verdrängung der ständischen Gerichtsbarkeit und zugleich der Laienrichter durch die Gerichtsbarkeit der Landesherren und ihre Ausübung durch beamtete Juristen ließ auch die Handelsgerichte verkümmern.

Eine neue Ära für die Handelsgerichte begann erst im 19. Jahrhundert und zwar unter französischem Einfluß. Denn in Frankreich hatten sich kaufmännische Gerichte erhalten und im *code de commerce* ihre Anerkennung gefunden. Sie waren mit Laien als Handelsrichter besetzt, die von den Kaufleuten aus ihrer Mitte gewählt wurden. In Nachahmung dieser Regelung wurden nun in vielen deutschen Partikularrechten ebenfalls Handelsgerichte eingerichtet, vor allem in den Landesteilen, wo der französische Einfluß besonders lebendig war oder die französische Gesetzgebung zur napoleonischen Zeit eingeführt oder übernommen war, so im gesamten linksrheinischen Gebiete und in Baden, dann aber auch in Bayern, Sachsen und in den Hansestädten Hamburg und Lübeck.

Diesen Gerichten war aber eigentümlich, daß sie im Gegensatz zum französischen Recht nicht ausschließlich mit Laien besetzt waren, sondern unter dem Vorsitz eines beamteten Juristen standen.

Diese Art von Handelsgerichtsbarkeit wurde in die neue deutsche Gerichtsverfassung durch das *Gerichtsverfassungsgesetz von 1877* übernommen und damit geltendes Recht für das gesamte Reichsgebiet. Da das Gerichtsverfassungsgesetz auch nach dem Zusammenbruch von 1945 theoretisch in allen Zonen und praktisch in den Westzonen in Geltung geblieben ist, so gibt es eine Handelsgerichtsbarkeit auch im heutigen Deutschland. Das Bundesgesetz zur Wiederherstellung der Rechtseinheit stellt mit dem alten GVG auch diese Gerichtsbarkeit wieder her.

§ 2. *Das geltende Recht*

I. Folgender Grundsatz ist zunächst hervorzuheben: Es bestehen *keine besonderen Handelsgerichte* neben den ordentlichen Gerichten als Sondergerichte (wie etwa die Arbeitsgerichte), sondern die Handelsgerichte sind Teile der ordentlichen Gerichtsbarkeit, nichts anderes als *Abteilungen der ordentlichen Gerichte*, von ihnen nur durch die Beteiligung von Laienrichtern unterschieden.

Als solche Handelsgerichte bestehen die *Kammern für Handelssachen bei den Landgerichten* (GVG §§ 93 ff.) (sie dürfen nicht verwechselt werden mit den Handelskammern, die als Berufsvertretung der Kaufleute Organe der Wirtschaft, nicht der Rechtspflege sind). Dagegen bestehen *keine* Handelsgerichte *bei den Amtsgerichten*, welche die Streitigkeiten erster Instanz bis zu einem Streitwert von 2000 DM zu erledigen haben, und auch nicht bei den reinen Rechtsmittelgerichten, also den Oberlandesgerichten, dem früheren Reichsgericht und den neu geschaffenen obersten Gerichten für die britische Zone und für Bayern.

Sie bestehen nicht automatisch bei jedem Landgericht ohne weiteres, sondern werden von der Landesjustizverwaltung eingerichtet, wenn ein Bedürfnis danach besteht (§ 93 GVG), z. B. nicht bei kleinen Landgerichten mit vorwiegend ländlicher Bevölkerung, aber bei jedem Landgericht einer Großstadt.

Besteht eine Kammer für Handelssachen, so ist sie zunächst *Prozeßgericht erster Instanz* anstelle der Zivilkammer *im Rahmen der Handelssachen* (s. u. II). Ihre sachliche Zuständigkeit ist die gleiche wie allgemein für die Landgerichte, also an einen Streitwert von über 2000 DM geknüpft. Sie ist aber ferner *Berufungs- und Beschwerdegericht, wiederum im Rahmen der Handelssachen*, anstelle der Zivilkammer. Diese Funktion war ihr erst durch die Novelle vom 1909 übertragen (§ 100 GVG), durch die zweite Vereinfachungsverordnung von 1940 wieder genommen, ist ihr aber durch das Kontrollratsgesetz Nr. 4 zurückgegeben, indem es das Gerichtsverfassungsgesetz in der Fassung von 1924 wiederherstellte (ebenso jetzt das oben zitierte Bundesgesetz).

II. Der Bereich der *Handelssachen* ist durch § 95 GVG bestimmt. Er umfaßt vor allem

1. *Ansprüche gegen einen Kaufmann aus einem zweiseitigen Handelsgeschäft.* Der Beklagte muß also Kaufmann im Sinne von § 1ff. HGB oder eine Gesellschaft sein, der Kaufmannseigenschaft zukommt (Aktiengesellschaft, G.m.b.H. usw.); ferner muß das Geschäft, auf welches sich die Klage gründet, ein Handelsgeschäft im Sinne §343ff. HGB für beide Kontrahenten sein.

2. Ansprüche aus einem *Wechsel*, einem *Scheck*, ferner aus *indossablen kaufmännischen Anweisungen, Verpflichtungsscheinen* usw.

3. Ansprüche aus dem *Gebrauch einer Firma*, aus *Warenzeichen, Mustern und Modellen* und aus dem *Unlauteren Wettbewerbsgesetz.*

Eine Einschränkung besteht insofern, als die Eigenschaft als Handelssache für den gesamten Streitgegenstand gegeben sein muß; so müssen sämtliche Beklagte, wenn mehrere Personen in einer Klage verklagt sind, die Kaufmannseigenschaft haben oder, wenn mehrere Ansprüche in einer Klage erhoben werden, sie alle den Charakter als Handelssache haben. Anderenfalls gehört der gesamte Prozeß vor die Zivilkammer.

Bemerkenswert an dieser Regelung ist die *Verbindung objektiver und subjektiver Gesichtspunkte* und ein *Überwiegen der objektiven.* Die *Handelssachen* umfassen *weder nur Ansprüche gegen Kaufleute*, z. B. nicht bei Wechselklagen oder Ansprüchen aus unlauterem Wettbewerb, *noch alle Ansprüche gegen Kaufleute*, sondern nur solche handelsrechtlicher Natur. Daher stellen die Handelsgerichte nicht etwa eine besondere Gerichtsbarkeit über Kaufleute oder eine Art Standesgerichtsbarkeit dar.

III. *Das Verhältnis der Kammern für Handelssachen zu den Zivilkammern* ist besonders geordnet (§§ 96ff. GVG) und zwar nicht als ein Verhältnis verschiedener Gerichte zueinander nach den Regeln der Zuständigkeit, sondern mehr als Norm einer Geschäftsverteilung unter Abteilungen desselben Gerichts. Daher ist eine Abweichung von der angeordneten Verteilung kein Revisionsgrund und macht erst recht nicht das Urteil unwirksam.

Eine Sache kommt vor die Kammer für Handelssachen nur auf Antrag oder durch Verweisung seitens der Zivilkammer. Den Antrag hat der Kläger bereits in der Klage zu stellen, die Verweisung erfolgt dagegen auf Antrag des Beklagten, nicht von Amtswegen, so daß stets der *Parteiwille* die Grundlage für die Befassung der Kammer für Handelssachen bildet. Diese Regelung gilt auch für die Berufungsinstanz, wenn eine Sache vom Amtsgericht an das Landgericht kommt.

In der Praxis werden die Anträge meist vom Kläger gestellt. Man kann annehmen, daß der überwiegende Teil der Handelssachen auch wirklich vor die Kammern für Handelssachen gelangt. Denn diese genießen allgemeines Vertrauen und es liegt nahe, daß eine Partei gerne die Entscheidung bei einem Richterkollegium sucht, dessen Mehrheit aus sachkundigen Angehörigen seiner eigenen Berufsschicht besteht.

IV. Die *Handelsrichter* werden im Gegensatz zu den auf Lebenszeit ernannten beamteten Richtern *auf 3 Jahre ernannt*, können aber nach Ablauf dieser Zeit erneut bestellt werden (§ 108 GVG). Hiervon wird auch Gebrauch gemacht, da eine größere Erfahrung in der Rechtssprechung naturgemäß wertvoll ist.

Die Handelsrichter werden auf Grund gutachtlichen Vorschlages des zur Vertretung des Handelsstandes berufenen Organs von der Landesjustizverwaltung ernannt, also *nicht gewählt*. Das Amt des Handelsrichters ist ein *Ehrenamt*, d. h. ohne Besoldung (§§ 107, 108 GVG).

Die *persönlichen Voraussetzungen* für dieses Amt sind folgende (§§ 109, 110 GVG): der Richter muß als Kaufmann oder als Vorstand einer Aktiengesellschaft oder einer sonstigen juristischen Person im Handelsregister eingetragen sein oder gewesen sein und das dreißigste Lebensjahr vollendet haben. An Seeplätzen können die Richter auch dem Kreise der Schiffahrtskundigen entnommen werden.

Sie werden eidlich verpflichtet und haben während ihrer Amtszeit *die gleichen Rechte und Pflichten wie die richterlichen Beamten* (§ 112 GVG), können daher ihres Amtes nur nach Maßgabe der Dienststrafgesetze enthoben werden. Auch für die Handelsrichter gilt der Grundsatz der *richterlichen Unabhängigkeit*, d. h. sie sind bei Ausübung der richterlichen Gewalt an Weisungen irgendwelcher Stellen, etwa einer Vertretung des Handelsstandes oder der Justizverwaltung, nicht gebunden und nur dem Gesetz unterworfen.

Da der Bereich der zum Richteramt zugelassenen Personen ziemlich weit gezogen ist, kann eine strenge Auswahl getroffen werden, was Erfahrung, Sachkunde und tadellosen Ruf anlangt. Die Handelsrichter sind daher in aller Regel angesehene unanfechtbare Persönlichkeiten.

V. Für das *Verfahren* vor den Kammern für Handelssachen gelten *dieselben Grundsätze wie für* das Verfahren *vor den Zivilkammern*, es gibt also kein besonderes Verfahren in allen Handelssachen. Nur für Wechselsachen gibt es ein besonderes, vor allem abgekürztes Verfahren, den Urkunden- und Wechselprozeß (§§ 592ff. ZPO), aber ohne Rücksicht darauf, ob der Prozeß vor der Zivilkammer oder der Kammer für Handelssachen geführt wird. Die Mehrzahl der Wechselsachen kommt allerdings vor die Kammer für Handelssachen.

Das Verfahren wird also von der Verhandlungsmaxime beherrscht, diese aber durch das weitgehende richterliche Fragerecht von § 139 ZPO gemildert, von dem gerade auch die sachkundigen Beisitzer Gebrauch machen können. Für das Beweisverfahren gilt nichts Abweichendes. Eine besondere Rolle wird der Urkundenbeweis spielen, auch außerhalb des Wechselprozesses, es sei nur an die Bedeutung der Handelsbücher und der geschäftlichen Korrespondenz erinnert. Die Zuziehung von Sachverständigen wird sich in vielen Fällen erübrigen, weil die Handelsrichter selber über die nötigen Kenntnisse, z. B. der Handelsgebräuche verfügen.

Die *Urteile* der Kammern für Handelssachen sind mit den gleichen Wirkungen ausgestattet wie diejenigen der Zivilkammern. Sie erlangen materielle Rechtskraft und Vollstreckbarkeit. Daß in Wechselsachen häufig Endurteile unter Vorbehalt der Nachprüfung im ordentlichen Verfahren ergehen, ist wiederum eine Eigentümlichkeit dieser Prozeßart (§§ 599, 600 ZPO), aber nicht des Verfahrens vor den Kammern für Handelssachen. Das gleiche gilt für die Vorschrift, daß die im Urkunden- und Wechselprozesse ergehenden Urteile von Amts wegen für vorläufig vollstreckbar zu erklären sind.

§ 3. *Wertung der Handelsgerichte*

Will man die Einrichtung der Handelsgerichte werten und sich über ihre Einführung oder Beibehaltung schlüssig werden, so muß man in erster Linie ins Auge fassen, daß man es hier mit einer *Beteiligung von Laien an der Rechtsprechung* zu tun hat. Die Frage der Handelsgerichte stellt daher nur einen Ausschnitt aus dem großen Problem der Laienbeteiligung an der Rechtsprechung dar.

Fragt man nun nach den *Gründen*, die für die Einrichtung der Handelsgerichte maßgebend gewesen sind, so läßt die geschichtliche Entwicklung die Gesichtspunkte erkennen, unter welchen man zur Schaffung von Handelsgerichten gekommen ist. Der größte neuzeitliche Impuls zur Beteiligung von Laien an der Rechtsprechung ging von der großen politischen und wirtschaftlichen Freiheitsbewegung aus, die am Ende des 18. und am Anfang des 19. Jahrhunderts von Amerika und England aus auch die Rechtspflege in Europa wesentlich umgestaltet hat. Aber im Gegensatz zur Einführung der Schwur- und Schöffengerichte in dem Strafprozeß waren es *nicht* diese *politischen Gründe*, welche das Handelsrichteramt in den Zivilprozeß hineinbrachten. Jene große Bewegung wollte ja dem Bürger, dem Individuum einen Schutz vor der Allmacht des absoluten Staates verschaffen und erblickte in den beamteten Richtern Werkzeuge dieser Staatsgewalt, in den Laienrichtern dagegen die Gewähr für eine von der Staatsgewalt unabhängige, die Rechte des Individuums stützende Rechtsprechung. Dieser Gesichtspunkt aber kann auch heute für die Handelsrichter nicht angeführt werden. Denn sie haben ja Rechtsstreitigkeiten zwischen Privatpersonen auf gleicher Ebene zu entscheiden, und an solchen nimmt die Staatsgewalt im Normalfall keinen Anteil. Z. B. bedarf ein Kaufmann, der gegen einen anderen einen Prozeß wegen eines Handelskaufes oder einer Wechselverpflichtung führt, in aller Regel keines Schutzes gegen eine Einmischung von seiten der Staatsgewalt. Für die Handelssachen gilt in dieser Beziehung nichts anderes wie für den gesamten Zivilprozeß, und wenn die Beteiligung von Laien nur für einen Ausschnitt aus der Gesamtheit der bürgerlichen Rechtsstreitigkeiten eingeführt ist, so beweist dies, daß der Grund hierfür nicht in solchen allgemeinen Erwägungen über den Schutz des Individuums gelegen hat noch in Zukunft liegen wird. Sollte einmal der Ausnahmefall eintreten, daß die Staatsgewalt, besser gesagt ein an ihrer Ausübung maßgebend Beteiligter, ein Interesse an der einen Partei nimmt oder gar selber Partei ist, dann hat uns das nationalsozialistische Regime gezeigt, daß der moderne totalitäre Staat über terroristische Mittel verfügt, sich auch den Laienrichter gefügig zu machen, vielleicht noch leichter und in höherem Maße als den beamteten Richter, besonders wenn er die Auswahl der Laienrichter in die Hand bekommt und gefügige Subjekte in die Gerichte entsenden kann. Es ist zu hoffen, daß nicht wieder ein Terrorregiment Deutschland oder den übrigen europäischen Kulturkreis schändet, und so entbehrt der Gesichtspunkt, daß das Individuum durch die Rechtspflege vor der Staatsgewalt geschützt werden muß, für die Einrichtung der Handelsgerichte der theoretischen wie der praktischen Bedeutung.

Näher liegt es schon, in den Handelsgerichten ein Seitenstück zu den *Gewerbe-*, *Kaufmanns-* oder *Arbeitsgerichten* zu sehen. Aber eine genaue Betrachtung lehrt, daß auch hier die Gesichtspunkte ganz verschieden sind. *Soziale Erwägungen* können für die Zuziehung der Handelsrichter schon deshalb *nicht maßgebend* gewesen sein, weil die Handelsgerichte schon lange vor der großen sozialen Bewegung bestanden, die am Ende des 19. Jahrhunderts Deutschland und fast ganz Europa mit neuen Impulsen erfüllte und zur Schaffung der Arbeitsgerichte geführt hat. Die Handelsgerichte dagegen blieben durch den Übergang vom Liberalismus zum Sozialismus völlig unberührt.

In der Tat *liegen die Verhältnisse bei den Arbeitsgerichten anders als bei den Handelsgerichten*. Bei jenen stehen sich Angehörige sozial verschiedener, in ihren Interessen zumindest im Rahmen des Rechtsstreits gegensätzlicher Schichten gegenüber, soziale Gegenspieler, und darum forderte man die Beteiligung von Laienrichtern, die paritätisch den beiden Gruppen entnommen werden, damit ein Gleichgewicht zwischen beiden gewährleistet ist und die Rechtsprechung das Vertrauen auch der Arbeitnehmerschaft genießen kann. Bei den Handelsgerichten dagegen stehen sich im Normalfalle Angehörige der *gleichen sozialen Schicht* gegenüber, sind beide Parteien Kaufleute und nur selten spielen soziale Gegensätze unter den Parteien eine Rolle, etwa zwischen Klein- und Großhandel oder zwischen Handel und Industrie. Daher werden hier auch beide Laienrichter derselben Berufsgruppe und sozialen Schicht entnommen. Ihre Aufgabe innerhalb der Rechtsprechung ist nicht für jeden Beisitzer eine besondere, um nicht zu sagen gegensätzliche, sondern die gleiche; eine Wahrung der Interessen nur einer Partei kommt nicht in Frage.

Für die Handelsgerichte ist nur ein dritter Gesichtspunkt von Bedeutung, er vermag ihre Zuziehung zu rechtfertigen. Die Handelsrichter sind im Besitze einer *besonderen Sachkunde*, die für die Entscheidung der Prozesse, an denen sie mitzuwirken haben, von großem Werte ist. Daraus erklärt sich einerseits objektiv die Beschränkung auf gewisse Arten von Rechtsstreitigkeiten, die Handelssachen, andererseits die Auswahl der Handelsrichter aus den Reihen der Kaufmannschaft.

Für den Wert der Handelsrichter ist die Feststellung entscheidend, *auf welchen Gebieten richterlicher Tätigkeit* ihre *Sachkunde* besteht und *eingesetzt* werden soll. Es handelt sich *nicht* etwa um besondere *Rechtskenntnisse*, auch nicht auf dem Gebiete des Handelsrechtes; erwünscht sind sie natürlich, aber nicht der Grund für die Zuziehung von Kaufleuten als Richter. Aber hier wird wichtig — und hierbei handelt es sich um einen entscheidenden Gesichtspunkt für die Zuziehung von Laien überhaupt — daß die Rechtskenntnisse nur für die eine Aufgabe des Richters im Prozeß notwendig sind, für die Anwendung der Rechtsnormen auf den vorgebrachten Sachverhalt. Ihr geht aber voraus (nur von der Frage der Schlüssigkeit abgesehen) die andere Aufgabe, die *Feststellung des* meist streitigen *Sachverhalts*. Hierbei aber kommt es auf juristische Kenntnisse nicht an, vielmehr auf *praktische Erfahrungen*, besonders in dem Milieu, in welchem sich der streitige Tatbestand abgespielt hat, ferner auf psychologische Kenntnisse bei Wertung von Aussagen im Rahmen der freien Beweiswürdigung usw. *Auf diesem Gebiete* kann ein erfahrener und verständiger Laie dem beamteten Richter *gleichwertig*, unter Umständen auch einmal sogar überlegen sein. Jedenfalls vermag ein erfahrener Wirtschaftler einem mit wirtschaftlichen Fragen noch nicht so vertrauten Richter sehr nützlich zur Seite zu stehen.

Man denke z. B. an Wechselprozesse, bei denen dem Handelsrichter seine tägliche Vertrautheit mit Form und Inhalt der Wechsel zustatten kommt, um Streitigkeiten aus unlauterem Wettbewerb, bei denen die Auffassung der beteiligten Wirtschaftskreise ins Gewicht fällt und die Methoden des Konkurrenzkampfes dem Kaufmann geläufiger, von ihm leichter zu durchschauen und in ihren Wirkungen besser abzuschätzen sind als vom reinen Juristen. Die Kenntnis der kaufmännischen Ausdrucksweise gestattet dem Handelsrichter eine leichtere und sichere Auslegung von Angeboten, Verhandlungen und Vereinbarungen der Parteien als dem nur juristisch vorgebildeten Richter, der sich damit erst vertraut machen muß. Die für die Beurteilung vieler Streitpunkte wichtigen Handelsgebräuche liegen dem Kaufmann naturgemäß näher. Im modernen Rechte handelt es sich keineswegs immer um festabgegrenzte Tatbestände, deren Feststellung nur Sache einer logischen Subsumtion ist, sondern oft um Wertungstatbestände, d. h. Sachverhalte, bei denen auf Grund weit gespannter Formulierungen, die bis zur

Generalklausel sich ausdehnen, eine Wertung der konkreten Tatsachen vorzunehmen ist, wenn sie den gesetzlichen Tatbestandsstücken subsumiert werden sollen. Es sei nur an den Grundsatz von Treu und Glauben oder an die Verweisung auf die Verkehrssitte erinnert. Diese Feststellung des Tatbestandes bildet das weite Gebiet, auf dem der Kaufmann als Handelsrichter zu Hause ist und dem juristischen Richter an die Hand gehen kann.

Behält man im Auge, daß der Richter im Prozeß eine doppelte Aufgabe hat — Erfassung des Sachverhaltes und Anwendung der Rechtsnormen auf ihn — so versteht man, warum die Handelsgerichte nach deutschem Recht nicht ausschließlich mit Laien besetzt sind, sondern *Kaufleute nur als Beisitzer* kennen, während der Vorsitz dem beamteten juristisch vorgebildeten Richter vorbehalten bleibt (§ 105 GVG). Denn bei den deutschen Handelsgerichten handelt es sich ja *nicht um Bagatellprozesse, sondern* ihre Zuständigkeit beschränkt sich im Gegenteil auf die Prozesse *mit größerem Streitwert.* Bei ihnen aber ist ohne Mitwirkung eines Juristen nicht gut zu entscheiden, zu leicht können verwickelte Rechtsfragen auftauchen, die ohne Rechtskenntnisse nur auf Grund praktischer Erfahrungen nicht zu lösen sind. Man muß immer mit Prozessen rechnen, bei denen die richterliche Aufgabe der Anwendung der Rechtsnorm gebieterisch hohe Anforderungen an die Beherrschung des objektiven Rechtes stellt. Daher erscheint es angemessen, von einem reinen Laiengericht abzusehen und den Juristen auch in die Handelsgerichtsbarkeit einzuschalten. Außerdem wird es dadurch erleichtert, die Handelsgerichte in die ordentliche Gerichtsbarkeit einzugliedern.

Versuchen wir auf Grund aller dieser Erwägungen eine zusammenfassende *Wertung* der Zuziehung von Handelsrichtern, so kann sie nur *positiv* ausfallen. Dies um so mehr, als eine Gefahr hier nicht besteht, die bei den Arbeitsgerichten nicht ganz übersehen werden darf, nämlich daß ein Laienrichter sich naturgemäß zunächst als Vertreter der Interessen einer Partei fühlt, nämlich derjenigen, die seiner eigenen sozialen Schicht angehört. Die Kaufleute als Handelsrichter sind nicht der Versuchung ausgesetzt, einseitig einer Partei zu Hilfe kommen zu wollen, weil sie und nur sie seiner eigenen Berufsgruppe und sozialen Schicht angehört. Ihre *Objektivität* ist im wesentlichen ebenso gesichert wie die des beamteten Richters.

Gegen die Einrichtung der Kammern für Handelssachen ist daher auch *von keiner Seite* eine ernsthafte *Einwendung* erhoben. Wenn z. Zt. in der amerikanischen Zone noch keine Kammern für Handelssachen als Gerichte erster Instanz wieder eingerichtet sind, so beruht dies nicht auf einer Gegnerschaft gegen die Zuziehung der Handelsrichter, sondern lediglich auf dem Umstand, daß alle Kammern der Landgerichte in erster Instanz mit nur einem Richter besetzt sind. Nach dem Bundesgesetz zur Wiederherstellung der Rechtseinheit wird die alte Besetzung der Landgerichtskammern mit drei Richtern wieder eingeführt und damit auch die Zuziehung der Handelsrichter im Rahmen der Kammern für Handelssachen.

Zu erwägen bleibt noch, ob eine *Ausdehnung der Zuziehung* von Handelsrichtern *auf andere Arten von Gerichten* zu empfehlen ist. Die Revisionsgerichte scheiden wohl aus, denn da bei ihnen eine Nachprüfung des Sachverhaltes ausgeschlossen und nur rechtliche Nachprüfung zulässig ist, so entfällt bei ihnen gerade der maßgebende Gesichtspunkt ihrer Zuziehung, die besondere Sachkunde in bezug auf den Sachverhalt; für die rechtliche Nachprüfung sind sie den juristisch vorgebildeten Richtern nicht gleichwertig.

Die Zuziehung von Handelsrichtern bei den *Amtsgerichten* wäre an sich ebenso einleuchtend wie bei den Landgerichten. Sie stößt nur auf das Bedenken, daß in allen Sachen das Amtsgericht nur mit einem Richter besetzt entscheidet und es daher eine große Bevorzugung der Handelssachen bedeuten würde, wenn man ausschließlich bei ihnen zu einer Besetzung mit drei Richtern übergehen wollte. Bei der ursprünglichen Zuständigkeit der Amtsgerichte nur für geringwertige Sachen (unter 300 DM Streitwert) kam eine so starke Besetzung ohnehin nicht in Frage, bei der heutigen Zuständigkeitsgrenze von 2000 DM entfällt aber dieses Argument. Sollte die hohe Zuständigkeitsgrenze beibehalten werden und damit wohl auch eine große Zahl von Handelssachen unter die amtsgerichtlIche Zuständigkeit fallen, so würde die Überlegung an Aktualität gewinnen, ob nicht auch eine Zuziehung von Handelsrichtern bei den Amtsgerichten erfolgen könnte. Im Auge zu behalten ist allerdings, daß die Auswahl der geeigneten Persönlichkeiten um so schwieriger wird, je mehr Gerichte zu besetzen sind. Daß es sich nur um Amtsgerichte größerer Städte handeln kann, liegt auf der Hand.

Auch für die Zuziehung von Handelsrichtern bei den *Oberlandesgerichten* lassen sich dieselben Argumente verwenden, welche für die Zuziehung zu den Landgerichten maßgebend waren. Denn auch bei diesen Berufungsgerichten handelt es sich ja um eine Tatsacheninstanz, bei der wiederum die Feststellung des Sachverhaltes eine große Rolle spielt. Aber da die Oberlandesgerichte für die meisten Prozesse die letzte Instanz sind, so besteht ein starkes Interesse an einer sorgfältigen rechtlichen Nachprüfung und Begründung und damit rechtfertigt sich die Besetzung der Senate mit drei juristisch vorgebildeten Richtern. Die Zuziehung von zwei weiteren Handelsrichtern würde die Besetzung der Senate auf fünf Richter steigen lassen und dies wäre wohl ein etwas schwerfälliger Apparat. Auch ergeben sich erhöhte Schwierigkeiten für die Auswahl geeigneter Kräfte.

Alles in allem ist also unbedingt *an der Einrichtung der Kammern für Handelssachen bei den Landgerichten festzuhalten.* Daneben wäre es wünschenswert, in eine Erörterung der Frage, ob eine Ausdehnung der Zuziehung von Handelsrichtern auf die Amts- und Oberlandesgerichte praktisch erscheint, unter den beteiligten Berufskreisen und Juristen einzutreten.

§ 4. Der Einfluß der Handelsrichter auf die Rechtsprechung

läßt sich bei der geheimen Beratung und Abstimmung innerhalb der Kammern nur an Hand der Entscheidungen der Kammern für Handelssachen beurteilen. Aber auch hier erwächst ein Hindernis daraus, daß Entscheidungen der ersten Instanz und der Landgerichte überhaupt nur ausnahmsweise veröffentlicht werden und die großen Entscheidungssammlungen bisher nur für Entscheidungen der Oberlandesgerichte und des Reichsgerichtes bestanden haben. Auch in Zukunft wird sich daran kaum etwas ändern. In den Zeitschriften dagegen werden auch gerade neuerdings landgerichtliche Entscheidungen in größerer Zahl veröffentlicht. Bei den Entscheidungen der oberen Gerichte ist ihrem Inhalt und ihrer Begründung öfter zu entnehmen, wie weit sie der Auffassung der ersten Instanz gefolgt sind, doch pflegen die Revisionsgerichte hauptsächlich auf die Begründung der Berufungsgerichte einzugehen.

Daher läßt sich ein exakter Nachweis des Einflusses, den gerade die Handelsgerichte auf die Rechtsprechung und damit auf die Entwicklung des materiellen Rechtes ausgeübt haben, nicht führen. Aber es ist sicher, daß die zahlreichen Entscheidungen der Kammern für Handelssachen, auch wenn nicht veröffentlicht, Eindruck auf die Parteien und darüber hinaus auf die interessierten Berufskreise machen, daß die Berufspraxis sich nach ihnen richten wird und auf diesem Wege handelsrechtliche Begriffe neuen Inhalt gewinnen. Die eigentliche Neubildung von Rechtsnormen geht dagegen mehr von den oberen Gerichten aus.

DER RECHTSBEGRIFF DES UNTERNEHMENS UND SEINE FOLGEN

Von Dr. Paul Gieseke
Professor an der Universität Bonn

Literatur: Außer den systematischen Darstellungen und Lehrbüchern des Handelsrechts folgende Einzelschriften: Das Schrifttum vor 1927 bei *Müller-Erzbach*, Deutsches Handelsrecht (2./3. Aufl. 1928) 71; ferner: *Oppikofer*, Das Unternehmensrecht (1927) — *Nipperdey*, Die Frage des Schutzes des Unternehmens nach § 823 I BGB in: Beiträge zum Wirtschaftsrecht II 495 — *Isay*, Das Rechtsgut des Wettbewerbsrechts (1932) — *Gieseke*, Die rechtliche Bedeutung des Unternehmens in: Festschr. Heymann (1940) 112 — *Fechner*, Das wirtschaftliche Unternehmen und die Rechtswissenschaft (1942) — *Westermann*, Unternehmens- und Rechtskauf nach BGB und ABGB: Prager Arch. f. Rechtswiss. 1944, 59 — *von Gierke*, Das Handelsunternehmen: ZHR 111 (1946) 1 — *Gieseke*, Diritto e difesa dell'impresa in diritto tedesco: Nuova Rivista di diritto commerciale 1949, 103 — *von Godin*, Nutzungsrecht an Unternehmen (1949) — *Gieseke*, Recht am Unternehmen und Schutz des Unternehmens: GRUR 52 (1950) 298.

Die Probleme, die sich nach französischer Auffassung an den Begriff „fonds de commerce" anknüpfen, sind nach deutscher solche des „*Unternehmens*". Deswegen ist es angemessen, wenn der deutsche Bericht den Begriff des Unternehmens und seine Bedeutung behandelt, mag dieses Wort auch nicht ganz das Gleiche bedeuten wie fonds de commerce.

Terminologisch ist festzustellen, daß in der Gesetzgebung vom *Unternehmen* besonders in wirtschaftsordnenden Bestimmungen die Rede ist bzw. gewesen ist. Das Bürgerliche Gesetzbuch spricht in einem ähnlich umfassenden Sinne von einem *Erwerbsgeschäft*. Daneben spielt der Begriff des *Gewerbebetriebs* eine erhebliche Rolle (so für das Polizeirecht und das Steuerrecht). Damit ist ein auf Gewinnerzielung gerichtetes Unternehmen (unter Ausschluß der Urproduktion und der freien Berufe) gemeint. Von Land- und Forstwirtschaft abgesehen wird also die große Masse der Unternehmen davon erfaßt; auch in diesem Bericht können Land- und Forstwirtschaft im Allgemeinen unberücksichtigt bleiben. Das Handelsgesetzbuch verwendet den engern Begriff des *Handelsgewerbes* oder des *Handelsgeschäfts* zur Bezeichnung des Unternehmens eines Kaufmanns im Sinne der §§ 1—3 HGB. Da es zwei große Gruppen von Kaufleuten kennt, nämlich neben den „Vollkaufleuten" auch die „Minderkaufleute" des § 4 (kaufmännische Handwerker und

Kleingewerbetreibende), sind entsprechend auch zwei Arten von Handelsgeschäften zu unterscheiden.

Die gesetzlichen Bestimmungen *gelten also nicht gleichmäßig für alle Arten von Unternehmen.* Bei der Frage, in welcher Weise allgemeine Bestimmungen (z. B. über Kauf, Pacht usw.) anwendbar sind, ist eine Unterscheidung der einzelnen Arten meist nicht geboten; teilweise — beim Schutz des Unternehmens gegen Beeinträchtigungen — hat aber die Rechtsprechung geglaubt, ihre Anwendung auf Gewerbebetriebe beschränken zu müssen (siehe VII 2). Für eine systematische Behandlung muß der Begriff des Unternehmens den Ausgangspunkt bilden. Soweit etwas nur für bestimmte Unternehmensarten gilt, wird das im Folgenden gesagt werden.

I. Begriff

1. Das Wesen des Unternehmens ist *wandelbar* und auch innerhalb einer gegebenen Wirtschaftsverfassung *nicht durch eine juristische Definition festzulegen.* Denn das Unternehmen ist zugleich Glied der Volkswirtschaft und privatwirtschaftliche Einheit. Es kann andererseits sowohl dynamisch wie statisch aufgefaßt werden, dynamisch, indem man den Blick auf die Funktion im Wirtschaftsablauf, die Unternehmertätigkeit, den Einsatz von (persönlichen und sachlichen) Mitteln richtet, statisch, indem man als Unternehmen das organisatorische, gegenständliche Gebilde ansieht, durch das die Funktion verwirklicht und die Unternehmertätigkeit ausgeübt wird, also den Bestand an Mitteln. Die rechtliche Behandlung des Unternehmens ist davon abhängig, welchen dieser Standpunkte man einnimmt.

Ob und in welchem Maße die *Bedeutung für die Volkswirtschaft* rechtlich eine Rolle spielt, hängt von den Grundgedanken der jeweils geltenden Wirtschaftsverfassung ab. Heute bestehen in Deutschland bekanntlich zwei verschiedene Wirtschaftsverfassungen, die der drei Westzonen und die der sowjetischen Zone. In der *sowjetischen Zone* ist eine sehr große Zahl von „Betrieben", besonders die größeren, in die „Hand des Volkes" überführt worden, es besteht eine strenge Planwirtschaft. Auch rechtlich steht hier die volkswirtschaftliche Funktion so sehr im Vordergrund, daß demgegenüber die Möglichkeit verblaßt, das Unternehmen von seinem Inhaber her als dessen Tätigkeit oder wirtschaftliches Gut zu betrachten. Das muß sich naturgemäß auf die einzelnen Rechtsfragen auswirken, insbesondere auf alle, die mit dem Wettbewerb zusammenhängen. In welchem Maße es der Fall ist, läßt sich von den Westzonen her nicht übersehen, auch in der sowjetischen Zone selbst dürfte darüber noch keine völlige Klarheit bestehen. Ich lasse dahingestellt, ob oder inwieweit man in der sowjetischen Zone überhaupt noch von Unternehmen im sonst üblichen Sinne sprechen kann.

Was weiterhin gesagt wird, betrifft nur das *Recht der drei Westzonen*. Ihm liegt auch heute noch die Auffassung zu Grunde, daß das Unternehmen in erster Linie vom privatwirtschaftlichen Standpunkt aus zu betrachten ist. Damit verbindet sich aber die Berücksichtigung seiner Eigenschaft als Glied der Volkswirtschaft. Diese ist auch in einer liberalen Wirtschaft durchaus möglich. Wenigstens teilweise beruht auf ihr z. B. die Forderung, ein Unternehmen sogar gegen seine eigenen Aktionäre zu schützen; sie hat als Lehre vom „Unternehmen an sich" in den Reformvorschlägen für das Aktienrecht vor 1933 eine große Rolle gespielt (vgl. meinen Bericht über das Wesen der Kapitalgesellschaft). Auch die Bekämpfung übermäßiger Wirtschaftsmacht von Unternehmen gründet sich natürlich auf volkswirtschaftliche Bedürfnisse und Zielsetzungen.

2. Die Zahl der Bestimmungen, in denen das deutsche Recht das Unternehmen *als Einheit behandelt*, ist sehr groß. Sie gehören nicht nur dem bürgerlichen und Handelsrecht an, sondern auch dem Arbeitsrecht, dem Gewerbepolizeirecht, dem Wirtschaftsstrafrecht, dem Steuerrecht und andern Gebieten. Von ganz verschiedenen Standpunkten aus wird das Unternehmen in ihnen betrachtet, als Unternehmertätigkeit, als Tätigkeitsgemeinschaft als organisatorische (gegenständliche) Einheit schließlich als rechtlich geschlossener Bereich noch anderen Charakters. Die Unterscheidung zwischen wirtschaftlicher Einheit (Unternehmen) und technischer Einheit (Betrieb) ist dabei manchmal nicht scharf durchgeführt. Nicht immer wird auch das Unternehmen nur der Person seines Inhabers zugeordnet; es gibt Fälle, in denen es selbst geradezu personifiziert wird. So mannigfach sind die Betrachtungsweisen aller dieser Gesetze, daß von manchen das Vorhandensein eines einheitlichen Rechtsbegriffs „Unternehmen" überhaupt verneint wird. Im Rahmen dieses Berichts ist es nicht möglich, einen erschöpfenden Überblick zu geben. Da die Rechtsvergleichung, der er dienen soll, vor allem das *bürgerliche Recht* und das *Handelsrecht* (mit Einschluß des Wettbewerbsrechts) betrifft, glaube ich mich auf diese Gebiete beschränken zu sollen. Damit wird das Gesichtsfeld allerdings stark eingeschränkt. Auf jeden Fall scheint mir Erwähnung zu verdienen, daß die Betrachtung des Unternehmens als Tätigkeitsgemeinschaft aller darin Beschäftigten, die diesen beiden Rechtsgebieten fast fremd ist, auf dem des Arbeitsrechts besondere Bedeutung hat. Das gilt nicht nur für die Bildung von Betriebsräten (vor allem, wenn ihnen ein wirtschaftliches Mitbestimmungsrecht verliehen werden sollte), sondern auch für das Einzelarbeitsverhältnis.

3. Im bürgerlichen und Handelsrecht wird das Unternehmen *nicht personifiziert*. Es handelt sich natürlich nicht um seine Personifikation, wenn sein *Inhaber* eine juristische Person, Aktiengesellschaft, GmbH usw. ist. Es mag hier darauf hingewiesen werden, daß die offene Handels-

gesellschaft und die Kommanditgesellschaft nach deutschem Recht keine juristischen Personen sind; ihre Gesellschafter sind Mitinhaber des Unternehmens in einer besonders gearteten Gemeinschaft, die als „Gesamthandsgemeinschaft" bezeichnet wird.

Das Unternehmen erscheint im bürgerlichen und Handelsrecht sowohl als *Unternehmertätigkeit* (auch Unternehmen im subjektiven Sinne genannt) wie als *organisatorisches Gebilde* (Unternehmen im objektiven Sinne). Beide Seiten bedingen sich gegenseitig. Ohne gegenständlichen Niederschlag, ohne eine gewisse Organisation kann eine Tätigkeit nicht als Unternehmen bezeichnet werden; ohne daß damit eine Tätigkeit ausgeübt wird, sind Anlagen, Maschinen, Patente u. dgl. bloßes Vermögen, aber kein Unternehmen. Manche Vorschriften stellen aber gerade auf die Tätigkeit ab, während es sich bei andern um das Unternehmen als Gegenstand handelt. Teilweise ist streitig, ob das eine oder das andere der Fall ist.

Es macht juristisch keine Schwierigkeiten, den *Inbegriff von Handlungen*, die eine Unternehmertätigkeit ausmachen, als Einheit aufzufassen (z. B. um daran die Kaufmannseigenschaft anzuknüpfen), andererseits aber doch die einzelne Handlung für sich als Vertrag, einseitiges Rechtsgeschäft, Prozeßhandlung usw. zu behandeln. Anders ist es beim *Unternehmen als Gegenstand*. Hier besteht zwar Einverständnis darüber, daß die einzelnen dazu gehörigen Sachen und Rechte in ihrer Zusammenfassung durch die Unternehmertätigkeit etwas anderes sind als ihre bloße Summe, aber über die juristische Konstruktion herrscht lebhafter Streit. Es würde zu weit führen, die zahlreichen verschiedenen Ansichten aufzuführen, vielfach handelt es sich auch nur um Formulierungsstreitigkeiten. Eine weit verbreitete Ansicht ist die, daß es sich bei dem Unternehmen um ein *besonders geartetes Sondervermögen* handelt, das außer den ihm gewidmeten Grundstücken und beweglichen Sachen (Maschinen, Büroeinrichtungen, Rohstoffen, Fertigwaren und anderem), den Forderungen, gewerblichen Schutzrechten usw. als besonders wichtigen Bestandteil eine Reihe tatsächlicher äußerer und innerer Beziehungen umfaßt, die man zusammenfassend als *Chancen* bezeichnet (Kundschaft, Verbindung zu bestimmten Bezugsquellen, Organisation des Unternehmens, Geschäftserfahrung, Geschäftsgeheimnisse usw.). Diesen Chancen als dem Kern des Unternehmens werden von manchen die zugehörigen Sachen und Rechte in ähnlicher Weise zugeordnet, wie Zubehör oder Bestandteile einem Grundstück. Eine solche Betrachtungsweise erleichtert jedenfalls das Verständnis dafür, daß ein Unternehmen auch ohne die zugehörigen Sachen und Rechte auf einen anderen übertragen werden kann.

4. Geht man von der Auffassung als Sondervermögen aus, so ist zweierlei besonders zu beachten:

a) Die *Sonderung vom übrigen Vermögen des Inhabers* ist verschieden stark durchgeführt. Beim Einzelunternehmer besteht hinsichtlich der Haftung für Verbindlichkeiten keine Trennung zwischen Unternehmen und sonstigem Vermögen; in gleicher Weise haften beide für Schulden aus der Unternehmertätigkeit und Privatschulden. In die Bilanz des Einzelkaufmanns, der ein Vollhandelsgewerbe betreibt, ist daher, wenn man sie als Vermögensbilanz auffaßt, auch sein Privatvermögen mit aufzunehmen, nach herrschender Lehre allerdings nur in einem Gesamtbetrage. — Bei einer offenen Handelsgesellschaft oder einer Kommanditgesellschaft haften für die Geschäftsschulden auch die Privatvermögen der Gesellschafter (die der Kommanditisten nur bis zur Höhe ihrer Einlagen). Dagegen besteht keine unmittelbare Haftung des Gesellschaftsvermögens für die Privatschulden. In der Bilanz wird die Sonderung scharf durchgeführt; weder die Aktiva noch die Schulden der einzelnen Gesellschafter werden in sie aufgenommen. — Aktiengesellschaft und GmbH haben, da sie auf Grund ihrer Rechtsform Kaufleute sind, keine Tätigkeit und kein Vermögen, die nicht zu ihrem Handelsgeschäft gehören. Der Ausdruck „Sondervermögen" ist daher bei ihnen ungenau; ihr gesamtes Vermögen gehört zum Unternehmen.

b) Durch die Zugehörigkeit zu dem Sondervermögen wird im Allgemeinen nichts daran geändert, daß *die Rechte und Rechtsgüter* (welcher Art sie auch sein mögen) *selbständige Existenz besitzen.* Das gilt ohne Einschränkung für ihren Schutz. Neben dem Schutz des Unternehmens gibt es also einen besonderen Schutz des Eigentums und des Besitzes an den dazu gehörenden Grundstücken und beweglichen Sachen, der Firma, der Warenzeichen und Ausstattungen, der Patente, Gebrauchs- und Geschmacksmuster usw. Bei der Übertragung gilt auch hier im Allgemeinen der dem deutschen Recht eigentümliche Grundsatz der Spezialität der Verfügungen. Darauf ist unter III 3 näher einzugehen. Für Firma und Warenzeichen ist zu beachten, daß sie ohne das Unternehmen, zu dem sie gehören (das Warenzeichen ohne den entsprechenden Teil des Unternehmens), nicht übertragbar sind (§ 23 HGB, § 8 I WZG). Bei juristischen Personen gibt es gewisse Fälle eines Gesamtübergangs (siehe II 2).

II. Wert und Werterhaltung

1. Das Unternehmen als Ganzes besitzt einen *größeren Wert als die Summe der dazugehörenden Sachen und Rechte.* In der kaufmännischen *Bilanz* erscheinen aber grundsätzlich nur diese. § 133 Nr. 5 AktG verbietet ausdrücklich, für den Geschäfts- oder Firmenwert einen Aktivposten einzusetzen. Eine Ausnahme macht er nur für den Fall, daß ein schon bestehendes Unternehmen übernommen worden ist. Dann darf der Unterschied zwischen der Gegenleistung, die für das ganze Unternehmen gemacht worden ist, und den Werten der einzelnen Vermögens-

gegenstände gesondert unter die Posten des Anlagevermögens aufgenommen werden; dieser Betrag ist durch angemessene jährliche Abschreibungen oder Wertberichtigungen zu tilgen. Auch außerhalb des Aktienrechts werden bei der Bilanzierung diese Grundsätze befolgt, obwohl sie hier nicht zwingend sind.

2. Den Wert des Unternehmens suchen verschiedene Bestimmungen des Handelsgesetzbuches *zu erhalten*, die hauptsächlich den (völligen oder teilweisen) Inhaberwechsel betreffen. Sie gelten sämtlich nur für Vollhandelsgewerbe. Zunächst gehören hierher die §§ 21, 22, 24, die es ermöglichen, bei einer Namensänderung des Inhabers und bei einem völligen oder teilweisen Inhaberwechsel die *bisherige Firma* fortzuführen. Dieser Erhaltung des Firmenwerts opfert das Handelsgesetzbuch sogar den Grundsatz der Firmenwahrheit, indem es nicht verlangt, daß beim Inhaberwechsel ein darauf hinweisender Zusatz zur Firma gemacht wird, — eine nicht unbedenkliche Regelung. Weiter sind hier die Vorschriften zu erwähnen, die in einer offenen Handelsgesellschaft oder Kommanditgesellschaft unter bestimmten Voraussetzungen Gesellschaftern gestatten, das Unternehmen unter *Abfindung eines anderen Gesellschafters* fortzuführen, also eine Liquidation zu vermeiden (§§ 138, 140—142, 161 II). Der Berechnung der Abfindung sind in einem solchen Falle nicht die Buchwerte, sondern die wahren Werte der einzelnen Vermögensgegenstände und außerdem der „Geschäftswert“, d. h. der Wert der „Chancen“ zu Grunde zu legen. Die gesetzliche Regelung ist aber unvollkommen. Da das Gesetz nicht bestimmt, in welcher Weise die Abfindung auszuzahlen ist, ist sie sofort fällig, so daß unter Umständen der Fortbestand des Unternehmens gefährdet wird. — Auf dem Gedanken der Erhaltung des Unternehmens beruht es schließlich, daß bei der Aktiengesellschaft (nicht bei der GmbH) eine *Verschmelzung oder Vermögensübertragung* ohne Abwicklung stattfinden kann (§§ 233ff., 253ff. AktG) und daß eine solche auch bei der *Umwandlung* von Gesellschaften nach dem Aktiengesetz oder dem UmwandlungsG vom 5. 7. 1934 nicht erforderlich ist. Es würde hier zu weit gehen, darauf einzugehen.

3. Keine Vorsorge für die Erhaltung des Unternehmens trifft das Gesetz im Fall der *Beerbung eines Einzelunternehmers durch mehrere Miterben.* Fehlt eine testamentarische Bestimmung, wer von ihnen das Unternehmen erhalten soll, und einigen sie sich nicht über gemeinsame Fortführung, Übernahme durch einen von ihnen oder Verkauf im Ganzen, so erfolgt die Auseinandersetzung nach den allgemeinen Vorschriften (§ 2042 II BGB); es muß also die Liquidation erfolgen. Der Erblasser kann durch Testament die Auseinandersetzung für höchstens 30 Jahre ausschließen (§ 2044). Eine testamentarische Bestimmung, daß ein Miterbe das Unternehmen erhalten soll, hat nur obligatorische, nicht dingliche Wirkung. In der Festsetzung eines Übernahmepreises für das

Unternehmen ist der Erblasser gegebenenfalls durch die Vorschriften über das Pflichtteilsrecht beschränkt. — Bei einer *offenen Handelsgesellschaft*, oder einer *Kommanditgesellschaft* bestehen, wenn Erben an Stelle eines Gesellschafters eintreten, keine Schwierigkeiten für den Fortbestand des Unternehmens. Für die Erben eines persönlich haftenden Gesellschafters versucht § 139 HGB einen Ausgleich zwischen ihren Interessen und denen der übrigen Gesellschafter, indem er ihnen gestattet, ihr Verbleiben in der Gesellschaft davon abhängig zu machen, daß ihnen die Stellung von Kommanditisten eingeräumt wird.

4. Fast unberücksichtigt bleibt die Erhaltung des Unternehmens in den Vorschriften über die *Zwangsvollstreckung*. Grundsätzlich kann eine dazu gehörige Sache oder ein dazu gehöriges Recht gepfändet und verwertet werden, ohne daß es darauf ankommt, welche Bedeutung es für das Unternehmen hat, ob etwa die in Frage kommende Maschine usw. dafür entbehrlich ist. (Nur für Apotheken besteht eine Sondervorschrift. Ferner sind die Geschäftsbücher unpfändbar.) Gewisse Beschränkungen ergeben sich allerdings aus andern Gesichtspunkten: Zubehör eines Grundstücks, eines Bergwerks oder eines eingetragenen Schiffes kann nicht gepfändet werden, sondern unterliegt der Zwangsvollstreckung in das unbewegliche Vermögen (§ 865 ZPO). Bei Kleingewerbetreibenden und Handwerkern, die aus persönlichen Leistungen ihren Erwerb ziehen, und bei ihren Witwen und minderjährigen Erben sind die zur Fortsetzung dieser Erwerbstätigkeit erforderlichen Gegenstände unpfändbar (§ 811 Nr. 5, 6 ZPO).

III. Veräußerung

1. Der auf dauernde Übertragung eines Unternehmens gegen Bezahlung gerichtete Vertrag wird in Deutschland meist als *Kaufvertrag* angesehen oder doch analog behandelt, obwohl man sich darüber klar ist, daß das seinem Wesen nur teilweise entspricht. Er ist formlos gültig. Jedoch kann sich aus besonderen Vorschriften etwas Anderes ergeben; das ist vor allem der Fall, wenn zu dem verkauften Unternehmen ein Grundstück gehört (§ 313 BGB), oder wenn das Unternehmen das ganze Vermögen des Verkäufers ausmacht (§ 311 BGB). Faßt man das Unternehmen in der oben geschilderten Weise als Sondervermögen auf, so kann § 314 BGB entsprechend angewendet werden, wonach schuldrechtliche Verträge über Sachen sich im Zweifel auf das Zubehör erstrecken. Es besteht andererseits kein Bedenken, einen Teil der zugehörigen Sachen oder Rechte vom Verkauf auszunehmen. Um einen Unternehmensverkauf anzunehmen, ist aber jedenfalls notwendig, daß die „Chancen" übertragen werden sollen. (Es entspräche wohl mehr dem Wesen des Vertrages, einen auf die Übertragung der Tätigkeit gerichteten Werkvertrag anzunehmen.) In direkter oder analoger Anwendung der Kaufvorschriften schuldet der Verkäufer auch die *Übergabe* dieser

tatsächlichen Beziehungen, d. h. die Einführung des Käufers in den Betrieb und bei der Kundschaft, seine Unterrichtung über Geschäftsmethoden usw.

Nach herrschender Auffassung sind die Bestimmungen über die *Sachmängelhaftung* beim Kauf (§§ 459ff. BGB) anwendbar. Insbesondere haftet der Verkäufer für Fehlen zugesicherter Eigenschaften (z. B. wenn der Ertrag oder der Wert des Geschäftsvermögens die zugesicherte Höhe nicht erreicht); seltener wird ein „Fehler, der den Wert oder die Tauglichkeit zu dem gewöhnlichen oder nach dem Vertrag vorausgesetzten Gebrauch aufhebt oder mindert" anzunehmen sein. Im Schrifttum werden Wandlung und Minderung nicht sofort zugelassen, sondern gefordert, daß dem Verkäufer zunächst eine Frist zur Mängelbeseitigung gesetzt wird (also Annäherung an Werkvertragsrecht, § 634 BGB). Die Anwendbarkeit der Gewährleistungsvorschriften schließt wie bei andern Kaufverträgen die Anfechtung des Kaufvertrags wegen Irrtum aus. Streit herrscht darüber, ob die kurze Verjährungsfrist für Gewährleistungsansprüche (nach § 477 BGB bei beweglichen Sachen 6 Monate) auch hier gilt. Während das Reichsgericht es in ständiger Rechtsprechung bejaht hat, wird es im Schrifttum meist verneint.

Nicht zur Gewährleistung gehört nach deutscher Auffassung die *Verpflichtung des Verkäufers zur Konkurrenzenthaltung.* Sie besteht nicht in jedem Fall, braucht andererseits aber nicht ausdrücklich übernommen zu sein, kann sich vielmehr aus den gesamten Umständen, z. B. aus der Höhe des vereinbarten Entgelts ergeben. Mangels besonderer Vereinbarung ist daraus auch ihr Umfang zu entnehmen.

Besondere Sicherungen des Verkäufers, die dem französischen privilège zu vergleichen wären, kennt das deutsche Recht *nicht.*

2. Das hier für den Kaufvertrag Gesagte gilt nach § 493 BGB auch für andere entgeltliche Verträge, vor allem für die *Einbringung in eine Gesellschaft.*

3. Das deutsche Recht unterscheidet bekanntlich scharf das Verpflichtungsgeschäft (Verkauf, Schenkung usw.) und die *Verfügung* (Übereignung, Abtretung usw.). Erst durch letztere, die abstrakt ist, geht der verkaufte, verschenkte usw. Gegenstand auf den Erwerber über. Für Verfügungen besteht, wie schon gesagt, der *Grundsatz der Spezialität.* Er bedeutet, daß jeder Gegenstand für sich nach den besonderen für ihn geltenden Regeln übertragen werden muß. Abgesehen von den schon erwähnten Fällen der Gesamtnachfolge bei juristischen Personen (Verschmelzung und Vermögensübertragung bei Aktiengesellschaften, „Umwandlung" von Kapitalgesellschaften) gilt Beides auch für das Unternehmen. Bei ihm erhebt sich zunächst die Frage, wie sein Kern, die „Chancen", oder, wenn man von einem anderen Standpunkt ausgeht, die Unternehmertätigkeit auf einen andern übertragen wird. Die Auf-

fassung, daß dazu wie bei Forderungen und manchen anderen Rechten die bloße Einigung genügt, wird der Sachlage sicher nicht gerecht. Daher wird wohl durchweg gefordert, daß außerdem ein *besonderer Einweisungsakt* stattfindet; wie das zu begründen und wie dieser Akt zu konstruieren ist, ist umstritten. In der praktischen Handhabung scheinen, wie das Fehlen gerichtlicher Entscheidungen ergibt, kaum Schwierigkeiten aufzutreten. Daneben bedarf es nach dem Gesagten weiter der *Übertragung der zugehörigen Gegenstände*, soweit sie mit übergehen sollen, der Grundstücke, beweglichen Sachen, Forderungen und sonstigen Rechte. Denn auch als Sondervermögen aufgefaßt ist das Unternehmen kein einheitlicher Verfügungsgegenstand; eine entsprechende Anwendung der Vorschrift des § 926 BGB, wonach der Übergang des Eigentums an einem Grundstück im Zweifel auch das Eigentum am Zubehör mit ergreift, auf das Unternehmens-„Zubehör“ wird allgemein abgelehnt. Für die Grundstücke bedarf es daher der Auflassung und Eintragung des Erwerbers, für die beweglichen Sachen der Einigung und Übergabe, für die Firma der ausdrücklichen Einwilligung ihres bisherigen Inhabers, für Forderungen, Patente, Warenzeichen usw. der (formlosen) Abtretung.

Das deutsche Recht kennt nicht das Erfordernis anderer Gesetzgebungen, daß die Übertragung eines Unternehmens durch öffentliche Urkunde erfolgen muß oder daß sie bekannt gemacht werden muß, um wirksam zu werden. Auch die — übrigens nur für Vollhandelsgewerbe in Betracht kommende — *Eintragung ins Handelsregister*, die in § 31 I HGB für jede Änderung der Inhaber einer Firma vorgeschrieben ist, hat keine konstitutive, sondern nur deklaratorische Bedeutung.

4. Das Fehlen einer Möglichkeit, das Unternehmen einheitlich zu übertragen, wird *im Schrifttum lebhaft kritisiert*. In der Tat klafft dadurch ein seltsamer Zwiespalt zwischen dem einheitlichen wirtschaftlichen Vorgang des Unternehmensübergangs und seiner rechtlichen Gestaltung. Praktisch ist die „*Atomisierung*“ des Unternehmens allerdings nicht so fühlbar, wie sie theoretisch vorhanden ist.

Soweit bei Rechten, insbesondere Forderungen, formlose *Abtretung* genügt, ist nicht nur eine Zusammenfassung aller Einzelabtretungen in einer einzigen Erklärung möglich, sondern diese kann auch durch schlüssiges Verhalten erfolgen. Mehrere *Auflassungen* können in einer Verhandlung gleichzeitig vorgenommen werden. (Hierbei bedarf es natürlich der Bezeichnung der einzelnen Grundstücke.) Für die *Übergabe beweglicher Sachen* hilft § 854 II BGB: wenn der bisherige Besitzer den Erwerber in die Lage versetzt, die tatsächliche Gewalt über eine Sache auszuüben, genügt die bloße Einigung beider zur Besitzerlangung. Das gilt auch für Inhaberpapiere und blanko-indossierte Orderpapiere. Bei *Orderpapieren mit vollständigem Indossament* ist im praktisch häufigsten Fall, der Indossierung an eine Firma, der neue Firmeninhaber ohne weiteres zur Geltendmachung der verbrieften Forderung legitimiert.

Die *Schulden* des bisherigen Unternehmensinhabers können zwar mit befreiender Wirkung auf den Erwerber nur übergehen, wenn der Gläubiger zustimmt; für eine Schuldmitübernahme oder eine Erfüllungsübernahme (vgl. § 415 III BGB) gilt das aber nicht; da beide formlos möglich sind, ist ferner das über eine zusammenfassende Abtretung von Forderungen Gesagte darauf entsprechend anwendbar. (Über die Haftung bei Fortführung der Firma siehe unten.) Schwierigkeiten ergeben sich scheinbar für den Eintritt in die im Unternehmen bestehenden *Arbeitsverhältnisse* und in *Mietsverhältnisse* über Grundstücke und Räume, die für das Unternehmen benutzt werden. Denn der Anspruch auf Dienstleistung ist im Zweifel nicht übertragbar (§ 613 S. 2 BGB), und der Mieter ist ohne Erlaubnis des Vermieters zur Gebrauchsüberlassung an einen Dritten nicht berechtigt (§ 549 S. 1 BGB). Erstere Vorschrift haben Rechtsprechung und Schrifttum aber bei betriebsgebundener Arbeit für unanwendbar erklärt. Bei der Miete hilft, wenn sich nicht schon aus dem Mietvertrag die Verpflichtung des Vermieters zur Erlaubniserteilung ergibt, § 29 MSchutzG, wonach die Erlaubnis zur Untervermietung nur aus wichtigem Grunde verweigert und auf Antrag des Mieters durch das Mietseinigungsamt ersetzt werden kann.

Aus dem Gesagten ergibt sich, daß die deutsche Regelung, nach der lauter Einzelübertragungsakte erforderlich sind, zwar *umständlich* ist und *in der Form dem wirtschaftlichen Vorgang nicht entspricht, ihr aber doch sachlich einigermaßen gerecht zu werden vermag.* Wenn durch Gesetz eine einheitliche Übertragung zugelassen werden würde, so müßten doch jedenfalls für die zugehörigen Grundstücksrechte, insbesondere das Eigentum, Vorkehrungen getroffen werden, damit die Sicherheit des Grundstücksverkehrs nicht gefährdet wird.

5. Die oben erwähnte Tatsache, daß eine Bekanntmachung der Unternehmensübertragung zu ihrer Wirksamkeit nicht erforderlich ist, wird von manchen gleichfalls als Mangel des deutschen Rechts empfunden. Zum *Schutz der Geschäftsgläubiger und Schuldner* hat aber das Handelsgesetzbuch in § 25 I für den wichtigsten Fall, die Fortführung eines Vollhandelsgewerbes unter der bisherigen Firma (und zwar auch, wenn ihr ein Nachfolgezusatz beigefügt wird) eine Regelung getroffen. Der Erwerber des Geschäfts haftet in diesem Fall neben dem bisherigen Inhaber für die Geschäftsverbindlichkeiten. Die im Betriebe begründeten Forderungen gelten allerdings nur als übergegangen, wenn der bisherige Inhaber in die Fortführung der Firma eingewilligt hat; das kann aber schon darin liegen, daß es sie stillschweigend geduldet hat. Abweichende Vereinbarungen sind einem Gläubiger oder Schuldner gegenüber nur wirksam, wenn sie ihm mitgeteilt oder in das Handelsregister eingetragen und bekanntgemacht worden sind (§ 25 II HGB). Wird das Geschäft ohne die Firma fortgeführt, so entscheidet sich nach allgemeinen Vorschriften, ob der Erwerber des Geschäfts haftet und ob die Geschäfts-

schuldner mit befreiender Wirkung an ihn zahlen können. Z. B. haftet, wenn das Vermögen eines Unternehmers im Wesentlichen nur durch das Unternehmen gebildet wird, dessen Erwerber aus § 419 BGB. Als besonderen Verpflichtungsgrund für Vollkaufleute bezeichnet § 25 III HGB daneben die in handelsüblicher Weise erfolgte Bekanntmachung des Erwerbers, daß er die Verbindlichkeiten übernehme.

Das deutsche Recht kennt nicht die im französischen Recht für die Gläubiger bestehende Möglichkeit, *der Zahlung des Kaufpreises* an den bisherigen Inhaber des Unternehmens *zu widersprechen.* Bei einer Veräußerung des Unternehmens, durch die die Gläubiger benachteiligt werden, kommt aber gegebenenfalls eine Anfechtung nach dem Anfechtungsgesetz oder den §§ 29ff. KO in Frage.

IV. Nießbrauch und Verpachtung

Daß ein Handelsgeschäft auf Grund eines Nießbrauchs oder eines Pachtvertrags übernommen werden kann, wird in § 22 II BGB vorausgesetzt; auch in einem solchen Fall kann die Firma mit ausdrücklicher Zustimmung des Geschäftsinhabers fortgeführt werden. Sonstige Vorschriften über Nießbrauch oder Verpachtung eines Unternehmens fehlen. Die Vorschriften des Bürgerlichen Gesetzbuchs über Nießbrauch und Pacht passen auf das Unternehmen als Tätigkeit zweifellos nicht; auch im Übrigen kommt vielfach nur eine entsprechende Anwendung in Frage. Von einem Nießbrauch oder einer Verpachtung kann daher *nur in einem übertragenen Sinne* die Rede sein. Der Nießbraucher oder Pächter betreibt das Unternehmen im eigenen Namen (wenn auch vielleicht unter der von ihm übernommenen Firma) und im eigenen Interesse; Gewinn oder Verlust seiner Tätigkeit treffen daher ihn; je nachdem, ob am Ende der Überlassungszeit der Wert des Unternehmens größer oder geringer ist als zu Beginn, besteht für den einen oder andern Teil ein Ausgleichungsanspruch. Nießbrauch setzt voraus, daß an den zum Unternehmen gehörenden Grundstücken ein dingliches Recht begründet wird. Im übrigen ist, da sich die Rechtsbeziehungen zwischen den Beteiligten verschieden gestalten lassen, eine scharfe Grenzziehung zwischen Nießbrauch und Pacht nicht möglich. (Dasselbe gilt gegenüber einer treuhänderischen Übertragung des Unternehmens.) Auf Einzelfragen kann hier nicht eingegangen werden. Im Verhältnis zu den Gläubigern gilt bei Vollhandelsgewerben § 25 HGB.

Eine dem Nießbrauch ähnliche Stellung hat der *Ehemann* bezüglich eines Unternehmens, das zum eingebrachten Gut seiner Frau gehört (§§ 1373ff. BGB) und der *Inhaber der elterlichen Gewalt* bezüglich eines dem minderjährigen Kinde gehörigen Unternehmens (§§ 1649ff., insbesondere § 1655 BGB). Der Mann kann seiner Frau aber auch die Einwilligung zum Betrieb erteilen, und dem steht es gleich, wenn sie das

Unternehmen mit seinem Wissen und ohne seinen Einspruch betreibt (§ 1405 BGB). Beim Betrieb durch die Frau ergeben sich verschiedene hier nicht zu erörternde Zweifelsfragen über die Abgrenzung zwischen eingebrachtem und Vorbehaltsgut.

V. Verpfändung

Deutschland kennt kein *Registerpfandrecht* am Unternehmen. Auch die Bestellung eines schlichten *Besitzpfandrechts* (nach Analogie der Verpfändung beweglicher Sachen) wird ganz allgemein für *unzulässig* erklärt. Einige Schriftsteller halten jedoch die Bestellung eines Nutzpfandrechts für zulässig. Bei der Überlassung eines Unternehmens zur Sicherung der Forderungen, damit diese aus seinen Erträgen gedeckt werden, handelt es sich aber wohl eher um die Begründung eines *Treuhandverhältnisses*. Zu diesem Zwecke ist sowohl möglich, daß der Gläubiger selbst das Unternehmen übernimmt und fortführt, wie auch, daß es durch einen Dritten als gemeinsamen Treuhänder des bisherigen Inhabers und seiner Gläubiger geschieht. Geringere Sicherheit für die Gläubiger bietet es, wenn ein von beiden Seiten bestellter Beauftragter im Namen des Inhabers, aber im beiderseitigen Interesse das Unternehmen führt. (Derartige Vereinbarungen kommen als „Sanierungs"-Abkommen nicht selten vor.) Im gerichtlichen Vergleichsverfahren zur Abwendung des Konkurses hat das Gesetz wieder einen anderen Weg eingeschlagen. Die §§ 91—95 VerglO sehen zur Sicherung der Einhaltung eines Vergleichs die Unterwerfung des Schuldners unter die Überwachung durch einen Sachwalter der Gläubiger vor, also ohne pfandrechtsähnliches oder treuhänderisches Verhältnis. Weitergehende Vereinbarungen sind aber möglich.

Als Sicherungsmittel für Darlehen ist in Deutschland bekanntlich die *Sicherungsübereignung von Warenlagern* mittels Besitzkonstituts besonders verbreitet, daneben in geringerem Maße die *Sicherungsabtretung von Außenständen*. Zur Sicherung von Lieferantenkredit hat der *Eigentumsvorbehalt* weiteste Verbreitung erlangt. Obwohl bei diesen Sicherungsmitteln die in den „Chancen" liegenden Werte nicht als Kreditunterlagen ausgenutzt werden, ist ihre Anwendungsmöglichkeit offenbar einer der Gründe gewesen, daß man das Bedürfnis nach Einführung eines Registerpfandrechts am Unternehmen weniger empfunden hat als in andern Ländern. Wie die zukünftige Rechtsentwicklung sein wird, läßt sich noch nicht übersehen.

VI. Zwangsvollstreckung und Konkurs

Eine *Pfändung des Unternehmens als solchen* ist, wie allgemein (mit verschiedenen Begründungen) anerkannt wird, nicht zulässig; eine Zwangsvollstreckung kann nur in die einzelnen dazu gehörenden Sachen und Rechte erfolgen. Dagegen gehört das Unternehmen *zur Konkursmasse*. Der Konkursverwalter kann es fortführen (§ 130 KO) und mit Genehmigung der Gläubigerversammlung veräußern (§ 134 Nr. 1 KO). Streitig ist, ob er in letzterem Fall ohne die Zustimmung des Gemeinschuldners die Firma mitveräußern kann.

VII. Schutz im allgemeinen

1. Die Vorschriften des Gesetzes gegen den *unlauteren Wettbewerb* und die Rechtssätze, die die Rechtsprechung aus der Generalklausel des § 1 UWG entwickelt hat, beruhen zu einem großen Teil auf der Absicht, das Unternehmen zu schützen. Allerdings erschöpfen sie sich darin nach herrschender Ansicht nicht. Nicht nur der Mitbewerber soll geschützt werden, sondern auch der Wettbewerb selbst als Mittel der wirtschaftlichen Auslese. Darauf ist hier nicht einzugehen.

In diesem Zusammenhang bedarf die in Deutschland versuchte Konstruktion eines *Rechtes am Unternehmen* (oder enger: am Gewerbebetrieb) näherer Erörterung. Sie hängt damit zusammen, daß das Bürgerliche Gesetzbuch für deliktische Schadensersatzansprüche keine Generalklausel kennt, sondern das System der Einzeltatbestände befolgt, und daß es keine allgemeine Vorschrift über eine Unterlassungsklage enthält. In einer Zeit, in der das (alte) Gesetz gegen den unlauteren Wettbewerb für die Unternehmen nur unvollkommenen Schutz bot, lag es daher nahe, seine Erweiterung auf dem Wege über die Annahme eines (absoluten) Rechts am Unternehmen zu versuchen. Mit ihrer Hilfe konnte man *einmal* § 823 I BGB anwenden, der Schadensersatzansprüche bei schuldhafter Verletzung des Eigentums „oder eines sonstigen Rechts" gewährt, und *zweitens* die Vorschriften über Unterlassungsansprüche bei Beeinträchtigung absoluter Rechte (Name, Eigentum, Besitz) sinngemäß anwenden. Aber auch, nachdem 1909 in das Wettbewerbsgesetz eine Generalklausel eingefügt worden war, wurde die Konstruktion eines Rechts am Unternehmen nicht bedeutungslos. Denn § 1 UWG knüpft Schadensersatz- und Unterlassungsansprüche nur an Handlungen an, die „gegen die guten Sitten" verstoßen. Man hat aber erkannt, daß nicht alle Wettbewerbshandlungen, die als unzulässig angesehen werden müssen, auch unsittlich oder unlauter sind. Gegenüber solchen Handlungen Schadensersatz- oder Unterlassungsansprüche zu geben, sind verschiedene Wege versucht worden; einer davon ist immer wieder die Konstruktion des Rechts am Unternehmen gewesen.

Im *Schrifttum* hat sich diese Konstruktion in den mehr als fünfzig Jahren, seit sie zum ersten Mal vertreten wurde, *nicht durchzusetzen vermocht*. Auch unter ihren Anhängern besteht keine Einigkeit darüber, wie ein solches Recht aufzufassen ist. Während zunächst wohl die Auffassung überwog, daß es sich um ein Persönlichkeitsrecht handle, hat später die Annahme eines Immaterialgüterrechts mehr Anklang gefunden. Neuerdings hat die Konstruktion eines Rechts am Unternehmen im Schrifttum erheblich an Boden verloren. Bezeichnend ist, daß einige nach 1940 erschienene Werke über Wettbewerbsrecht (*Elster*, *Reimer*) sie und die entsprechende Rechtsprechung mit Stillschweigen übergehen. Die Bekämpfung des „unzulässigen" Wettbewerbs versucht man jetzt mit Hilfe einer Ausweitung des Begriffs der „guten Sitten" in § 1 UWG zu ermöglichen, oder durch Anwendung des § 823 II BGB und Zubilligung einer Unterlassungsklage in Fällen, in denen gegen allgemeine Grundgesetze des Wirtschaftslebens verstoßen ist, schließlich auch, indem man den Schutz absoluter Rechte auf Unternehmenskennzeichen beschränkt und im übrigen die Ergebnisse der bisherigen Rechtsprechung zum Wettbewerbsrecht als Normen auffaßt, aus denen sich bereits die Rechtswidrigkeit des dagegen verstoßenden Handelns ergibt.

2. Die *Rechtsprechung* ist ihren eigenen Weg gegangen. Schon kurz nach 1900 hat das Reichsgericht ausgesprochen, daß *der eingerichtete und ausgeübte Gewerbebetrieb* (also nicht jedes Unternehmen) nach § 823 I BGB und in analoger Anwendung der §§ 12, 862, 1004 BGB geschützt sei. Sehr bald hat es dann aber eine Einschränkung gemacht, die für die Folgezeit von großer Tragweite gewesen ist: der Gewerbebetrieb ist nach diesen Bestimmungen nur gegen Eingriffe geschützt, *die sich unmittelbar gegen seinen Bestand richten*, indem entweder Betriebshandlungen tatsächlich verhindert oder die rechtliche Zulässigkeit des Betriebs verneint oder seine Schließung oder Einschränkung verlangt wird. Nicht darunter fällt eine bloße nachteilige Einwirkung auf den Ertrag. An dieser Rechtsprechung hat das Reichsgericht (und ihm folgend die meisten Oberlandesgerichte) trotz aller Kritik fast drei Jahrzehnte festgehalten, mehrere Senate sogar bis zuletzt. Seit 1928 war seine Rechtsprechung nicht mehr einheitlich; zwei Senate gaben das Erfordernis der Unmittelbarkeit des Eingriffs für das Wettbewerbsrecht und das Recht der gewerblichen Schutzrechte auf; andere bezeichneten es außerhalb dieser Gebiete auch weiterhin als feststehende Rechtsprechung.

Die Beschränkung des Schutzes auf unmittelbare Eingriffe hat zur Folge gehabt, daß er trotz seiner grundsätzlichen Bejahung in der Rechtsprechung des Reichsgerichts nur eine *verhältnismäßig geringe Rolle* gespielt hat. Daß Betriebshandlungen tatsächlich verhindert werden, kommt naturgemäß nicht sehr oft vor. Ein zweifelsfreier Fall ist es, wenn bei Streik oder Boykott die Arbeitswilligen oder das Publikum durch Aufstellung von Posten am Zutritt zu dem Gewerbebetrieb gehindert werden. Weiter gehört es nach der Rechtsprechung des Reichsgerichts hierher, wenn Gewerbetreibenden, die ihr Gewerbe nach dessen Eigenart allein oder hauptsächlich in einem städtischen Schlachthof, auf einem städtischen Friedhof usw. ausüben, das Betreten dieser

Stellen vom Eigentümer verboten wird. Auch die Betriebsstillegung eines Binnenschiffahrtsunternehmens infolge fahrlässig verursachten Dammbruchs an einem Kanal hat das Reichsgericht hierher gerechnet (nicht dagegen die Verunreinigung von Betriebswasser). Eine besondere wichtige Gruppe von Urteilen hat sich mit Fällen befaßt, in denen die Unzulässigkeit des Vertriebs bestimmter Waren wegen angeblicher Verletzung eines Patents usw. behauptet worden war; auch das hat das Reichsgericht immer als unmittelbaren Eingriff angesehen. In der überwiegenden Zahl der Fälle, in denen ein Anspruch auf angebliche Verletzung des Rechts am Gewerbebetrieb gestützt wurde, hat das Reichsgericht ihn abgelehnt. So gegenüber herabsetzenden Äußerungen über ein Unternehmen, Ausschaltungshandlungen von monopolistischen Unternehmen, Kartellen usw., Aneignung von Geschäfts- oder Betriebsgeheimnissen, Ausspannen von Kunden, irreführenden Angaben eines Mitbewerbers über seine eigenen geschäftlichen Verhältnisse usw. Immer wieder ist hier die Unmittelbarkeit des Eingriffs verneint worden.

Das *Fallenlassen dieses Erfordernisses* müßte der Rechtsprechung über den Schutz des Gewerbebetriebs ein sehr viel weiteres Anwendungsgebiet eröffnen. Die Urteile der „neuen" Rechtsprechung des Reichsgerichts (die nach 1945 in einem Oberlandesgerichts-Urteil wieder aufgenommen worden ist) lassen aber ihre Tragweite noch nicht genau erkennen, denn manche von ihnen haben die neue Einstellung nur beiläufig ausgesprochen; auf herabsetzende Äußerungen über ein Unternehmen oder seine Erzeugnisse und auf irreführende Angaben über die eigenen geschäftlichen Verhältnisse ist sie bereits angewendet worden. Die Hauptschwierigkeit der neuen Rechtsprechung wird, wenn man von der Problematik des Rechtes am Gewerbebetrieb als solchen absieht, darin liegen, die rechtswidrigen Beeinträchtigungen eines Gewerbebetriebs von den im Wettbewerb zulässigen abzugrenzen.

VIII. Mieterschutz

Die Anwendung des Mieterschutzes auf gewerbliche Räume hat sich in der deutschen Gesetzgebung nicht geradlinig entwickelt, — ein Zeichen dafür, daß man sie in Deutschland nicht unter dem Gesichtspunkt des Unternehmensschutzes, sondern nur unter dem allgemeineren des Mieterschutzes betrachtet. Heute erstreckt sich dieser auf *gewerblich genutzte Räume (Gebäude und Gebäudeteile) und unbebaute Grundstücke*, und es macht dabei keinen Unterschied, ob ein Miet- oder ein Pachtvertrag vorliegt. (Die Rechtsprechung bezieht sogar die Pacht von Unternehmen mit ein, außer wenn die Überlassung der Räume gegenüber derjenigen des Unternehmens ganz nebensächlich ist.) Eine Aufhebung des Miet- (oder Pacht)-Vertrags kann der Vermieter bei bestimmten schwerwiegenden Vertragsverletzungen des Mieters (z. B. Gefährdung des Mietraums, Belästigung des Vermieters, Nichtzahlung des Mietzinses) verlangen. Ebenso bei dringendem Eigenbedarf; dabei wird aber das Interesse des Mieters besonders berücksichtigt: nur wenn die Vorenthaltung des Raumes für den Vermieter eine schwere Unbilligkeit bedeuten würde, ist das Mietverhältnis aufzuheben. In dem zuletzt erwähnten Fall kann das Gericht dem Vermieter nicht nur die Umzugskosten des Mieters auferlegen, sondern auch eine Entschädigung für sonstige wirtschaftliche Nachteile, die dieser infolge des Verlustes der Mieträume erleidet.

Eine gesetzliche Bestimmung, daß der Vermieter kein *Konkurrenzunternehmen* eröffnen und einem andern nicht Räume für ein solches überlassen darf, fehlt. Eine solche Unterlassungspflicht ergibt sich aber nach deutscher Auffassung vielfach durch Auslegung des Mietvertrages.

DAS WESEN DER KAPITALGESELLSCHAFT

Von Dr. Paul Gieseke
Professor an der Universität Bonn

Literatur: A. Außer den allgemeinen systematischen Darstellungen und Lehrbüchern des Handelsrechts bzw. des Gesellschaftsrechts noch: *Knur*, Die Familiengesellschaft (1941) — *Rauch*, Grundkapital und Gesellschaftsvermögen: Schmollers Jahrbuch 67 (1943) 565 — *derselbe*, Kapitalerhöhung aus Gesellschaftsmitteln (2. Aufl. 1945) — *Hueck*, Der Treuegedanke im modernen Privatrecht (1947) (dazu Besprechung von *Gierke*: ZHR 111 [1946] 190) — *Müller-Erzbach*, Das private Recht der Mitgliedschaft als Prüfstein eines kausalen Rechtsdenkens (1948) — *Ballerstedt*, Kapital, Gewinn und Ausschüttung bei Kapitalgesellschaften (1949).

B. Zum Aktienrecht: Die Kommentare zum Aktiengesetz (*Schlegelberger-Quassowski* 1947 — *v. Godin-Wilhelmi* 1937 — *Teichmann-Koehler* 1937 — *Ritter* 1939/40 — *Gadow-Heinichen-Schmidt-Weipert* 1939 — *Baumbach-Hueck* (5. Aufl. 1949) — Das Schrifttum zur *Aktienrechts-Reform* bis 1933 vornehmlich bei *Klausing*, Reform des Aktienrechts (1933) — *Kisskalt*, Berichte über die Arbeiten des Aktienrechtsausschusses der Akademie für deutsches Recht: ZAkDR 1934, 20; 1935, 247 — *Schlegelberger*, Erneuerung des Aktienrechts (1935) — *Klausing*, Treuepflicht des Aktionärs: Festschr. f. Schlegelberger (1936) 405 — *Bruns*, Das „Wesen der Aktiengesellschaft" in der Rechtsprechung des Reichsgerichts (1937) — *Müller-Erzbach*, Das Aktiengesetz v. 30. 1. 1937 und das Aktienproblem: IheringsJ 87 (1938) 73 — *Theis*, Grundfragen der Rechtsstellung des Aktionärs (1940) — *Fechner*, Die Treubindungen des Aktionärs (1942).

C. Zum Recht der GmbH: Die Kommentare zum GmbH-Gesetz, als neuester *Baumbach* (4. Aufl. 1944) — *Klausing*, Neuordnung der GmbH (1938, 1940) — *Fischer*, Die GmbH (1948).

Kapitalgesellschaften, d. h. Personenvereinigungen für wirtschaftliche Zwecke, bei denen die Teilhaberschaft auf der Beteiligung am Kapital aufgebaut ist, gibt es im deutschen Recht in verschiedenen Formen. Am wichtigsten sind *Aktiengesellschaft* und *Gesellschaft mit beschränkter Haftung* (GmbH). Nebenformen der Aktiengesellschaft sind die Kommanditgesellschaft auf Aktien (die allerdings keine reine Kapitalgesellschaft ist) und die Kolonialgesellschaft; beide sind heute fast völlig verschwunden und brauchen deshalb hier nicht näher erörtert zu werden. Eine gewisse Rolle spielen dagegen auch heute noch zwei Sonderformen des Bergrechts und des Seerechts: *Gewerkschaft* (bergrechtliche Gewerkschaft im Gegensatz zur arbeitsrechtlichen, der Vereinigung von Arbeitnehmern zur Verfolgung ihrer gemeinsamen Interessen) und *Partenreederei* (in gewissen Zweigen der Seeschiffahrt noch immer verbreitet). Beide weisen bemerkenswerte Eigentümlichkeiten auf (z. B. kein summenmäßig bestimmtes Kapital, Nachschußpflicht; die Reederei ist keine juristische Person). Ein Eingehen darauf würde aber den Rahmen dieses Berichts sprengen, ich muß daher auf ihre Behandlung verzichten. Das Gleiche gilt für Gebilde des Rechtslebens, die die Praxis durch Umgestaltung von ursprünglich als Personengesellschaften gedachten Rechtsformen geschaffen hat: „kapitalistische Kommanditgesellschaft" (nach außen Kommanditgesellschaft, aber im Innenverhältnis der Kommanditgesellschaft auf Aktien angenähert), bürgerlichrechtliche Gesellschaft mit übertragbaren Anteilen usw.

Die folgenden Ausführungen befassen sich also *nur mit Aktiengesellschaft und GmbH*, um aus ihrer Betrachtung die für eine Kapitalgesellschaft charakteristischen Eigenschaften festzustellen. Der Zweck dieses Berichts verlangt Beschränkung auf die *privatrechtliche Seite* der Kapitalgesellschaft; die gleichfalls sehr wichtige steuerrechtliche kann also nicht behandelt werden. Es muß aber von vornherein festgestellt werden, daß in Deutschland das *Steuerrecht* für die Entwicklung des Gesellschaftsrechts in den letzten Jahrzehnten eine überaus große Bedeutung gehabt hat und noch jetzt besitzt. Das gilt nicht nur für die Wahl der Gesellschaftsform und die Ausgestaltung der rechtlichen Beziehungen im Einzelnen, sondern auch für die Beurteilung des Wesens der Kapitalgesellschaft. Vor allem bei der Aktiengesellschaft hat die steuerrechtliche Behandlung dazu mitgewirkt, daß man immer mehr die selbständige Bedeutung des „Unternehmens" gegenüber den Mitgliedern der Gesellschaft betont (darüber unter II 1 Näheres).

I. *Die zwei Arten der Kapitalgesellschaft.* 1. Zunächst sind die gemeinsamen Charakterzüge der Aktiengesellschaft und der GmbH kurz festzustellen. Beide sind *juristische Personen.* Rechte und Pflichten der Gesellschaft stehen daher nur dieser zu, sind also nicht zugleich solche ihrer Mitglieder. Insbesondere haften diese nicht für die Schulden der Gesellschaft. Bei jeder Gesellschaft ist das *Kapital* im Sinne des Anfangseinsatzes von Mitteln summenmäßig festzusetzen („Grundkapital" bei der Aktiengesellschaft, „Stammkapital" bei der GmbH). Dafür sind in beiden Gesetzen Mindestbeträge vorgeschrieben. Die Festsetzung hat im Gesellschaftsvertrag zu erfolgen, ist also nur durch dessen Änderung abänderbar (Grundsatz der Beständigkeit des Kapitals). Das festgesetzte Kapital bildet nach außen hin eine *Garantieziffer zur Sicherung der Gläubiger,* durch die ein bestimmter Vermögensbestand erhalten bleiben soll. Im innergesellschaftlichen Verhältnis ist die *Zerlegung des Kapitals in Anteile* (Aktien, Geschäftsanteile) von grundlegender Bedeutung. Sowohl Aktien wie Geschäftsanteile müssen über bestimmte Summen (Nennbeträge) lauten, also nicht über Bruchteile. (Die nennwertlose Aktie ist dem deutschen Recht fremd.) Für die Bemessung der Nennbeträge, insbesondere ihre Mindesthöhe, sind in beiden Gesetzen nähere Vorschriften getroffen. Daraus, daß Aktie und Geschäftsanteil Anteile am Kapital, dem geplanten Einsatz von Mitteln sind, ergibt sich ohne weiteres, daß ihr Nennbetrag und die *Höhe der Einlagepflicht* des Mitgliedes grundsätzlich übereinstimmen. Die Mitgliedschaft baut sich auch im übrigen in der Weise auf ihnen auf, daß der Nennbetrag grundsätzlich der *Maßstab der mitgliedschaftlichen Rechte* ist. Eine Übertragung der Mitgliedschaft ist vorbehaltlich von Beschränkungen durch den Gesellschaftsvertrag in beiden Gesellschaften zulässig; sie figuriert als *Übertragung des Anteils am Kapital.* Im Fall der Auflösung einer Gesellschaft findet eine Abwicklung (Liquidation) statt, für die in beiden Fällen gleiche Schutzvorschriften zu Gunsten der Gläubiger gelten. Auf die Verwandtschaft beider Gesellschaften weist es schließlich hin, daß die eine mit der anderen verschmolzen und die eine in die andere umgewandelt werden kann.

2. Die Rechtsform der *GmbH* wurde von der deutschen Gesetzgebung im Anschluß an die Aktienrechtsreform von 1884 geschaffen, weil die damalige Einführung verschärfter Normativbestimmungen für die Aktiengesellschaft diese Rechtsform für Gesellschaften mit kleinem Kapital und wenigen Beteiligten ungeeignet machte. Die Schaffung der GmbH sollte den Vorteil der beschränkten Haftung auch ihnen zukommen lassen. Bei der gesetzlichen Regelung nahm man die Vorschriften über die Aktiengesellschaft teilweise zum Vorbild. Das hat dazu geführt, daß die GmbH auch im wissenschaftlichen Schrifttum noch jetzt von manchen als Abart der Aktiengesellschaft bezeichnet wird. Das ist irreführend. Sie stellt, teils schon auf Grund des Gesetzes, noch mehr aber auf Grund der rechtstatsächlichen Entwicklung, einen *durchaus selbständigen Typ der Kapitalgesellschaft* dar. Die Unterschiede beider Gesellschaften sind hier zunächst summarisch zu erörtern, natürlich nur, soweit sie den Charakter als Kapitalgesellschaft betreffen.

Verschieden ist zunächst die *Mindesthöhe des Kapitals.* Diese beträgt seit der Umstellung auf Deutsche Mark für neue Gesellschaften 100000 DM bei der Aktiengesellschaft, 20000 DM bei der GmbH, für von der Umstellung betroffene 50000 bzw. 5000 DM. Ungleich ist bei beiden Gesellschaften die *Sicherung des Kapitals.* Bei der Gründung einer Aktiengesellschaft sorgt dafür ein sorgfältig ausgebautes System von Prüfungs- und Haftungsbestimmungen, bei der GmbH fehlen erstere ganz und letztere sind nur schwach entwickelt. Dafür hat aber das GmbHGesetz die Bestimmung, daß wenn eine Einlage nicht voll eingezahlt wird, die übrigen Gesellschafter für den Fehlbetrag aufzukommen haben. Die *Garantiewirkung der Kapitalziffer* ist bei der Aktiengesellschaft stärker als bei der GmbH: bei ersterer ist nur die Ausschüttung bilanzmäßigen Reingewinns zulässig, bei letzterer ist verboten, das zur Erhaltung des Stammkapitals erforderliche Vermögen an die Gesellschafter auszuzahlen. (Bei der Aktiengesellschaft dienen ferner die Abschlußprüfung und die gesetzlich vorgeschriebene Bildung einer Rücklage zur Sicherung der Gläubiger.)

In der Gestaltung der *Kapitalanteile* und der sich darauf aufbauenden *Mitgliedschaften* kommt zum Ausdruck, welche Vorstellung sich der Gesetzgeber von der typischen Aktiengesellschaft und GmbH gemacht hat. Die Aktiengesellschaft ist als Vereinigung zahlreicher Aktionäre mit weitgehender Möglichkeit ihres Wechsels gedacht; die GmbH sollte typisch eine Vereinigung von wenigen Gesellschaftern sein, die auf die Dauer vereinigt bleiben wollen. Bei der Aktiengesellschaft setzt das Gesetz voraus, daß *übertragbare Aktienurkunden* ausgegeben werden, die vielfach sogar börsenmäßig gehandelt werden, und trifft nähere Bestimmungen, um den Verkehr mit ihnen zu sichern. Bei der GmbH sucht es einen Handel mit Geschäftsanteilen zu unterbinden. Neben anderen Vorschriften dient dazu vor allem, daß eine *Übertragung nur mittels gerichtlicher oder notarieller Beurkundung* erfolgen kann. Diese Erwägungen liegen auch den Bestimmungen über die *Nennbeträge der Kapitalanteile* zu Grunde. Bei der Aktiengesellschaft sind sie auf die Bedürfnisse des Wertpapierverkehrs zugeschnitten, eine möglichst gleichmäßige Stückelung wird vorausgesetzt. Bei der GmbH ist ihr Zweck, zu kleine oder unübersichtliche Beteiligungen zu verhindern; daß die Anteile verschieden groß sein können, ist im Gesetz ausdrücklich gesagt. (Mindestnennbeträge seit der Umstellung für neue Aktien 100 DM, neue GmbH-Anteile 500 DM; für höhere Nennbeträge in beiden Fällen Teilbarkeit durch 100 DM; für umgestellte Aktien und Anteile gelten niedrigere Mindestbeträge.)

Mit den erwähnten Vorstellungen und Absichten des Gesetzgebers hängt ferner zusammen, daß bei beiden Gesellschaften für die Regelung der *innergesellschaftlichen Verhältnisse* ganz verschiedene Grundsätze gelten. Sie sind in der Aktiengesellschaft im Interesse der Rechtssicherheit der Aktienerwerber weitgehend gesetzlich festgelegt. Bei der GmbH erschien eine solche Rücksichtnahme auf künftige Gesellschafter nicht als erforderlich, der Gesellschaftsvertrag hat daher weitesten Spielraum, sie zu regeln. Das gilt nicht nur in organisatorischer Hinsicht (siehe unten) sondern auch für die Pflichten der Gesellschafter. Bei der Aktiengesellschaft beschränkt sich die *Verpflichtung des Aktionärs* grundsätzlich auf die Einlage. Auf Grund der geschichtlichen Entwicklung ist dieser Grundsatz nur insofern durchbrochen, als gestattet ist, den Aktionären im Gesellschaftsvertrag außerdem wiederkehrende nicht in Geld bestehende Leistungen aufzuerlegen. Dagegen besteht in der GmbH weitgehende Gestaltungsfreiheit. Durch den Gesellschaftsvertrag können den Gesellschaftern außer der Leistung der Kapitaleinlagen noch andere

Verpflichtungen beliebiger Art gegenüber der Gesellschaft auferlegt werden. Insbesondere ist die Verpflichtung zu *Nachschüssen* möglich, und es ist nicht erforderlich, daß diese ihrer Höhe nach beschränkt sind. Nachschüsse sind nach Verhältnis der Geschäftsanteile einzuzahlen; für andere Pflichten ist die Anlehnung an die kapitalmäßige Beteiligung nicht vorgeschrieben. (Über die gesetzliche Verpflichtung, für Fehlbeträge bei den Einlagen aufzukommen, siehe oben.) — Die *Gewinnverteilung* hat nach beiden Gesetzen nach dem Verhältnis der Kapitalanteile zu erfolgen; hier ist aber für beide Gesellschaften vorgesehen, daß der Gesellschaftsvertrag einen anderen Maßstab festsetzen kann.

Starre gesetzliche Regelung einerseits, vertragliche Gestaltungsfreiheit andererseits gelten auch für die *Organe der Gesellschaften.* Bei der Aktiengesellschaft besteht kraft Gesetzes ein *körperschaftlicher Aufbau* mit Vorstand, Aufsichtsrat, Hauptversammlung und bestimmter Zuständigkeitsverteilung. Bei der GmbH ist es freigestellt, im Gesellschaftsvertrag die Rechte zu bestimmen, die den Gesellschaftern in den Angelegenheiten der Gesellschaft zustehen, er kann sie als solche zu Geschäftsführern, d. h. zu Vertretungsorganen bestellen und den Widerruf dieser Bestellung auf das Vorliegen wichtiger Gründe beschränken. Das Gesetz ermöglicht auf diese Weise die „*Selbstorganschaft*" der Gesellschafter. Statt dessen ist allerdings auch ein körperschaftlicher Aufbau (Geschäftsführer und Gesellschaftsversammlung, erforderlichenfalls noch ein Aufsichtsrat) möglich, und das Gesetz sieht ihn sogar für den Fall des Fehlens vertraglicher Bestimmungen vor. Die Gesellschaften bestehen in ihrer Mehrzahl aber aus nur zwei oder drei Gesellschaftern, und dafür paßt nur die Selbstorganschaft. Diese kann also heute für die GmbH als typisch angesehen werden.

Die Bedeutung dieser Verschiedenheit der beiden Gesellschaften beschränkt sich nicht auf das Organisatorische im engeren Sinne, sie bewirkt auch, daß *das Verhältnis der Aktionäre zur Aktiengesellschaft grundsätzlich anders ist als das der Gesellschafter zur GmbH.* Man kann sagen, daß bei ersterer der Akzent stärker auf der juristischen Person liegt, bei letzterer stärker auf den Gesellschaftern. Das gilt natürlich nur für die typischen Fälle. Sowohl bei der Aktiengesellschaft wie bei der GmbH gibt es daneben auch Fälle, in denen das Verhältnis nicht so ausgeprägt oder sogar umgekehrt ist. Letzteres etwa bei einer Aktiengesellschaft mit wenigen Großaktionären (z. B. einer Familiengesellschaft), bei der diese zugleich alle oder die meisten Vorstands- und Aufsichtsratmitglieder stellen; es kann im Gesellschaftsvertrag bestimmt sein, daß die Aktien nur mit Zustimmung der Gesellschaft übertragbar sind, und daß die Bestellung zum Vorstands- oder Aufsichtsratsmitglied Aktienbesitz voraussetzt. Auf der anderen Seite kann auch eine GmbH zahlreiche Gesellschafter haben, die nur zu jährlichen Gesellschaftsversammlungen zusammentreten, und von Geschäftsführern geleitet sein, die nicht Gesellschafter sind.

II. *Grundsätzliche Probleme der Kapitalgesellschaft.* Ein Überblick über die grundsätzlichen Probleme, der allerdings keinen Anspruch auf Vollständigkeit erhebt, soll im folgenden an Hand der Erörterungen der letzten Jahrzehnte gegeben werden; dabei kann auch auf einen Teil der Einzelfragen hingewiesen werden. Selbstverständlich stehen weder die Grundprobleme noch die Einzelfragen isoliert nebeneinander. Schon die Problemstellungen als solche sind voneinander abhängig.

1. *Das „Unternehmen an sich"*. Auf Rathenau und Keynes geht die Feststellung zurück, daß Großunternehmen sich von bloßen Erwerbsvereinigungen ihrer Gesellschafter immer mehr zu Einrichtungen mit Selbstzweck unter teilweiser Loslösung von den Interessen und dem Willen der Gesellschafter entwickeln. Sie war die Grundlage der Lehre vom „Unternehmen an sich" die in den Bestrebungen zur Reform des Aktienrechts in den 20er Jahren eine große Rolle gespielt hat. Sie läßt sich in ihrem Kern mit der Begründung zum Aktiengesetzentwurf von 1930 kennzeichnen als „die Rechtsidee, daß das Unternehmen nicht nur der äußere Rahmen für die Verfolgung der Interessen der einzelnen beteiligten Staatsbürger, sondern als solches ein Rechtsgut besonderer Eigenart und eine Einrichtung mit besonderen Aufgaben sei, eine Einrichtung, der der Staat Schutz und Förderung auch insofern nicht vorenthalten dürfe, als das Schutz- und Förderungsbedürfnis in Widerstreit mit den Sonderinteressen der Aktionäre gerät". Es waren *verschiedene Gedanken*, die bei den Vertretern dieser Lehre zusammentrafen: die Notwendigkeit, nicht nur die Interessen der gegenwärtigen Aktionäre, sondern auch — durch Stärkung des Unternehmens — die der künftigen zu berücksichtigen (wichtig z. B. bei der Dividendenpolitik einer Aktiengesellschaft), — die Anerkennung des Vorhandenseins von Interessenverflechtungen zwischen den Unternehmen, also eine Einstellung zum Konzernwesen, die mindestens seine Duldung als etwas Notwendiges enthält, — vor allem aber die Berücksichtigung der volkswirtschaftlichen Bedeutung des Unternehmens, dessen Schicksale nicht nur durch die auf Privatinteressen und vielleicht auf Zufallsmehrheiten beruhenden Beschlüsse der Aktionäre bestimmt werden sollten. Schärfere (gelegentlich sogar überspitzte) und mildere Formulierungen dieser Lehre sind vertreten worden; auch zur Stützung durchaus egoistischer Bestrebungen von Verwaltungen und Großaktionären ist sie mißbraucht worden (Sicherung der Beherrschung einer Aktiengesellschaft durch der Gesellschaft gehörige, „eigene" Aktien und durch Stimmrechtsaktien). Die Begründung von 1930 erkannte ausdrücklich an, daß „die Interessen des Unternehmens als solchen ebenso schutzbedürftig seien wie das individuelle Interesse des einzelnen Aktionärs". Der Sache nach wurde diese Lehre auch nach 1933 von manchen ver-

treten. Die Begründung zum Aktiengesetz von 1937 erwähnte sie allerdings nicht; aber auch dieses Gesetz hat neben den Einzelinteressen der Aktionäre und der Gläubiger das Unternehmen als solches durch seine Bestimmungen geschützt und einen *Ausgleich zwischen Unternehmensinteresse und Einzelinteressen* versucht. In welcher Weise das im Einzelnen bei der Verteilung der Zuständigkeit zwischen den Gesellschaftsorganen, der Abschlußprüfung, der Regelung der Bezüge von Vorstand und Aufsichtsrat usw. geschieht, kann hier nicht ausgeführt werden. Besonders hingewiesen sei schon hier auf die *Generalklauseln*, nach denen das Erstreben „gesellschaftsfremder Sondervorteile" zum Schadensersatz verpflichtet und einen Beschluß der Hauptversammlung anfechtbar macht. An manchen Stellen bleibt der Interessengegensatz ungelöst, so bezüglich der Auskunftserteilung in der Hauptversammlung, die zwar grundsätzlich verlangt, aber beim Entgegenstehen überwiegender Belange der Gesellschaft oder der Allgemeinheit verweigert werden kann, — eine Frage, über die der Vorstand nach pflichtmäßigem Ermessen zu entscheiden hat, ohne daß eine gerichtliche Nachprüfung seiner Entscheidung möglich ist. Ganz offen gelassen ist auch die Frage der Zulässigkeit stiller Reserven in der Bilanz, obwohl auch bei ihr dieser Interessengegensatz (neben anderen Gesichtspunkten) eine wesentliche Rolle spielt. Das Aktiengesetz hat also das Problem der selbständigen Bedeutung des Unternehmens noch keineswegs gelöst.

In dem bisher Gesagten liegt nur *eine* Seite des Problems Aktiengesellschaft-Aktionär. Auch im Steuerrecht ist eine Verselbständigung der Aktiengesellschaft gegenüber ihren Aktionären erfolgt. Als Vermögens- und Einkommensträger ist diese zugleich Steuerträger. Die wachsende steuerliche Belastung ihrer Gewinne hat auch auf ihr Verhältnis zu den Aktionären eingewirkt. Um Möglichkeiten zur Steuerersparnis ausnutzen zu können, haben die Gesellschaften stille Reserven geschaffen, Gewinne nicht verteilt usw. Die Entwicklung der Unternehmen zu Einrichtungen mit Selbstzweck ist dadurch naturgemäß gefördert worden. — Eine ähnliche Wirkung haben die während des Krieges geltenden Bestimmungen über die Beschränkung der Dividenden gehabt.

Auf die *GmbH* ist die Lehre vom „Unternehmen an sich" nicht übertragen worden. Die Dauerbeteiligung weniger Gesellschafter bot keinen Anlaß, das Unternehmen als eine von ihnen losgelöste Einrichtung aufzufassen. Nur selten ist gefordert worden, die GmbH entgegen dem heutigen rechtstatsächlichen Zustand zwingend der Aktiengesellschaft anzugleichen. In den Arbeitsberichten des GmbHAusschusses der Akademie für Deutsches Recht ist es abgelehnt worden. Auch das Steuerrecht hat bei der typischen GmbH nicht zu einem Wandel in der Beurteilung des Verhältnisses zu den Gesellschaftern geführt. Stärkere Bedeutung in dieser Richtung hat es aber auch hier, wenn eine größere Gesellschafterzahl vorhanden ist. Bei der Dividendenbeschränkung ist der typischen GmbH zugute gekommen, daß besondere Vorschriften zugunsten von „personenbezogenen Kapitalgesellschaften" getroffen waren. Auf die enge Verbundenheit von Gesellschaft und Gesellschaftern wurde also Rücksicht genommen.

2. Die Forderung nach „*aktienrechtlicher Demokratie*" kann zweierlei bedeuten. Einmal, daß es in den Händen der Gesamtheit der Aktionäre liegen soll, über die Führung der Geschäfte des Unternehmens zu bestimmen; hier enthält sie zugleich die Forderung nach weitgehender Überordnung der Hauptversammlung über Vorstand und Aufsichtsrat. Sie kann zweitens besagen, daß die Aktionäre bei ihren Beschlußfassungen untereinander gleichberechtigt sein sollen, daß also jede Aktie das Stimmrecht gewähren und Mehrstimmrechte unzulässig sein sollen. In beiden Richtungen ergibt die Übertragung des politischen Begriffs der Demokratie auf die Aktiengesellschaft ein schiefes Bild: Die Frage der obersten Gewalt ist im politischen Leben etwas ganz Anderes als in einer Aktiengesellschaft, und die Gewaltenteilung zwischen Volksvertretung und Regierung dient durchaus anderen Zwecken als die Zuständigkeitsverteilung zwischen der Versammlung der Aktionäre einerseits, den Verwaltungsorganen andererseits. Noch krasser ist der Unterschied bei der zweiten Bedeutung: Die Stimmrechtshäufung, die die Folge mehrfachen Aktienbesitzes ist, steht mit der Persönlichkeitsbewertung der politischen Demokratie völlig im Widerspruch. Es kommt also nur in Frage, den Begriff Demokratie für die Aktiengesellschaft in einem erweiterten Sinne zu gebrauchen. Damit wird aber nichts geklärt.

a) Welche Entwicklung das *Problem des obersten Organs und der Zuständigkeitsverteilung* in der Aktiengesellschaft früher durchgemacht hat, kann hier nicht erörtert werden. Für die im Aktiengesetz von 1937 getroffene Regelung wäre es falsch, sie einfach damit abzutun, daß sie das politische *Führerprinzip* des Nationalsozialismus auf die Aktiengesellschaft übertragen habe. Sowohl im Gesetz wie in der Begründung ist der Ausdruck „Führer" vermieden worden. Allerdings hat das Gesetz den früher vorhandenen beherrschenden Einfluß der Hauptversammlung eingeschränkt. Die Begründung hat dazu betont, daß bei der früheren Regelung die grundsätzlichen Entscheidungen bei der persönlich nicht verantwortlichen Mehrheit der Geldgeber gelegen habe, denen meistens der genaue und fachkundige Einblick in die Geschäfte und in den Stand der Gesellschaft fehle und die im Wesentlichen darauf bedacht seien, die Belange des Kapitals in den Vordergrund zu stellen, daß aber aus diesen Gründen Gegensätze und Machtkämpfe zwischen der Verwaltung und der Hauptversammlung sich herausgebildet hätten, die keineswegs zum Vorteil der Gesellschaft und des Wirtschaftslebens dienten. Das weist darauf hin, daß bei der Neuregelung der Gedanke an die selbständige Bedeutung des „Unternehmens" eine wesentliche Rolle gespielt hat.

Im einzelnen ist folgendes zu erwähnen: *Bestellung des Vorstandes* durch den Aufsichtsrat, höchstens auf je 5 Jahre, Abberufung während dieser Zeit nur aus wichtigem Grunde; der Vorstand kann aus mehreren Personen bestehen; wenn ein Vorsitzer bestellt ist, entscheidet dieser bei Meinungsverschiedenheiten. — *Wahl des Aufsichtsrats* durch die Hauptversammlung mit ähnlicher zeitlicher Begrenzung, vorzeitige Abberufung mit Dreiviertelmehrheit möglich; der Aufsichtsrat ist immer ein kollegiales Organ, keine Entscheidungsbefugnis seines Vorsitzenden. — Die *Geschäftsführung* liegt grundsätzlich allein in den Händen des Vorstands, der Aufsichtsrat hat sie zu überwachen, Maßnahmen der Geschäftsführung können ihm nicht übertragen werden, jedoch kann der Gesellschaftsvertrag oder er selbst bestimmen, daß bestimmte Arten von Geschäften nur mit seiner Zustimmung vorgenommen werden sollen. Die Hauptversammlung kann über Fragen der Geschäftsführung nur entscheiden, wenn der Vorstand es verlangt. Im übrigen beschließt sie nur in den im Gesetz und im Gesellschaftsvertrag ausdrücklich bestimmten Fällen. Nach dem Gesetz sind das außer Änderungen des Gesellschaftsvertrags (auch Kapitalerhöhungen oder -herabsetzungen) vor allem die Wahl des Aufsichtsrats und der Abschlußprüfer. Der *Jahresabschluß* wird von Vorstand und Aufsichtsrat festgestellt, von der Hauptversammlung nur, wenn beide sich nicht einigen oder sich für eine Feststellung durch sie entscheiden. Im Normalfall beschließt die Hauptversammlung nur über die Verteilung des festgestellten Reingewinns. (Über das Recht des Aktionärs auf Auskunfterteilung in der Hauptversammlung siehe II 1.)

b) *Das gleiche Stimmrecht der Aktionäre.* Die Vorschrift, daß jede Aktie das Stimmrecht gewährt, gilt in Deutschland seit der Aktienrechtsnovelle von 1884. Das Handelsgesetzbuch ermöglichte es aber, durch Bestimmung im Gesellschaftsvertrag einer Gattung von Aktien erhöhtes Stimmrecht beizulegen. Stimmrechtsmacht und Einlagebeteiligung brauchten einander also nicht zu entsprechen. Das gleiche ließ sich (in gewissen Grenzen) auch dadurch erreichen, daß neben volleingezahlten Aktien solche bestanden, die nur zum Teil eingezahlt waren, aber trotzdem volles Stimmrecht besaßen. Stimmrechtsmacht ohne entsprechende Aufwendung von Mitteln konnte sich die Verwaltung der Gesellschaft ferner dadurch beschaffen, daß sie Aktien durch abhängige Gesellschaften oder durch Dritte für Rechnung der Gesellschaft übernehmen ließ (Vorratsaktien). Schließlich gehört hierher, daß die Banken, bei denen Aktien im Depot lagen, sich von ihren Kunden allgemein ermächtigen ließen, das Stimmrecht dieser Aktien im eigenen Namen auszuüben (sogenannte Legitimationsübertragung).

Das Aktiengesetz geht von dem Grundsatz aus, daß *jede Aktie das Stimmrecht gewährt; es verhindert oder beschränkt die Möglichkeiten einer Stimmrechtsmacht ohne eigene Aufwendung.* Allerdings läßt es „stimmrechtslose" Aktien unter der Voraussetzung zu, daß sie Anspruch auf Vorzugsdividende gewähren; diese Ausnahme ist damit begründet worden, daß die Käufer solcher Aktien nur eine möglichst hohe Rente erzielen wollen, aber auf das Stimmrecht weniger Wert legen; wird der Vorzugsbetrag nicht gezahlt, so haben auch diese Aktien Stimmrecht. Mehrstimmrechtsaktien sind grundsätzlich unzulässig; von dem zuständigen Minister kann eine Ausnahme bewilligt werden, wenn das Wohl der Gesellschaft oder gesamtwirtschaftliche Belange es fordern. Sind nicht voll eingezahlte Aktien neben voll eingezahlten ausgegeben, so richtet sich das Stimmrecht nach der Höhe der Einzahlung. Das Stimmrecht von Vorratsaktien ruht (zu einem Verbot solcher Aktien hat man sich nicht entschlossen, weil man befürchtete, daß es zur Rechtsunsicherheit führen würde.) Die Legitimationsübertragung von Depotaktien ist zwar nicht beseitigt, aber erschwert und in ihrer Wirkung zeitlich begrenzt worden.

Eine „Demokratie" ist für die typische *GmbH* wohl nie verlangt worden. Bei „Selbstorganschaft" der Gesellschafter taucht die Frage des obersten Organs und der Zuständigkeitsverteilung überhaupt nicht auf. Die Gestaltungsfreiheit für die innergesellschaftlichen Verhältnisse bringt es mit sich, daß das Stimmrecht der Gesellschafter bei Beschlußfassungen anders als nach der Höhe ihrer Einlagen bestimmt werden kann (z. B. Abstimmung nach Köpfen, andererseits Möglichkeit, Einstimmigkeit vorzuschreiben). Ob allerdings festgesetzt werden kann, daß ein Gesellschafter überhaupt kein Stimmrecht hat, ist streitig. Gestaltungsfreiheit besteht auch für die körperschaftlich aufgebaute GmbH. Es braucht deshalb hier nicht erörtert zu werden, was gilt, wenn der Gesellschaftsvertrag keine Regelung trifft.

3. *Gesellschafter und Gläubiger* werden im deutschen Recht scharf unterschieden. Freilich werden im Steuerrecht Gesellschafterdarlehen unter gewissen Voraussetzungen als Beteiligungen behandelt. Für das Privatrecht ist von Bedeutung, daß zwischen Aktien und Schuldverschreibungen gewisse *wirtschaftliche Zwischenformen* stehen. Bei Schuldverschreibungen können die Rechte der Gläubiger mit den Gewinnanteilen von Aktionären in Verbindung gebracht werden. Aktien können in solcher Weise mit einem Vorzug bei der Gewinnverteilung ausgestattet sein, daß sie einen zinsenähnlichen Ertrag erbringen; solche Aktien können stimmrechtslos sein. Eine Möglichkeit der Umwandlung von Fremdkapital in Eigenkapital bietet die Ausgabe von Wandelschuldverschreibungen, d. h. solchen, mit denen ein später zu verwirklichendes Bezugsrecht auf Aktien verbunden ist. Das Aktiengesetz ist von dem Gedanken ausgegangen, daß der Aktiengesellschaft alle Rechtsformen

der Kapitalbeschaffung zur Verfügung gestellt werden müssen, die rechtlich vertretbar und wirtschaftlich brauchbar sind. Es enthält darüber nähere Bestimmungen, teils zum Schutze der Aktionäre oder zur Sicherung der Gläubiger, teils auch unter allgemeinwirtschaftlichen Gesichtspunkten. An dem Gedanken der rechtlichen Verschiedenheit von Gesellschaftern und Gläubigern ist aber darin festgehalten.

Bei der *GmbH* fehlen derartige Bestimmungen. Auch bei ihr gilt, daß die rechtliche Verschiedenheit der Schaffung wirtschaftlicher Zwischenformen zwischen Kredit und Beteiligung nicht im Wege steht. Die Vertragsfreiheit, die sowohl das Recht des BGB wie das innere Recht der GmbH beherrscht, gewährt dafür weiten Spielraum.

4. *Die Treuepflicht des Aktionärs.* Zu den wichtigsten Fragen des Aktienrechts gehört es, in welchem Ausmaß Aktionäre in der Gesellschaft ihre eigenen Interessen verfolgen dürfen. Das Handelsgesetzbuch hatte sie offengelassen. Es mußte deshalb zu ihrer Beantwortung auf allgemeine Rechtsgrundsätze zurückgegangen werden. Nachdem die Rechtsprechung zunächst auch rücksichtslose Interessenverfolgung weitgehend gebilligt hatte, nahm sie eine erste Grenzziehung mit Hilfe des Begriffs der *guten Sitten* vor. Allmählich wurden dann die Grenzen für die Zulässigkeit der Interessenverfolgung verengt. Der Maßstab wurde in der Weise verfeinert, daß jeder Verstoß gegen die *guten Sitten des Aktienrechts* für unzulässig erklärt wurde. In einem Teil des Schrifttums kam man zu ähnlichen Ergebnissen, indem man von einer gesteigerten Pflicht des Aktionärs zur Rücksichtnahme ausging, es wurde dafür die Bezeichnung: *Treupflicht des Aktionärs* verwendet. Das Reichsgericht nahm das auf. Dem Ausdruck haften gewisse Mängel an. Für ein äußeres Verhalten in höchst materiellen Angelegenheiten wird ein gefühlsbetontes, eine ethische Wertung enthaltendes Wort verwendet; mit ihm verbindet sich der Gedanke an eine Dauerbeziehung, die beim Aktionär durchaus nicht notwendig ist. Daß der reichliche Gebrauch des Wortes Treupflicht während der nationalsozialistischen Zeit seine Bedeutung abgeschwächt hat, ändert nichts. In der Sache ist der Gedanke einer Pflicht des Aktionärs zur Rücksichtnahme berechtigt, und zwar ist sie sowohl gegenüber der Gesellschaft (dem „Unternehmen“, siehe II 1), wie gegenüber den Mitaktionären zu bejahen. Hier ist freilich vieles bestritten: ob überhaupt eine solche Pflicht besteht, ob etwa nur gegenüber der Gesellschaft, ob die Stärke der Beteiligung oder die Enge tatsächlicher Beziehungen in der Gesellschaft (z. B. in einer Familiengesellschaft) die Verpflichtung beeinflußt usw. Manche von diesen Streitigkeiten sind allerdings nur konstruktiver Art.

Die Erörterungen über die Treuepflicht sind dadurch nicht gegenstandslos geworden, daß das Aktiengesetz *zwei Generalklauseln* enthält. Es arbeitet mit dem Begriff des vorsätzlichen Strebens nach gesellschaftsfremden Sondervorteilen zum Schaden der Gesellschaft oder ihrer

Aktionäre. Wer in diesem Streben ein Vorstands- oder Aufsichtsratsmitglied zu schädlichem Handeln bestimmt, macht sich schadensersatzpflichtig. Stimmrechtsausübung in diesem Streben kann einen Hauptversammlungsbeschluß anfechtbar machen. Diese Bestimmungen bedürfen der Ausfüllung, zumal ausdrücklich gesagt ist, daß beim Vorliegen schutzwürdiger Belange die Schadensersatzpflicht und die Anfechtbarkeit entfällt. Dazu bietet die Rechtsprechung zum früheren Aktienrecht zwar Anhaltspunkte, daneben ist aber erforderlich, auf allgemeine Überlegungen zurückzugreifen.

Die typische *GmbH* bietet auch für die „Treupflicht" ein anderes Bild als die Aktiengesellschaft. Da bei ihr die gegenseitigen Beziehungen der Gesellschafter viel intensiver sind als die der Aktionäre, ist auch die Pflicht gegenseitiger Rücksichtnahme größer. Wenn die Gesellschafter an der Geschäftsführung beteiligt sind, ergeben sich dadurch außerdem für sie positive Pflichten. Daß bei einer Verletzung der „Treupflicht" Schadensersatz zu leisten ist, wird zwar im Gesetz nicht gesagt, ist aber zu bejahen. Ferner wird dadurch die Wirksamkeit von Gesellschaftsbeschlüssen begrenzt. Die gewohnheitsrechtlich bei der GmbH mögliche Anfechtung greift auch bei Verletzungen der „Treupflicht" statt. Auf Einzelheiten kann nicht eingegangen werden.

5. *Sicherung des Gesellschaftskapitals.* Der Grundsatz der Beständigkeit des Gesellschaftskapitals (siehe I 1) galt in der früheren deutschen Gesetzgebung als unantastbares Dogma. Um der Aktiengesellschaft alle rechtlich vertretbaren Finanzierungsmöglichkeiten zur Verfügung zu stellen, hat das Aktiengesetz ihn durch die Zulassung des „*genehmigten Kapitals*" durchbrochen. Bei diesem ist der Vorstand ermächtigt, das Grundkapital bis zu einem bestimmten Nennbetrag durch Ausgabe neuer Aktien zu erhöhen.

Bei beiden Kapitalgesellschaften hat die Rechtsprechung besonderes Gewicht darauf gelegt, daß das Grundkapital als *Garantieziffer für die Gläubiger* dienen soll. Sie hat daher alles für unzulässig erklärt, was die Erfüllung dieser Aufgabe beeinträchtigen kann. So hat sie die Anfechtung der Zeichnung von Aktien oder der Übernahme von Geschäftsanteilen wegen eines Willensmangels nicht mehr zugelassen, wenn die Gründung der Gesellschaft oder die Kapitalerhöhung ins Handelsregister eingetragen war. Darüber hinaus hat sie dem Zeichner oder Übernehmer, der durch eine Täuschung des Vorstandes oder des Geschäftsführers zu seiner Beteiligung veranlaßt worden war, den Anspruch auf Schadensersatz gegen die Gesellschaft versagt, weil auch dadurch die Kapitalgrundlage verringert würde. Schließlich hat sie bei der GmbH in rigoroser Weise die Vorschrift angewendet, daß jeder Gesellschafter für Ausfälle bei den Einlagepflichten der anderen Gesellschafter aufzukommen hat; im Falle einer Kapitalerhöhung soll das sogar für einen Gesellschafter gelten, der dagegen gestimmt hat.

Der Gedanke der Kapitalerhaltung schließt eine *Herabsetzung des Kapitals* durch Änderung des Gesellschaftsvertrags nicht aus; dafür bestehen bei beiden Gesellschaften besondere Schutzvorschriften zu Gunsten der Gläubiger. Keine Herabsetzung bewirkt es, wenn ein Aktionär oder Gesellschafter, der seine Einlagepflicht nicht erfüllt, seines Rechtes verlustig erklärt wird, ebensowenig, wenn ein Geschäftsanteil wegen der Einforderung von Nachschüssen zur Verfügung gestellt wird. Dagegen betrifft eine Einziehung die Aktie als solche; sie ist daher nicht ohne Kapitalherabsetzung möglich, — anders eigentümlicherweise die Einziehung eines Geschäftsanteils. Rechtlich liegt im Erwerb eigener Aktien oder Anteile durch die Gesellschaft keine Kapitalherabsetzung, auch dann nicht, wenn er entgeltlich erfolgt. Wirtschaftlich käme ihr ein Erwerb vor voller Leistung der Einlage aber gleich. Deshalb ist er in beiden Gesetzen für nichtig erklärt. Auch im übrigen ist er wegen der damit verbundenen Gefahren im Interesse der Gläubiger beschränkt, besonders bei der Aktiengesellschaft.

6. *Kapitalgesellschaft und Wirtschaftsverfassung.* In den ersten Jahren der nationalsozialistischen Zeit ist verschiedentlich die Beseitigung der Herrschaft des „anonymen Kapitals" und damit der Rechtsform der Aktiengesellschaft gefordert worden. Die Begründung zum Aktiengesetz hat demgegenüber festgestellt, daß die neuzeitliche Wirtschaft ohne die Aktiengesellschaft nicht bestehen könne; gerade ein wirtschaftlich und kulturell hochstehendes Land könne nicht darauf verzichten. Das Aktiengesetz hat die Rechtsform der Aktiengesellschaft nur großen Unternehmen vorbehalten. Wenn das Mindestkapital jetzt herabgesetzt ist, so drückt das keinen Wandel in dieser Auffassung, sondern die inzwischen erfolgte Verarmung Deutschlands aus.

Die Begründung zum Aktiengesetz scheint die GmbH abzulehnen. Sie erklärt, daß der Unternehmer die persönliche Verantwortung uneingeschränkt tragen solle, soweit kein Grund zur Zulassung einer Aktiengesellschaft bestehe. Bei den Vorarbeiten zur Reform des GmbH-Gesetzes überwog dagegen die Ansicht, daß die GmbH beizubehalten sei. Nach 1945 ist ihre Beseitigung von Vertretern liberaler Wirtschaftsauffassungen gefordert worden. Sie sehen in der Haftungsbeschränkung eine Behinderung der Auslese, die durch den Wettbewerb erfolgt. Einstweilen ist die Beseitigung der GmbH aber nicht wahrscheinlich.

Ein Sonderproblem bildet die *Einmann-Gesellschaft,* d. h. eine Gesellschaft, deren sämtliche Aktien oder Geschäftsanteile in einer Hand sind. (Sie kann erst nach Eintragung der Gesellschaft ins Handelsregister entstehen; zur Gründung sind immer mehrere Gesellschafter erforderlich.) Nach deutscher Auffassung führt die Vereinigung der Anteile nicht dazu, daß die Gesellschaft sich automatisch auflöst. Auch eine Entziehung der Rechtsfähigkeit durch das Registergericht oder eine andere Behörde ist nicht vorgesehen. Eine Haftung des alleinigen Gesellschafters für die Verbindlichkeiten der Gesellschaft besteht nicht; denkbar ist, daß er bei Vermögenslosigkeit der Gesellschaft aus unerlaubter Handlung zum Schadensersatz verpflichtet ist. Die Einmann-Gesellschaft, vor allem die Einmann-GmbH, ist zweifellos ein sehr bedenkliches Gebilde des Rechtslebens. Die Forderung nach ihrer Beseitigung wird nicht nur mit Bedürfnissen des Gläubigerschutzes begründet, sondern auch damit, daß sie in einer Wettbewerbswirtschaft ein völliger Fremdkörper sei.

Die leichte Übertragbarkeit der Anteile von Kapitalgesellschaften erleichtert ihre *Zusammenfassung zu Konzernen.* Deren Bekämpfung braucht sich aber nicht gegen die Kapitalgesellschaften als solche zu richten, denn Konzernbildung ist auch in Formen des Schuldrechts möglich. Man kann auch nicht jede Beteiligung einer Kapitalgesellschaft an einer andern prima facie als unzulässige Konzentration von Wirtschaftsmacht ansehen. Rechtliche Gestaltungsformen und wirtschaftliche Tatbestände dürfen nicht einfach gleichgesetzt werden.

Die *Anonymität* der Aktionäre bei der Aktiengesellschaft ist vielfach bekämpft worden. Ein Verbot der Inhaberaktien kann aber nach den im Ausland gemachten Erfahrungen leicht umgangen werden. Die Begründung zum Aktiengesetz betont mit Recht, daß ohne die Aktiengesellschaft ihrer wirtschaftlichen Bedeutung zu berauben, der in der Anonymität der Aktie liegende Mangel nicht zu beseitigen ist. Das Aktiengesetz hat in einem andern Sinn die Anonymität der Aktiengesellschaft zu bekämpfen gesucht, nämlich dadurch, daß die leitenden und verantwortlichen Persönlichkeiten stärker als früher herausgestellt werden müssen (besonders durch Bekanntgabe auf den Geschäftsbriefen). — Bei der GmbH fehlt eine derartige Bestimmung. Hier ergeben sich die Namen der Geschäftsführer aus dem Handelsregister, die der Gesellschafter aus einer alljährlich dem Registergericht einzureichenden Liste. Das ist offenbar unzureichend.

Publizität wird bei der Aktiengesellschaft auch für die Vermögens- und Ertragsverhältnisse gefordert: Veröffentlichung des Jahresabschlusses. Diese Bestimmung diente ursprünglich wohl mehr den Interessen der Gläubiger und der Aktionäre; nachdem die Abschlußprüfung eingeführt ist, hat sie den Sinn bekommen, daß eine Rechenschaftsablegung vor der Öffentlichkeit angeordnet ist. Bei der GmbH sind Bilanzprüfung und Bilanzveröffentlichung nur für Kreditinstitute vorgeschrieben.

DIE AUSWIRKUNG VON ÄNDERUNGEN DER VALUTAKURSE AUF INTERNATIONALE ZAHLUNGEN

Von Dr. KONRAD DUDEN
Rechtsanwalt in Mannheim-Heidelberg

Vorbemerkung

Das vorliegende Referat ergänzt das Referat über „Schulden in entwerteter Währung“, dessen Teil A von dem Unterzeichneten, und dessen Teil B von Herrn *Prof. Dr. Würdinger*, Hamburg, erstattet worden ist[1]. Während dort die Rechtsprobleme erörtert sind, die sich im innerdeutschen Rechtsverkehr aus der Entwertung der deutschen Währung seit den dreißiger Jahren ergaben, werden in dem vorliegenden Referat die Fragen dargestellt, die sich teils aus der Entwertung der deutschen Währung, teils aus den Wertänderungen anderer Währungen im Bereich der internationalen Geldschuldverhältnisse Deutschlands ergeben haben.

Nicht besprochen sind die Wirkungen der ersten deutschen Geldentwertung (Ende des ersten Weltkrieges) und der in den Jahren nach 1923 durchgeführten Stabilisierung des deutschen Geldes. Vielmehr geht das Referat von den Währungsverhältnissen nach der Schaffung der Reichsmarkwährung aus und schildert die Auswirkungen späterer Vorgänge, beginnend mit den Abwertungen vieler ausländischer Währungen nach 1931.

1. Überblick über die Art der internationalen Geldschuldverhältnisse Deutschlands

Die vor dem ersten Weltkriege bedeutenden Kreditforderungen Deutschlands an das Ausland waren teils in der Kriegs- und Nachkriegszeit eingezogen, teils gemäß dem Versailler Vertrag zugunsten der Siegermächte liquidiert worden. In den Jahren nach der Schaffung der Reichsmark (1924 bis 1931) entstand umgekehrt eine starke internationale Verschuldung der deutschen Wirtschaft und deutscher öffentlicher Stellen an das Ausland. Zu einem großen Teile handelte es sich um langfristige Anleihen in ausländischer Währung. Daneben lief eine bedeutende kurzfristige Verschuldung aus Warenkrediten, die später den Gegenstand umfangreicher Vereinbarungen zwischen ausländischen und deutschen Banken bildeten, und wegen des Inhalts und Zwecks dieser Verein-

[1] Vgl. oben S. 309ff. der Gesamtausgabe bzw. S. 1ff. des Bandes „Beiträge zum Bürgerlichen Recht“ der Einzelausgabe.

barungen als „Stillhalteschulden" bekanntgeworden sind. Neben diesen Kreditverbindlichkeiten, die den bedeutendsten Teil der internationalen Geldschuldverhältnisse Deutschlands nach dem ersten Weltkriege bildeten, bestand und bestehen internationale Geldschuldverhältnisse der verschiedensten anderen Arten, wie sie überall aus dem internationalen Geschäftsverkehr und aus sonstigen internationalen Beziehungen hervorgehen. Eine besondere Rolle spielen jüngst die Verbindlichkeiten deutscher Schuldner gegenüber im Ausland ansässigen Gläubigern auf Grund der in den letzten Jahren in Deutschland erlassenen Rückerstattungs- und Entschädigungsgesetze, die dem Ausgleich der vom Nationalsozialismus verübten Rechtsentziehungen und Schädigungen dienen.

2. Überblick über die Kursänderungen nach 1924

Die Wertverhältnisse zwischen der deutschen Währung und den ausländischen Währungen sind nach 1924 durch sehr verschiedenartige Ereignisse wiederholt geändert worden. Diese Ereignisse, die den Tatbestand bilden, dessen Rechtsfolgen für die Gestaltung der internationalen Geldschuldverhältnisse in diesem Referat darzustellen sind, lassen sich wie folgt gruppieren:

a) Wenn von zahlreichen früher eingetretenen Währungsänderungen geringerer Bedeutung abgesehen wird, so erfuhr das Wertverhältnis der Reichsmark zu den ausländischen Währungen die erste wesentliche Änderung durch die in sehr vielen ausländischen Staaten nach 1931 durchgeführten Abwertungen. Von der größten Bedeutung waren für die internationalen Geldschuldverhältnisse Deutschlands die Abwertung des englischen Pfundes von 1931 und die des nordamerikanischen Dollars von 1933. Die rechtliche Bedeutung dieses Vorgangs für die deutschen internationalen Geldschuldverhältnisse rührte insbesondere daher, daß der größte Teil der langfristigen und kurzfristigen Kreditverschuldung Deutschlands auf Pfund und Dollar gestellt war.

b) Unter der lockeren Finanzwirtschaft des Dritten Reichs folgte die Entwertung der Reichsmark, die nach dem Verlust des Krieges und dem Zusammenbruch des Reiches den Tiefpunkt erreichte. In dem eingangs erwähnten Referat über „Schulden in entwerteter Währung" ist gezeigt worden, daß diese Entwertung der Reichsmark in anderen Formen in Erscheinung trat, als dies bei der Entwertung einer Währung sonst in neuerer Zeit gewöhnlich der Fall war. Auf die Ausführungen in jenem Referat wird verwiesen (s. dort Abschnitt 2). Ähnlich wie im innerdeutschen Verkehr äußerte sich auch in den internationalen Geldschuldverhältnissen Deutschlands die Entwertung der Reichsmark nicht durch eine die ganze Breite des Geldverkehrs umfassende Wertänderung, sondern dadurch, daß die Verwendbarkeit verschiedener Arten von Ansprüchen des Auslands verschieden geregelt wurde, so daß in verschiedenen Sparten des internationalen Geldverkehrs ganz verschiedene Wertverhältnisse zwischen der deutschen Währung und den ausländischen Währungen entstanden. Wie der Reichsmark im innerdeutschen Verkehr ein relativer, von den Bedingungen des Einzelfalles abhängiger Wert zukam (s. das erwähnte Referat a. a. O.), so ergab sich dem Ausland gegenüber durch die unter der Bezeichnung „Devisenrecht" bekanntgewordenen Regulierungen ein relativer, ebenfalls von Umständen des Einzelfalles abhängiger Wert der Reichsmark. Aus dieser Rechtslage ergaben sich — und ergeben sich, da der freie Devisenverkehr noch nicht wiederhergestellt ist, auch heute — Rechtsfragen anderer Art als sie aus der Änderung allgemeiner Kursverhältnisse von Währungen entstehen. Diese außerordentlich vielfältigen Fragen darzustellen ist nicht die Aufgabe dieses Referats. Das sogenannte „offizielle" Kursverhältnis der deutschen Währung zu den ausländischen Währungen blieb unverändert; erst bei der Neuordnung des deutschen Währungswesens im Jahre 1948 wurde durch die Umstellung der Schuldverhältnisse auf die neue deutsche Währung in die internationalen Geldschuldverhältnisse Deutschlands, soweit sie auf Reichsmark gestellt sind, derart eingegriffen, daß der Kurswert dieser Forderungen und Verbindlichkeiten, gemessen an ausländischen Währungen, eine Änderung erfuhr.

c) Ähnliche Fragen wie durch das deutsche Devisenrecht wurden durch die Devisenvorschriften zahlreicher anderer Staaten aufgeworfen, deren Angehörige mit deutschen Gläubigern oder Schuldnern in Geldschuldverhältnissen standen. Auch diese Fragen sind nicht Gegenstand dieses Referats.

d) Die Neuordnung des deutschen Geldwesens im Jahre 1948 — hierbei ziehen wir nur die Rechtsverhältnisse der westdeutschen Bundesrepublik, nicht die der sowjetischen Besatzungszone in Betracht — führte zur Änderung des Inhalts der internationalen Reichsmarkschuldverhältnisse durch die Umstellung auf die neue Währung (Deutsche Mark), regelmäßig im Verhältnis 10 : 1 (§ 16 des Umstellungsgesetzes [UG] vom 27. 6. 1948). Auf die Einzelheiten ist später einzugehen. Mit einzelnen Vorschriften wurde auch in die Rechtslage bei Schuldverhältnissen in ausländischer Währung eingegriffen.

e) Zuletzt wurde das Wertverhältnis der deutschen Währung zu ausländischen Währungen wesentlich geändert durch die Abwertungen zahlreicher ausländischer Währungen, voran des englischen Pfunds, im September 1949. Auch die neue deutsche Währung wurde hierbei im Verhältnis zum nordamerikanischen Dollar und zu anderen Währungen, die den Abwertungsmaßnahmen Englands und anderer Staaten nicht gefolgt waren, abgewertet. Der Kurs der Deutschen Mark wurde, um die beiden für die deutschen Auslandsgeldschuldverhältnisse wichtigsten Währungen zu nennen, im Verhältnis zum Dollar herabgesetzt, im Verhältnis zum Pfund erhöht.

3. Die Rechtsfolgen der Abwertung ausländischer Währungen in den dreißiger Jahren

Es handelt sich hier um die Wirkung der oben (bei 2 a) erwähnten Vorgänge auf Schuldverhältnisse in ausländischer Währung.

a) Das *nominalistische Prinzip*, das im Ausland, soviel ich sehe, trotz allen Währungsumwälzungen überall als Regel festgehalten ist und das auch im deutschen Recht trotz der Durchbrechung durch Gesetzgebung und Rechtsprechung der Aufwertungszeit (1923 und folgende Jahre) als Grundsatz praktisch unangefochten gilt[2], verbot dem ausländischen Gläubiger einer auf ausländische Währung gestellten Forderung, bei Abwertung dieser Währung die Forderung gegen den deutschen Schuldner über ihren Nennbetrag in ausländischer Währung zu erhöhen.

b) Nur im Falle des Verzuges des Schuldners mit der Erfüllung seiner Zahlungsverbindlichkeit gestattet das deutsche Recht dem Gläubiger, vom Schuldner Ersatz des Schadens zu fordern, der ihm dadurch entstanden ist, daß die Währung seiner Forderung nach der Fälligkeit abgewertet wurde. Dies ergibt sich für das deutsche Recht aus der Vorschrift des BGB, wonach der Schuldner jeder Art von Verbindlichkeiten dem Gläubiger den durch Verzug entstandenen Schaden, und zwar den gesamten so entstandenen Schaden, zu ersetzen hat. Das deutsche Recht beschränkt nicht, wie manche ausländischen Rechte, den Schadensersatz wegen Verzuges mit der Erfüllung einer Geldschuld auf fest bestimmte Zinsen; der Gläubiger kann Zinsen ohne Nachweis eines Schadens fordern; die Geltendmachung eines weiteren Schadens wird dadurch nicht ausgeschlossen (§§ 286, 288 BGB). Voraussetzung solchen Schadensersatzes wegen Verzugs ist aber, daß der Gläubiger nachweist, daß ihm durch die Verspätung der Zahlung wegen der inzwischen eingetretenen Währungsabwertung ein konkreter Schaden entstanden ist. Bei den internationalen Geldschuldverhältnissen Deutschlands, die hier betrachtet werden, ist die Währung des Schuldverhältnisses — sofern es nicht die deutsche Währung ist — regelmäßig die heimische Währung des Gläubigers. Es ist denkbar, daß der Gläubiger durch die Abwertung seiner heimischen Währung Schaden leidet, weil die Herabsetzung des internationalen Wertes einer Währung regelmäßig mit einer Erhöhung des Preisniveaus in dem in Rede stehenden Lande zusammengeht oder zu solcher Erhöhung des Preisniveaus führt. Der Gläubiger, der einen Betrag seiner heimischen Währung verspätet erhält, kann dadurch gehindert sein, diesen Betrag in seinem Lande ebenso vorteilhaft anzulegen, wie er es bei pünktlicher Zahlung hätte

[2] Dagegen s. vor allem die Schrift von *Eckstein*, Geldschuld und Geldwert im materiellen und internationalen Privatrecht (1932), welcher der Erfolg in der Praxis versagt geblieben ist.

tun können. Indessen sind Ansprüche solcher Art von ausländischen Gläubigern gegen säumige deutsche Schuldner, soviel bekannt, nicht, jedenfalls nicht in bedeutendem Umfange erhoben worden. Es sei dahingestellt, ob dies daher rührt, daß der Wert der ausländischen Währung im Inlandsverkehr des ausländischen Staates in diesen Fällen nicht oder nur unwesentlich durch die Abwertung des internationalen Kurses abgesunken ist, oder daher, daß diese Schuldverhältnisse regelmäßig ausländischem Recht unterlagen, das in solchem Falle — was insbesondere für das Recht der USA und England zutreffen dürfte — Ersatz solchen Schadens nicht gewährt.

c) In vielen Fällen waren die auf fremde Währung gestellten deutschen Zahlungsverbindlichkeiten an das Ausland durch *Goldklauseln* gegen Entwertungen der Vertragswährung geschützt worden, insbesondere war dies bei den im Ausland aufgenommenen deutschen Anleihen der Fall. Nach deutschem Recht war die Gültigkeit solcher Klauseln grundsätzlich anzuerkennen, im allgemeinen galt dasselbe für die ausländischen Rechtsordnungen, jedenfalls für internationale Geldschuldverhältnisse. Auf Grund der Klauseln hätte also der deutsche Schuldner in der Vertragswährung um so viel mehr zahlen müssen, als der Kurs dieser Währung — im Vergleich zum Goldpreis — gesunken war. Es kam aber, soviel bekannt, nicht zur Durchsetzung solcher Mehrforderungen ausländischer Gläubiger aus Goldklauseln, in erster Linie weil die Gesetzgebung desjenigen ausländischen Staates, in dessen Rechtsverkehr Goldklauseln die größte Rolle spielten, nämlich der Vereinigten Staaten von Nordamerika, die Wirksamkeit der Klauseln aufhob („Joint Resolution" der beiden Häuser des Kongresses vom 5. 6. 1933). Daß in England die Pfund-Goldklauseln unangetastet blieben, scheint für die deutschen Pfundschulden gegenüber dem Ausland darum kaum von Bedeutung gewesen zu sein, weil bei den Pfundschulden regelmäßig keine Goldklauseln bestanden.

Das amerikanische Gesetz vom 5. 6. 1933 führte aber in Deutschland zu Streitigkeiten zwischen deutschen Inhabern im Ausland emittierter Dollaranleihen und deutschen Anleiheschuldnern. In einem solchen Streit entschied das Reichsgericht am 28. 5. 1936 (JW 1936, 2058), das amerikanische Gesetz könne im Verhältnis zwischen deutschen Anleihegläubigern und deutschen Schuldnern nicht angewandt werden. Das Reichsgericht lehnte die in einer älteren Entscheidung des Kammergerichts in Berlin vertretene Ansicht ab, daß das amerikanische Gesetz als ein am vereinbarten Zahlungsorte geltendes Verbot der Zahlung gemäß der Goldklausel vom Gläubiger als wirksam anerkannt werden müsse. Das Reichsgericht verwarf ferner die These, die im Schuldvertrage enthaltene Vereinbarung der Maßgeblichkeit des New-Yorker Rechts umfasse nicht die Frage der Gültigkeit der vereinbarten Goldklausel, diese Klausel müsse vielmehr stets nach derjenigen Rechtsordnung beurteilt werden, die ihr die Wirksamkeit im Sinne der Vereinbarung der Parteien zuspreche. Schließlich lehnte das Reichsgericht auch die Annahme ab, das Gesetz vom 5. 6. 1933 wolle überhaupt nur Rechtsverhältnisse des inneramerikanischen Verkehrs, nicht internationale Geldschuldverhältnisse, jedenfalls nicht Forderungen gegen ausländische Schuldner treffen. Die somit nach allgemeinen Internationalprivatrechts-Grundsätzen gegebene Anwendbarkeit des amerikanischen Gesetzes verneinte das Reichsgericht sodann unter Berufung auf den „ordre public" (Art. 30 EG BGB) im Verhältnis eines deutschen Anleihegläubigers zum deutschen Schuldner. Es schien dem Reichsgericht untragbar, daß die von einem Deutschen erworbene Forderung gegen einen anderen Deutschen durch ein ausländisches Gesetz beeinträchtigt werden könne, auch wenn die Forderung auf ausländische Währung lautete, dem ausländischen Recht unterstellt und im Ausland zahlbar war.

Nach dieser Entscheidung wäre der Betrag der Anleiheschuld verschieden gewesen, je nachdem, ob die Schuldverschreibungen sich in deutscher oder ausländischer Hand befanden. Diese Entscheidung mußte erhebliche praktische Komplikationen bringen, besonders wegen der Möglichkeit, deutsche Scheingläubiger an Stelle ausländischer wahrer Gläubiger vorzuschieben. Der Reichsgesetzgeber hielt es deshalb für notwendig, die Entscheidung rückwirkend aufzuheben; er nahm dies zum Anlaß, bei den deutschen Auslandsschulden in ausländischer Währung, die für die deutsche Zahlungsbilanz große Bedeutung hatten, die Goldklausel überall zu beseitigen.

Das Gesetz über Fremdwährungsschuldverschreibungen vom 26. 6. 1936 (RGBl I 515) bestimmte, daß die Verbindlichkeit im Falle der Abwertung der ausländischen Währung, auf die sie gestellt war, sich nach der abgewerteten Währung bemesse, ohne Rücksicht auf eine etwa vereinbarte Goldklausel; rechtskräftigen Entscheidungen wurde die Wirkung gegenüber dem Gesetz versagt. Aufrechterhalten wurden schon geleistete Zahlungen und Vereinbarungen der Parteien, insbesondere der in vielen Fällen zugunsten deutscher Inhaber solcher-Schuldverschreibungen durchgeführte Umtausch in Reichsmarkschuldverschreibungen. Durch eine ergänzende Verordnung vom 5. 12. 1936 (RGBl I 1010) wurden die Vorschriften des Gesetzes, die zunächst nur für im Ausland aufgenommene Wertpapieranleihen galten, ausgedehnt auf andere „Schuldverpflichtungen des zwischenstaatlichen Geld- und Kapitalverkehrs, die aus Auslandskrediten oder Ausländerguthaben herrühren".

Das Gesetz setzt sich über die international-privatrechtlichen Zweifel hinweg, welche die Rechtsprechung so lebhaft beschäftigt und das Reichsgericht dazu geführt hatten, die in den Schuldverträgen vereinbarte Goldklausel trotz entgegenstehender Vorschriften des Landes, dessen Währung und Recht für maßgeblich erklärt waren, im Verhältnis zwischen deutschen Parteien aufrechtzuhalten. Das Gesetz schließt Ansprüche des Gläubigers aus der Abwertung der Schuldwährung aus, ohne Rücksicht darauf, ob das im Schuldvertrag für maßgebend erklärte Recht solche Ansprüche — sei es auf Grund von Goldklauseln oder aus anderen Gründen — gewährt, und ohne Rücksicht auf Nationalität und Wohnsitz der Vertragsparteien. Obwohl das Gesetz in dieser Weise unter Umständen Rechte kürzte, die einem ausländischen Gläubiger nach seinem Heimatrecht, dem sich auch der Schuldner unterworfen hatte, zustanden, ist vom Ausland, soviel bekannt, kein Widerspruch erhoben worden. Dies muß insbesondere darin seine Ursache gehabt haben, daß von den beiden führenden Gläubigerländern das eine — die USA — selbst durch Gesetz die Goldklauseln ausschaltete und die Gläubiger trotz der Abwertung auf den Nennbetrag ihrer Forderung beschränkte, während in dem anderen — England, aber auch Schweiz, Schweden — wegen der bis dahin niemals nachhaltig erschütterten Stabilität der Währung Wertsicherungsklauseln weniger üblich waren.

4. Die Wirkung der deutschen Währungsreform von 1948 auf die internationalen Geldschuldverhältnisse Deutschlands

a) Die Reform der deutschen Währung berührte in der Hauptsache nur Verbindlichkeiten deutscher Währung. Einzelne Vorschriften befassen sich aber auch mit *Verbindlichkeiten in ausländischer Währung.*

Durch § 15 V UG wurde bestimmt, daß in ausländischer Währung eingegangene Verbindlichkeiten gegenüber Angehörigen der Vereinten Nationen nur mit Zustimmung des Gläubigers in Deutscher Mark erfüllt werden dürfen. Die Vorschrift schaltet zugunsten der Angehörigen der Vereinten Nationen den § 244 BGB aus, wonach eine im Inland zahlbare, auf ausländische Währung gestellte Geldschuld durch Zahlung inländischer Währung nach dem Kurse des Zahlungstages erfüllt werden kann, wenn nicht ausdrücklich nur die Zahlung in ausländischer Währung — „effektiv" — zugelassen ist. Außerdem beseitigt § 15 V UG zugunsten der Gläubiger, die den Vereinten Nationen angehören, die Zulässigkeit der Zahlung in deutschem Gelde im Inland nach gewissen, im Zuge der deutschen Devisenregelung erlassenen Vorschriften[3].

Die Bedeutung dieser Änderung ist vorerst nicht groß; die befreiende Wirkung der früher erfolgten, den genannten Vorschriften entsprechenden inländischen Zahlungen wurde nicht aufgehoben — sie ist allerdings von den Alliierten bisher nicht eindeutig anerkannt —, und gegen-

---

[3] Insbesondere: Gesetz über Zahlungsverbindlichkeiten gegenüber dem Ausland vom 9. 6. 1933 (RGBl I 349); Gesetz zur Regelung von Kapitalfälligkeiten gegenüber dem Ausland vom 27. 5. 1937 (RGBl I 600).

wärtig ist die Erfüllung der ausländischen Geldforderungen aus der Zeit vor 1945 in aller Regel weder in ausländischer noch in inländischer Währung gestattet[4].

Noch nicht einwandfrei geklärt ist die Frage, ob § 15 III UG auf Ansprüche in ausländischer Währung anwendbar ist. Die Vorschrift besagt: Wenn ein Angehöriger der Vereinten Nationen vertraglich berechtigt ist, wegen einer Forderung gegen einen deutschen Schuldner in deutscher oder ausländischer Währung Befriedigung von einem anderen Deutschen zu verlangen, so ist das Land, in dem der „Zweitschuldner" seinen Sitz hat, verpflichtet, ihn in derselben Weise von einem Teil der Verbindlichkeit zu befreien, wie dies für Reichsmarkschuldner von Angehörigen der Vereinten Nationen in § 15 I und II angeordnet ist. Die Fassung dieser Vorschrift weckt viele Zweifel. Man hat sie so verstehen wollen, daß speziell die sogenannten „Stillhalteforderungen" (s. oben unter 1), die zum großen Teil amerikanischen und englischen Gläubigern zustehen und auf Dollar und Pfund lauten, gemeint seien, daß also die deutschen Schuldner dieser Forderungen den erwähnten Befreiungsanspruch gegen ihr Land hätten. Dem ist vor allem entgegengehalten worden, daß die Vorschriften des § 15 UG, ebenso wie die sonstigen Vorschriften des Teils II des UG („Schuldverhältnisse"), mangels ausdrücklicher anderer Anordnung nur auf Reichsmarkverbindlichkeiten bezogen werden könnten, auch daß die Berechnung des Befreiungsanspruchs, wie sie bei Reichsmarkschulden gegenüber Angehörigen der Vereinten Nationen erfolgt (s. dazu unten) auf Verbindlichkeiten in ausländischer Währung nicht anwendbar sei. Eine Klärung wird vermutlich erst in der allgemeinen Regelung der Ansprüche von Angehörigen der Vereinten Nationen erfolgen, die in verschiedenen Einzelvorschriften des Umstellungsgesetzes (§ 14, § 15 IV) angekündigt ist.

Einen Sonderfall trifft § 19 UG, wonach die Guthaben der deutschen Kriegsgefangenen aus ihrer Arbeit in der Kriegsgefangenschaft, soweit sie auf englische Pfunde, nordamerikanische Dollars oder französische Franken lauteten, entgegen der ausdrücklichen Erklärung der darüber ausgestellten Zertifikate als Markverbindlichkeiten behandelt werden.

b) In erster Linie regelt das UG, wie erwähnt, nur *Verbindlichkeiten in inländischer Währung*. Es behandelt ausländische Gläubiger, die den Vereinten Nationen angehören, anders als andere ausländische Gläubiger.

Gegenüber *Angehörigen der Vereinten Nationen* soll zwar die allgemeine Umstellungsvorschrift des UG, nach welcher die Reichsmarkschuld-

---

[4] Neuestens (Juni 1950) sollen Vergleiche zwischen inländischen Valutaschuldnern und ausländischen Gläubigern über die Erfüllung in Inlandswährung — durch Zahlung auf ein beschränkt verwendbares Ausländersperrkonto — genehmigt werden.

verhältnisse grundsätzlich im Verhältnis 10 : 1 auf Deutsche Mark umgestellt wurden, grundsätzlich Anwendung finden. Es wurde aber diesen Gläubigern gestattet, dem binnen einer gewissen Frist zu widersprechen oder — ohne Bindung an eine Frist — die vom Schuldner gemäß den allgemeinen Umstellungsvorschriften angebotene Leistung zurückzuweisen. Wenn der Gläubiger von diesen Rechten Gebrauch machte, so können die Ansprüche aus dem Schuldverhältnis einstweilen bis zu weiterer gesetzlicher Regelung nicht geltend gemacht werden. Der allergrößte Teil der Gläubiger, die den Vereinten Nationen angehören, hat von diesem Widerspruchs- oder Ablehnungsrecht Gebrauch gemacht, so daß das Schicksal der Verbindlichkeiten deutscher Schuldner gegenüber diesen Gläubigern gegenwärtig in der Schwebe ist.

Um den deutschen Schuldner eines Angehörigen der Vereinten Nationen nicht schlechter zu stellen als den deutschen Schuldner eines anderen Ausländers oder eines Deutschen, wurde angeordnet, daß das Land, in dem der Sitz des Schuldners ist, ihn von allen Verbindlichkeiten zu befreien hat, die ihm durch das Privileg seines Gläubigers über das Maß dessen hinaus auferlegt werden, was er einem anderen Gläubiger infolge der Umstellung schulden würde (§ 15 III). Durch diese Vorschrift scheint sich neben der Entlastung der deutschen Schuldner solcher Gläubiger auch eine Staatsgarantie zugunsten der den Vereinten Nationen angehörenden Reichsmarkgläubiger zu ergeben, da der Gläubiger — jedenfalls nach der früheren deutschen Rechtsprechung über verwandte Fälle — bei Zahlungsunfähigkeit seines Schuldners berechtigt ist, sich aus dem Befreiungsanspruch des Schuldners gegen sein Land zu befriedigen[5].

c) *Für ausländische Gläubiger, die nicht den Vereinten Nationen angehören*, sind ähnliche Sondervorschriften im UG nicht getroffen. Dies hat zu lebhaftem Widerspruch der zurückgesetzten ausländischen Gläubiger geführt, z. B. der schwedischen und schweizerischen, die erhebliche Forderungen gegen deutsche Schuldner besitzen. In einer neueren Ausführungsvorschrift zur Westberliner Umstellungsverordnung sind erstmals die Angehörigen von Staaten, die im letzten Kriege neutral waren, den Angehörigen der Vereinten Nationen gleichgestellt und vor den deutschen Gläubigern und den Angehörigen ehemals mit Deutschland verbündeter Staaten bevorzugt worden[6].

Im allgemeinen ist bisher an der Unterscheidung zwischen Angehörigen der Vereinten Nationen und anderen Ausländern festgehalten worden.

Der Protest der nicht den Vereinten Nationen angehörenden ausländischen Gläubiger gegen die Umstellung ihrer Reichsmarkforderungen

---

[5] Vgl. insbesondere RGZ 93, 211 und 139, 321.

[6] Durchführungsbestimmung 19 vom 23. 12. 1949 betr. die Regelung der Ansprüche aus den sogenannten „Uraltguthaben", d. h. den vor dem 9. 5. 1945 begründeten Bankguthaben; s. Mitteilungen der Bank deutscher Länder vom 20. 1. 1950.

im Normalverhältnis 10 : 1 wird damit begründet, daß diese Umstellung eine Enteignung des Gläubigers bilde; es handle sich nicht um eine schlichte „Umstellung", d. h. um den Ausdruck der im Werte gleichbleibenden Forderung in der neuen Währung an Stelle der alten, sondern um eine Kürzung der Forderung. Für diese These kann in der Tat geltend gemacht werden, daß der Wert der neuen Währungseinheit — Deutsche Mark — nicht etwa das zehnfache der alten Währungseinheit — Reichsmark — beträgt, daß vielmehr das Wertverhältnis der neuen zur alten Währungseinheit ganz anders zu bestimmen ist, jedenfalls nicht derart, daß mit der Umstellung der Forderung auf $^1/_{10}$ ihres Betrages ein dem früheren gleicher Wert gewährt werde.

Es ist hierzu auf die Ausführungen in dem Referat „Schulden in entwerteter Währung" Teil I unter 2 zu verweisen. Dort ist dargelegt, daß der Wert der Reichsmark unter dem System der gestoppten Preise und rationierten Güter nur relativ, abhängig von den Bedingungen des Einzelfalles bestimmt werden konnte. Soweit der Besitzer von Reichsmark diese zu gesetzlichen Preisen anzulegen in der Lage war, war der innere Wert der Reichsmark vielfach nicht niedriger, sondern höher als der Wert der neuen Währungseinheit nach der Währungsreform, da die freien Preise, auch gewisse gebundene Preise, nach der Währungsreform über das Verhältnis 1 : 1 hinaus beträchtlich erhöht worden sind. Jedenfalls ist die Behauptung, daß die Umstellung der Reichsmarkforderung im Verhältnis 10 : 1 den Gläubiger eines Teils des Wertes seiner Forderung beraube, in den Fällen begründet, wo Sachpfänder bestehen (z. B. Hypotheken auf Grundstücken), die ihren Wert behalten haben, zumal dann, wenn der Forderung eine Leistung des Gläubigers in der Zeit vor der Entwertung der Reichsmark zugrunde liegt, z. B. die Hingabe eines Darlehens in den Jahren vor 1933.

Die Gründe, die den Gesetzgeber der Währungsreform von 1948 zur Anordnung der Umstellung im Verhältnis 10 : 1 als Regelfall geführt haben, können hier nicht näher dargestellt werden. Eine Rolle spielte die Erwägung, daß den Gläubigern ein Opfer zugunsten des geplanten allgemeinen Ausgleichs der Kriegsschäden auferlegt werde, dem ein ähnliches Opfer der Sachwertbesitzer durch Erhebung einer Vermögensabgabe zu diesem sogenannten Lastenausgleich gegenübergestellt werde. Von seiten der ausländischen Gläubiger wird dem entgegengehalten, daß ihnen ein Beitrag zum Ausgleich der in Deutschland durch den Krieg entstandenen Schäden nicht zuzumuten sei.

Internationalprivatrechtlich hat dieser Protest der nicht den Vereinten Nationen angehörenden ausländischen Reichsmarkgläubiger seinen Ausdruck darin gefunden, daß die Unanwendbarkeit der deutschen Umstellungsvorschrift auch bei Maßgeblichkeit der deutschen Rechtsordnung für das Rechtsverhältnis aus Gründen des ordre public geltend gemacht wird, soweit die Umstellung der Reichsmarkforderung des ausländischen

Gläubigers zur Entscheidung durch Gerichte und Behörden des Auslands gelangt. Das ist nach hier vorliegenden Nachrichten z. B. in Schweden der Fall bei der Feststellung der schwedischen D-Markansprüche gegen deutsche Schuldner zum Zwecke ihrer Befriedigung aus dem in Schweden beschlagnahmten deutschen Vermögen[7].

d) Die Anwendung des § 16 UG auf *Reichsmarkforderungen deutscher Gläubiger gegen ausländische Schuldner* — der Fall ist seltener als der umgekehrte — ist noch nicht eindeutig geklärt. Bei deutschem Schuldstatut würden deutsche Gerichte die Vorschrift wohl anzuwenden haben, weil eine Beschränkung ihrer Anwendbarkeit auf Schuldverhältnisse zwischen Inländern im Gesetz nicht erklärt und trotz des erwähnten Zusammenhangs mit dem Lastenausgleich und anderen innerdeutschen Finanzproblemen[8] ohne ausdrückliche Anordnung schwerlich angenommen werden kann. Bei der Verhandlung vor einem ausländischen Gericht würde sich fragen, ob entgegen der Anordnung des deutschen Schuldstatuts darum eine bessere Umstellung (grundsätzlich 1 : 1 gemäß § 2 des Währungsgesetzes = WG) zu gewähren ist, weil dem § 16 UG als Enteignungsvorschrift (s. oben bei c) die Anwendung auf eine Forderung gegen einen im Ausland ansässigen Schuldner als auf einen außerhalb Deutschlands befindlichen Vermögenswert zu versagen ist. Bei ausländischem Schuldstatut könnte auch ein deutsches Gericht den Standpunkt einnehmen, das Schuldstatut verweise zwar für die Umstellung der Reichsmarkschuld des Ausländers grundsätzlich auf die deutschen Umstellungsvorschriften, § 16 UG sei aber aus den erwähnten Gründen keine reine Umstellungsvorschrift, in Frage komme also nur die Umstellung 1 : 1 gemäß § 2 WG als der Grundnorm des rechnungsmäßigen Anschlusses der Deutschen Mark an die Reichsmark. Bei der Beurteilung im Ausland wären im Falle ausländischen Schuldstatuts die Gründe für eine Entscheidung in diesem Sinne noch stärker. Jedoch fehlt es zu diesen Fragen im Inland und, soviel bekannt, im Ausland noch an Präjudizien, und auch die Literatur hat sich mit diesen Fragen bisher kaum beschäftigt.

5. Die Wirkungen der deutschen und ausländischen Abwertungsmaßnahmen von 1949

a) Die Abwertungsmaßnahmen von 1949 werfen ähnliche Fragen auf wie diejenigen der dreißiger Jahre (s. oben bei 3). Das nominalistische Prinzip gilt in Deutschland unverändert, desgleichen sind die Grundsätze des deutschen Rechts über den Schadensersatz wegen Verzuges noch dieselben. Auch das Gesetz vom 5. 12. 1936 beschränkte sich nicht auf die vor seinem Inkrafttreten erfolgten Wertänderungen ausländischer

---

[7] S. *Hepner*, Nachrichten der Studiengesellschaft für privatrechtliche Auslandsinteressen Nr. 3, September 1949.

[8] S. näher *Harmening-Duden*, Die Währungsgesetze § 16 UG, Anm. 2.

Währungen; es ist auch weder aufgehoben worden noch kann es als nationalsozialistische Vorschrift für stillschweigend außer Kraft gesetzt erachtet werden. Es ist also insbesondere auch heute im deutschen Recht anzunehmen, daß Goldklauseln gegen die Abwertung der ausländischen Währungen im Rahmen der Anwendbarkeit des Gesetzes von 1936 ohne Wirkung bleiben.

b) Soweit die deutsche Währung gegenüber ausländischen abgewertet worden ist — was insbesondere im Verhältnis zum Dollar zutrifft — fragt sich, welche Bedeutung im Falle von Reichsmarkschuldverhältnissen solchen Klauseln zukommt, welche den Schuldbetrag in Abhängigkeit von bestimmten Beträgen der ausländischen Währung bringen — sogenannte „unechte Valutaschulden" —. Nach § 3 WG können derartige Vereinbarungen heute nicht ohne behördliche Genehmigung getroffen werden. Unklar ist aber noch die Rechtslage bei vor der Währungsreform getroffenen Vereinbarungen dieser Art. Nicht deutlich ist insbesondere in dieser Beziehung die Bedeutung der im Sommer 1947 von den Besatzungsmächten erlassenen Änderung des Militärregierungsgesetzes 51, nach welcher Verbindlichkeiten mit solchen Klauseln in Reichsmark zum Nennbetrag erfüllt werden konnten. Es fragt sich, ob diese Bestimmung nach der Ersetzung der Reichsmark durch die Deutsche Mark noch in Kraft steht. Nicht deutlich ist auch die Tragweite der Vorschriften des Umstellungsgesetzes selbst in Beziehung auf dergleichen Verbindlichkeiten. In § 11 des DM-Bilanzgesetzes vom 21. 8. 1949, das die Umstellung der Bilanzen der deutschen Unternehmen auf die neue Währung regelt, ist unterstellt, daß Klauseln der erwähnten Art unwirksam sind, sofern es sich um eine gesonderte Wertsicherungsklausel handelt, die der Festsetzung eines bestimmten Reichsmarkbetrages beigefügt ist, daß sie dagegen wirksam geblieben sind, wenn der Umfang der Schuld von vornherein nur durch die Bezugnahme auf Beträge fremder Währung bestimmt worden ist.

c) Es sei schließlich erwähnt, daß auch die Bewertung der Valutaschuldverhältnisse in den DM-Bilanzen durch die Kursänderungen von 1949 zweifelhaft geworden ist. Es gibt Bestrebungen, diese Kursänderungen für die Bewertung der Schuldverhältnisse in der DM-Bilanz auf deren Stichtag (21. 6. 1948) zurückzubeziehen[9], insbesondere im fiskalischen Interesse, da die Kursänderungen vom September 1949 den deutschen Schuldnern überwiegend Verluste brachten, welche die steuerpflichtigen Einkommensbeträge mindern, wenn nicht schon in der DM-Eröffnungsbilanz der höhere Kurswert der Verbindlichkeit erscheint.

---

[9] Vgl. *Schmölder-Geßler-Merkle,* DM-Bilanzgesetz 55 und die dort erwähnten in diesem Sinne gefaßten Richtlinien für die Umstellungsrechnung der Geldinstitute, für die freilich besondere Gesichtspunkte gelten, da die Umstellungsrechnung der Geldinstitute unmittelbar den Umfang der ihnen von der öffentlichen Hand zukommenden Sanierungshilfe bestimmt.

GEWERBLICHER RECHTSSCHUTZ UND URHEBERRECHT

DIE PUBLIZITÄT DES PATENTRECHTS IM DEUTSCHEN RECHT

Von Dr. Georg Benkard
Rechtsanwalt in Leipzig

Benutzte *Literatur: Kohler,* Handbuch des deutschen Patentrechts in rechtsvergleichender Darstellung (1900) — *Ehrenberg,* Rechtssicherheit und Verkehrssicherheit: IheringsJ S. 201 47 (1904) — *Jul. L. Seligsohn,* Geheimnis und Erfindungsbesitz (1921) — *Damme-Lutter,* Patentrecht (3. Aufl. 1925) — *Massius,* Traités des brevets d'invention (1931) sowie die *Kommentare* zum Patentgesetz von *Pietzcker* (1929) — *Isay* (5. Aufl. 1931) — *Arn. Seligsohn* (7. Aufl. 1932) — *Benkard* (1936) — *Busse* (2. Aufl. 1937) — *Klauer-Möhring* (1937) — *Tetzner* (1941) — *Krausse* (3. Aufl. 1944).

Publizität umfaßt die bereits bestehende Kunde über bestimmt abgeschlossene Tatbestände, ferner die planvolle Veröffentlichung neu eingetretener Tatsachen. Bestehende Kunde wirkt als *Offenkundigkeit,* neue Bekanntgabe als *Kundmachung.* Das deutsche Patentrecht verwendet beide Begriffe; in weitem Maße schreibt es die Kundmachung vor, die auf verschiedenen Wegen erreicht wird: durch öffentliche Bekanntmachung, durch Eintragung in ein öffentliches Register, durch Offenlegung amtlicher Vorgänge oder Urkunden und durch Mitwirkung des Publikums selbst. Bei diesen Vorgängen handelt es sich um die Bekanntgabe von Tatsachen, die auf Erklärungen oder Handlungen des Patentsuchers oder auf Verwaltungsakten der Erteilungsbehörde beruhen, also um *neue* rechtserhebliche Vorgänge. Tatsachen, die in der Vergangenheit liegen und abgeschlossen sind, werden bedeutsam, wenn sie *offenkundig* bestehen; dann hindern sie die Erteilung eines Patents, weil sie einer jüngeren Erfindung die Neuheit nehmen.

Die Anmeldung der Erfindung zum Patent ist nicht offenkundig, obwohl sie die Offenbarung der Erfindung darstellt. Der Patentsucher entäußert sich seines Erfindungsgedankens, der bis dahin aus seinem Persönlichkeitsbereich nicht heraustrat. Die Mitteilung geht indes nur an das Patentamt und bleibt der Allgemeinheit verborgen, da das Erteilungsverfahren bis zur ersten Bekanntmachung geheim ist.

I. Mittel der Publizität

1. Öffentliche Bekanntmachung:

a) Die erste Bekanntmachung:

Die erste Kundmachung einer angemeldeten Erfindung ist ein Verwaltungsakt des Patentamts, die *öffentliche Bekanntmachung*, zu der das Patentamt gehalten ist, sobald es auf Grund der Anmeldung des Patentsuchers und ihrer vorläufigen Prüfung die Erteilung eines Patentes nicht für ausgeschlossen ansieht (§ 30). Sie hat im Patentblatt und im Reichsanzeiger zu erfolgen, jetzt „Bundesgesetzblatt" und „Öffentlicher Anzeiger" der Bundesrepublik Deutschland. Das Patentblatt und die an Stelle des Reichsanzeigers getretenen Blätter sind öffentliche Zeitschriften und als solche jedermann zugänglich, sei es, daß er sie selbst laufend bezieht, sei es, daß er sie an denjenigen Stellen, an denen sie dem Publikum zur Verfügung stehen, einsieht, namentlich in öffentlichen Bibliotheken oder in den Auslegestellen der Industrie- und Handelskammern bestimmter Großstädte.

Mit der einmaligen Bekanntmachung der Erfindung im Erteilungsverfahren gibt das Patentamt der Öffentlichkeit den wesentlichen Inhalt der Anmeldung und den Namen des Patentsuchers öffentlich bekannt: der Gegenstand der Erfindung wird dadurch der Öffentlichkeit preisgegeben. Aber das Publikum erlangt kein Recht zur Benutzung des künftigen Patents, nur wird ihm die Möglichkeit eröffnet, die Erfindung kennen zu lernen und am weiteren Verfahren mitzuwirken. Denn zugleich mit der Bekanntmachung tritt der *einstweilige Schutz der Erfindung* ein; der Patentsucher steht rechtlich ebenso, als wäre das Patent bereits erteilt, er kann alle Ansprüche aus dem werdenden Patent geltend machen, aber nur im Rahmen der Anmeldung und mit dem Inhalt, den das vorläufige Schutzrecht im Erteilungsverfahren unter Mitwirkung der Patentbehörde erlangt hat (PMZBl 1930, 176; Mitt. Patentanw. 1934, 210). Die Erfindung ist nunmehr zwar allgemein zugänglich und dem Publikum kundbar, aber vorläufig bereits geschützt.

In gleicher Weise wird im Wege der öffentlichen Bekanntmachung die *Erteilung* des Patents kundgemacht, wiederum im Patentblatt. Die öffentliche Bekanntmachung des erteilten Patents ist unerläßlich und mit Grund vorgeschrieben (§ 35); denn das Patent muß der Allgemeinheit zugänglich und kundgegeben sein, da jeder es als Schranke achten soll. Als denknotwendige Folge der aus der ersten Bekanntmachung entstandenen Öffentlichkeit der Erfindung ergibt sich, daß die Zurückweisung der Anmeldung ebenfalls öffentlich bekanntzumachen ist, einerlei auf welchen Gründen sie beruht. Das gleiche gilt für den Fall der Zurücknahme der bekanntgemachten Anmeldung

(§ 30) durch den Patentsucher (§ 35 II). Beide Bekanntmachungen machen den Wegfall des Patentschutzes kundbar und heben die vorangegangenen auf.

b) Auslegung der Anmeldeunterlagen:

Kraft Gesetzes ist das Patentamt verpflichtet, im Amt selbst Einrichtungen zu unterhalten, um der Öffentlichkeit die Anmeldeunterlagen und das erteilte Patent zugänglich zu machen. Da die einmalige Bekanntmachung des Inhalts der Anmeldung (§ 30) der Öffentlichkeit keine ausreichenden Unterlagen gibt, den vorläufigen Schutz des Patentsuchers zu erkennen oder gegen den Stand der Technik abzugrenzen, tritt neben jene erste Bekanntmachung die *öffentliche Auslegung* der gesamten Anmeldeunterlagen im Patentamt zu jedermanns Einsicht. Zur Einsicht ist jeder Beliebige befugt, ohne ein eigenes, berechtigtes oder gar rechtliches Interesse darzutun; sie gewährt jedem Interessenten die Möglichkeit, den genauen Inhalt der Anmeldung, besonders die Ansprüche, zu prüfen und so zu ermessen, ob und inwieweit der vorläufige Schutz und das später zu erteilende Patent seine Rechte einschränken könnten. Falls eine solche Verkürzung zu befürchten ist, kann er der vom Patentamt beabsichtigten Erteilung des Patents entgegentreten und versuchen, den einstweiligen Schutz des Patentsuchers zu entkräften (vgl. unter 3).

c) Patenturkunde:

Zugleich mit der Erteilung des Patents wird vom Patentamt die *Patenturkunde* ausgegeben; sie ist eine öffentliche Urkunde und bringt in feierlicher Form die urkundliche Bestätigung und Festlegung des Patents. Indes ist sie nicht Träger des Rechts, sondern bloßes Beweisinstrument und Mittel zur Verlautbarung des Patents; denn mit der Patenturkunde ist die Patentschrift verbunden, die die Patentbeschreibung, die Patentansprüche und allfällig die Patentzeichnungen enthält. Patentschriften sind öffentliche Druckschriften, für jeden erhältlich und jedermann zugänglich; sie werden durch das Patentamt vertrieben. Daher stellen sie ein weiteres Mittel zur Unterrichtung der Öffentlichkeit dar.

2. Patentrolle:

Das Amt ist verpflichtet, ein Register zu führen, die *Patentrolle,* in der das erteilte Patent, der Berechtigte, der Erfinder und sonstige für das Schutzrecht erhebliche Tatsachen eingetragen werden. Die rechtliche Natur der Patentrolle ist besonders zu behandeln, an dieser Stelle genügt der Hinweis darauf, daß die Patentrolle öffentlich und jeder beliebige ohne Nachweis eines Interesses sie einzusehen befugt ist; die Einsicht kann niemand verwehrt werden. Das Amt ist verpflichtet, die Rolle ständig hierzu bereit zu halten.

3. Einspruch:

Bei Wahrung der Förmlichkeiten des Verfahrens, namentlich einer Frist von 3 Monaten,[1] ist jeder befugt, *Einspruch* gegen die Patentanmeldung zu erheben. Das breiteste Publikum ist damit zur Mitwirkung im Erteilungsverfahren berufen. Der Einsprecher ist „Gehilfe des Patentamts“[2]. Praktisch werden der Aufforderung nur diejenigen folgen, deren gewerbliche Betätigung durch den vorläufigen Patentschutz berührt, vor allem beeinträchtigt wird. Der Beurteilung der Erteilungsbehörde entzieht sich die Tatsache, wer von dem einstweiligen Schutz der Patentanmeldung beeinträchtigt wird. Der Einspruch selbst ist nicht öffentlich, auch die Fortsetzung des Erteilungsverfahrens, die sich an ihn anschließt, bleibt geheim[3]. Der Einsprecher ist am weiteren Verfahren beteiligt, er erhält Kenntnis von allen Vorgängen, die sich anschließen, bis zur endgültigen Entscheidung über die Patentanmeldung. Eine Mehrheit von Einsprüchen, die unabhängig nebeneinander stehen, ist rechtlich zulässig, praktisch keineswegs selten. Der Einspruch kann zur Zurückweisung der Anmeldung führen, dann fällt der einstweilige Patentschutz wieder weg, die Anmeldung bleibt erfolglos, der Gegenstand der angemeldeten Erfindung wird gemeinfrei. Folge des Einspruchs kann auch eine Änderung der Patentansprüche sein, die indes keine Erweiterung der bekanntgemachten und ausgelegten Ansprüche, sondern nur deren Einschränkung enthalten darf, außer wenn das Patentamt in eine neue, umfassende Prüfung von Amts wegen eingetreten ist[4]. Bleibt der Einspruch erfolglos, so wird das Patent erteilt, und zwar in der Gestalt, die ihm bis zur ersten Bekanntmachung und Auslegung der Anmeldeunterlagen oder im weiteren Erteilungsverfahren gegeben wurde.

4. Nichtigkeitsklage:

Das erteilte Patent (§ 35) gibt dem Patentinhaber ein Alleinrecht und wirkt gegenüber der Allgemeinheit als Ausschließungsrecht. Das Gesetz verkennt jedoch nicht, daß Irrtümer und Fehler vorkommen können und eröffnet deshalb eine weitere Möglichkeit der Nachprüfung, das *Nichtigkeitsverfahren* (§§ 13, 37ff.). Fehler im Erteilungsverfahren sind kein Nichtigkeitsgrund, wohl aber Irrtümer hinsichtlich der Beurteilung der Patentfähigkeit der Anmeldung im Sinne der §§ 1 und 2 PG, nämlich: Mangel der Neuheit, der gewerblichen Verwertbarkeit, der Bereicherung der Technik oder der Erfindungshöhe. Auf jeden einzelnen

[1] Durch das erste Überleitungsgesetz für die Bundesrepublik Deutschland (früher Vereinigtes Wirtschaftsgebiet) vom 8. Juli 1949 (WIGBl 175 § 3 Ziff. 3) ist die Frist auf 4 Monate erstreckt worden.

[2] Mitt. Patentanw. 1937, 382.

[3] Aus der reichhaltigen Rechtsprechung vergl. PMZBl 1934, 238; MuW 936, 467; Mitt. Patentanw. 1934, 50 und 104 und 1941, 22 und 60.

[4] Mitt. Patentanw. 1937, 210.

dieser Mängel kann eine Nichtigkeitsklage gestützt werden (§ 13 I Ziff. 1). Weiterer Nichtigkeitsgrund kann sein, daß der Erfindung ein älteres Recht eines früheren Anmelders entgegenstand (§ 13 I Ziff. 2). Beide Gruppen von Nichtigkeitsgründen können von jedem Beliebigen verfolgt werden, ohne Nachweis eines Interesses oder Rechts, sie wurzeln in der öffentlichen und allgemeinen Wirkung des Patents (der Grund des § 13 I Ziff. 3 scheidet für die Publizität aus). Nichtigkeitsklagen sind während der ganzen Schutzdauer des Patents zulässig, die früher geltende Beschränkung der Klage aus § 13 Ziff. 1 auf die ersten 5 Jahre nach der Bekanntmachung der Patenterteilung ist beseitigt (VO zur Änderung des Patentgesetzes vom 23. 10. 1941, RGBl II, 372, § 1). Dadurch ist der Patentinhaber während der ganzen Dauer seines Schutzrechts dem Angriff auf den Rechtsbestand des Patents ausgesetzt.

Die Nichtigkeitsklage kann zur vollen oder zur teilweisen Vernichtung des Patents führen. Nur die Erhebung der Klage ist öffentlich, weil sie allgemein jedem zusteht, eine *Popularklage* ist[5]; das Verfahren selbst ist geheim und beschränkt sich auf die beteiligten Parteien. Notwendiger Beklagter ist stets der Patentinhaber. Das Verfahren, ein Verwaltungsstreitverfahren, ist wie ein Prozeß gestaltet. Das abweisende Urteil bestätigt das Patent, das Schutzrecht bleibt als öffentliches und Dritte hinderndes Ausschließungsrecht bestehen, die Allgemeinheit muß die Einschränkung dulden zugunsten des berechtigten Patentinhabers. Indes wirkt das abweisende Urteil nur zwischen den Parteien (RGZ 170/346, 352). Die Nichtigkeitsklage darf jederzeit erneuert werden, von jedem Dritten, nicht aber vom früheren Kläger oder einer von diesem vorgeschobenen Person[6]; dann beginnt von neuem ein den Rechtsbestand des Patents nachprüfendes Verfahren. Das Urteil auf volle oder teilweise Vernichtung befreit die Öffentlichkeit vollständig oder nur teilweise vom Ausschließungsrecht des seither Berechtigten; die Wirkung ist allgemein[7]. Die Vernichtung des Patents wirkt auf den Zeitpunkt seiner Erteilung, richtiger der Anmeldung als des Beginns der Schutzwirkung zurück, das Patent gilt als niemals vorhanden, Rechte daraus werden rückwirkend vernichtet; denn es hat sich erwiesen, daß das Patent in Wahrheit ein bloßes Scheinrecht gewesen war; dieser Rechtsschein wird zerstört[8].

II. Rechtssicherheit

Danach bestehen drei Gruppen von Mitteln:

a) solche zur Kundbarmachung des Patents

b) solche zur Verhinderung seiner Erteilung und

c) solche zur Beseitigung des erteilten Patents.

---

[5] PMZBl 1928, 232; RGZ 125/64.

[6] RG IW 1934, 2186; Nr. 2; PMZBl 1927, 256; RGZ 59/134; 154/327, ein Beispiel: RGZ 150/280 und 158/385.

[7] *Krausse* a. a. O. § 37 Anm. 19.

[8] RGZ 123/115; MuW 1941, 201.

Der Erteilung des Patents, seinem Fortbestand muß eine wirkliche Erfindung zugrunde liegen, die neu und gewerblich verwertbar ist (§ 1). Dem Erfinder sollen die Vorteile für seine schöpferische Arbeit zufallen, er wird angesehen als „Lehrer der Nation“[9], für seine Lehre wird ihm der verdiente und volle moralische und wirtschaftliche Lohn gewährt. Die Erteilung des Patents bedeutet so die Anerkennung einer fortschrittlichen technischen Leistung zum Wohl der Allgemeinheit. Deswegen wird in der Veröffentlichung der Patenterteilung der Erfinder angeführt, sein Name ist in der Patentschrift zu nennen und wird in der Patentrolle eingetragen (§ 36). Die Einschränkung der allgemeinen gewerblichen Betätigung aller Dritten durch Verleihung des ausschließlichen Rechts an den Erfinder oder Anmelder (§ 4 I) ist aber nur zu rechtfertigen, wenn das Patent zu Recht erteilt wird. Deshalb ist das Gesetz bestrebt, schon im Erteilungsverfahren den technischen Sachverhalt zu klären, besonders die Neuheit der Erfindung festzustellen.

Positiv wirkt die Bekanntmachung der Patenterteilung rechtsbegründend für den Berechtigten und verleiht dem Patentinhaber die Befugnis, das Patent auszunutzen. Kraft seines Alleinrechts schließt er alle anderen Gewerbetreibenden von der Benutzung der Erfindung aus, es sei denn, daß er ihnen die Erlaubnis zur Benutzung erteilt. Gegenüber dem Publikum bildet das Patent eine Schranke für die gewerbliche Betätigung, die jedermann zu achten hat. Gerade zu diesem Zweck sind die verschiedenen Mittel der öffentlichen Kundmachung vorgesehen. Wie weit diese Schranke reicht und wie weit der Patentinhaber ein wirkliches Ausschließungsrecht besitzt, gehört zur Frage des Schutzumfangs, über den der Streit zwischen dem Patentinhaber und einem Verletzer auszutragen ist. Das Urteil im Verletzungsprozeß und damit die Festlegung des Schutzumfangs des Patents berührt indes nicht die öffentliche Kundmachung des Patents selbst. Nur das Nichtigkeitsurteil ist dazu imstande, da es bei — völliger oder teilweiser — Vernichtung das nicht rechtsbeständige Recht zerstört. Die Vernichtung wirkt gegenüber jedem Dritten und damit der Allgemeinheit. Die Folge des Nichtigkeitsurteils für den Verletzungsprozeß liegt außerhalb der Publizität. Das Urteil im Verletzungsprozeß wirkt nur zwischen dem Verletzer und dem Patentinhaber (oder seinem ausschließlichen Lizenznehmer), auf die Parteien beschränkt sich die Rechtskraft. Im Nichtigkeitsverfahren werden die Patentschrift und namentlich die Patentbeschreibung nicht geändert, doch muß bei Auslegung der Patentansprüche und des Schutzumfangs das Nichtigkeitsurteil zugrunde gelegt werden (RGZ 170/346). Das Urteil selbst wird nicht veröffentlicht, wohl aber die Tatsache, daß eine (volle oder teilweise) Vernichtung erfolgt ist. Sie wird auch in der Patentrolle vermerkt (§ 24, IV u. I letzter Satz).

---

[9] *Damme-Lutter* a. a. O. 141; ähnlich Kohler a. a. O. 53.

Allen diesen Zwecken dienen die genannten drei Gruppen von Mitteln; sie gewährleisten die *Rechtssicherheit.* Dabei ist unter Rechtssicherheit die Festlegung der Rechtsstellung des Patentsuchers oder Patentinhabers dahin zu verstehen, daß ohne seinen Willen eine ungünstige Veränderung des ihm eingeräumten Rechtsbesitzes oder Rechtsbestandes nicht eintreten kann[10]. Auf Grund der Kundmachung kann der Bestand und der Inhalt des Patentrechts nicht in Zweifel gezogen werden, auch schon bevor das Recht in der Patentrolle eingetragen ist. Beides gründet sich auf die Publizität, die durch die gesetzlich gewährten Mittel geschaffen ist, die Rechtsstellung des Berechtigten und die Sicherheit dieser Rechtsstellung gegenüber den Eingriffen Dritter. Die Abgrenzung des Schutzumfangs bleibt dabei offen. Sie gehört nicht zur Begründung des Rechts oder seiner Ausschließlichkeit, sondern zur Bestimmung seiner Ausdehnung.

III. Rechtshindernde Tatsachen

Die Rechtssicherheit fordert, daß kein Patent erteilt werde, das nicht die Merkmale der Patentwürdigkeit aufweist, nämlich: *neu* ist, die Technik *weiterführt* und *bereichert,* und die erforderliche Erfindungshöhe besitzt. Vor der Anmeldung bereits bestehende *Publizität* steht von vornherein dem Patent entgegen, sie wirkt *rechtshindernd*[11]. Die Offenkundigkeit neuheitsschädlicher Tatsachen hindert die Patentfähigkeit der Erfindung und damit die Patenterteilung. Sie sind unabhängig vom Willen des Anmelders oder dem Eingreifen des Publikums. Das Gesetz unterscheidet unter diesem Gesichtspunkt zwei Tatsachengruppen (§ 2 PG).

1. Öffentliche Druckschriften aus den letzten hundert Jahren, in denen der Gegenstand der Anmeldung derart beschrieben ist, daß danach die Benutzung durch andere Sachverständige möglich erscheint, nehmen der Anmeldung ein Haupterfordernis der Patentfähigkeit, die Neuheit. Druckschriften sind

> „alle Erzeugnisse der Buchdruckpresse, sowie alle anderen durch mechanische oder chemische Mittel bewirkten Darstellungen mit oder ohne Schrift".

(Pressegesetz § 2). Die Druckschriften sind aber nur dann neuheitsschädlich, wenn sie öffentlich sind, also allgemein zugänglich. Ob sie im Inland oder Ausland veröffentlicht wurden, ist gleichgültig, ebenso die Sprache. Auch Druckschriften in wenig bekannten Sprachen, z. B. japanisch und chinesisch, sind öffentlich. Das Gesetz richtet eine zeitliche Schranke auf: Öffentliche Druckschriften nur aus den letzten hundert Jahren sind neuheitsschädlich. Alles was zeitlich früher erschienen ist, ist nicht neuheitsschädlich, selbst wenn darin der Gegenstand der Anmeldung restlos beschrieben und vorweggenommen wäre.

---

[10] Vgl. *Ehrenberg,* Rechtssicherheit 281.

[11] *Massius* a. a. O. §§ 1027, 1028.

Die Vorwegnahme der Erfindung oder des Erfindungsgedankens, wie ihn die Anmeldung verkörpert, in einer derartigen Druckschrift steht der Verleihung des Patents entgegen. Das gilt indes nur dann, wenn die Offenbarung so weit greift, daß auf Grund der alten Beschreibung die Benutzung der Erfindung durch andere Sachverständige möglich ist[12].

2. *Offenkundige Vorbenutzung* der Erfindung wirkt gleichfalls rechtshindernd. Ein einziger Fall der Benutzung genügt, doch wird die wirkliche Benutzung des Erfindungsgedankens gefordert und damit dessen Erkenntnis und Anwendung. Entscheidend ist die *Offenkundigkeit*. Die Benutzung muß kundbar geworden sein, erkennbar für den Fachmann und wiederholbar. Auch hier gilt für die Benutzungshandlungen aktive Offenkundigkeit, auf Grund derer andere Sachverständige den durch die Benutzung vorweggenommenen Erfindungsgedanken benutzen können[13].

3. *Ihre Wirkung:*

Das Patentamt hat im Erteilungsverfahren die öffentlichen Druckschriften und die offenkundige Vorbenutzung, soweit sie ihm bekannt ist, von Amts wegen zu beachten. Durch Einspruch kann beides im späteren Erteilungsverfahren dem Patentsucher, schließlich im Nichtigkeitsverfahren dem Patent, entgegengesetzt werden.

Beide Tatsachen stehen hinsichtlich ihrer rechtshindernden oder rechtszerstörenden Wirkungen einander gleich, sie führen zur Versagung des Patents oder zur Vernichtung des erteilten Patents.

IV. Die Verkehrssicherheit

Jedes Patent soll die gewerbliche Tätigkeit, besonders die industrielle Produktion fördern und nicht hemmen. Dieser Zweckgedanke führt zur Begrenzung der Ausschließlichkeit des Schutzrechts, zur Verhütung einer Überspannung des Verbotsrechts des Patentinhabers. Dadurch wird der *Verkehrssicherheit* gedient, dem Zweck, daß die Öffentlichkeit den Bereich des Ausschließungsrechts des Patentinhabers erkennen kann. Es handelt sich hier um eine *Kehrseite der Publizität* des werdenden oder des endgültig erteilten Schutzrechts.

Der positiven Befugnis des Patentinhabers, die ihm und seinem Schutzrecht die Rechtssicherheit gewährleistet, entspricht negativ die Verlautbarung an die Allgemeinheit, die jeden einzelnen aus dem Publikum über den Inhalt und den Schutzgegenstand des Patents unterrichtet. Die Verkehrssicherheit soll verhindern, daß ein Dritter durch ihm unbekannte Umstände in der Erlangung einer sicheren Rechtsstellung und

---

[12] Mitt. Patentanw. 1927, 47; 1933, 263; GRUR 1934, 244 und 257.

[13] *Isay*, a. a. O. § 2 Anm. 17; RGZ 122/243, 246 oben.

in seinem erst noch zu schaffenden Besitzstand beeinträchtigt wird; besonders gilt das, wenn der Dritte beabsichtigt, die Erzeugnisse herzustellen und zu vertreiben, die mit dem geschützten Gegenstand in Wettbewerb treten sollen[14]. Dem dient die Kundmachung des Patents, wobei die Ungewißheit bleibt, die aus der Abgrenzung des Schutzumfangs des Patents gegenüber Verletzern erwächst; sie kann erst durch die rechtskräftige Entscheidung im Verletzungsprozeß geklärt werden. Zum Schutz der Allgemeinheit und ihrer Mitglieder gewährt das Gesetz eine Reihe von Möglichkeiten, die alle dem Schutz des Vertrauens auf den Inhalt des Patents dienen sollen:

1. Akteneinsicht:

Der Verkehrssicherheit dient die *Offenlegung* der Anmeldeunterlagen, darüber hinaus die Möglichkeit, in die ganzen Akten des Patentamts Einsicht zu nehmen und Abschriften aus ihnen zu erhalten. Die Gewährung der Akteneinsicht und von Abschriften, vor allem der Umfang beider, hängt vom Ermessen des Patentamts ab, dessen Handhabung sich in der Praxis entwickelt und gefestigt hat. Die Akteneinsicht bedeutet keineswegs ein Recht, das jedermann unbegrenzt beanspruchen könnte (§ 24 III), bewirkt aber doch eine beschränkte Publizität.

2. Übersichten des Patentamts:

Das Patentamt veröffentlicht regelmäßig *Übersichten* über die erteilten Patente und führt in diesen die Eintragungen in der Patentrolle auf. Sie werden im Patentblatt veröffentlicht und treten neben die Veröffentlichungen der Beschreibung und Zeichnung, deren Einsicht jedermann offensteht, und die in der Patentschrift zusammengefaßt sind (§ 24 IV). In den Übersichten wird auch ein solches Erlöschen des Patents mitgeteilt, das auf einem anderen Grunde beruht als dem Ablauf der Schutzfrist, z. B. auf Nichtzahlung der Gebühren oder einem Nichtigkeits- oder Zurücknahmeurteil. Die Zurückweisung der Anmeldung, einerlei auf welchen Gründen sie beruht, muß bekannt gemacht werden (vgl. oben 3). Endlich ist auch ein Verzicht des Patentberechtigten in diese Übersichten aufzunehmen, sei es, daß er durch Erklärung gegenüber dem Patentamt auf das erteilte Patent erfolgte, sei es, daß die Anmeldung zurückgenommen wurde (§ 35 II) oder der Patentsucher förmlich anerkannte, er könne das nachgesuchte Patent nicht beanspruchen. Alles dies dient der Sicherheit des Verkehrs.

3. Die Zwangslizenz:

Die Öffentlichkeit, namentlich die Industrie, kann ein Interesse daran haben, ein bestehendes Patent zu benutzen, besonders wenn einer jüngeren Erfindung ein älteres Patent hindernd entgegensteht oder ein jüngeres Patent nur durch Benutzung des älteren auszuwerten ist. Kann

[14] Vgl. *Ehrenberg* a. a. O. 282.

der jüngere Erfinder von dem älteren Berechtigten kein Benutzungsrecht erlangen, so gibt ihm der Gesetzgeber das Recht, eine *Zwangslizenz* zu begehren. Diese bedeutet die Verleihung eines Teilrechts am Patent durch öffentlich-rechtlichen Verwaltungsakt des Patentamts, der in einem Spruchverfahren zwischen dem Lizenzsucher und dem Patentinhaber zu erlassen ist. Denn das ausschließliche Recht des älteren Patentinhabers darf der notwendigen und erwünschten Fortentwicklung der Technik nicht über Gebühr entgegenstehen; daher wird durch Hoheitsakt (Entscheidung des Patentamts, Urteil der Berufungsinstanz) ein Benutzungsrecht am älteren Patent zugunsten des jüngeren Berechtigten geschaffen und der gewerblichen Produktion, dem Fortschreiten der Technik und des Erfindungswesens, verkörpert durch den Lizenzsucher als Wahrer des Gemeinwohls, das Nutzungsrecht verliehen. Die Zwangslizenz begründet eine einfache Lizenz am Patent (§ 15).

Falls die Benutzung des älteren Patents im allgemeinen Interesse dringlich ist und nicht gewartet werden kann, bis das meist langwierige Zwangslizenzverfahren abgeschlossen ist, darf der Lizenzsucher im Wege der einstweiligen Verfügung ein vorläufiges Benutzungsrecht begehren und kann es erhalten, vorbehaltlich der endgültigen Entscheidung über die Zwangslizenz als der verfahrensrechtlichen Hauptsache (§ 41).

4. Die Lizenzbereitschaft:

Das Gegenspiel zur Zwangslizenz ist der Entschluß des Patentinhabers, jedem Beliebigen ein Lizenzrecht an seinem Schutzrecht zu gewähren. Grundlage hierzu bildet seine schriftliche Erklärung gegenüber dem Patentamt, er wolle jedermann die Benutzung der Erfindung gegen angemessene Vergütung gestatten. Das Patentamt hat diese Erklärung der Lizenzbereitschaft einmal im Patentblatt bekanntzumachen und in die Patentrolle einzutragen. Hier wird der Öffentlichkeit im Wege der öffentlichen Erklärung des Patentinhabers ein Antrag zum Vertragsschluß (§ 145 BGB) unterbreitet. Seine Bereitschaft gibt jedem beliebigen Interessenten das Recht auf Abschluß eines Vertrages. Der Patentinhaber bleibt an seinen allgemeinen Vertragsantrag dauernd gebunden, er hat durch ihn freiwillig den Kontrahierungszwang auf sich genommen. Der Vertrag begründet ein gewöhnliches (nicht ausschließliches) Lizenzrecht des Lizenzsuchers am Patent. Die Benutzung erfolgt gegen Zahlung von Lizenzgebühren, deren Festsetzung im Streitfall durch das Patentamt erfolgt. Eine andere Bemessung dieser Gebühren ist bei Änderung der tatsächlichen Verhältnisse zulässig (§ 14).

5. Zurücknahmeklage:

Das Patent dient der Allgemeinheit, soll daher ausgeübt werden, die Erfindung dem gewerblichen Leben nutzbar sein. Ohne einen gesetzlichen Ausübungszwang festzulegen, glaubt das Deutsche Recht durch die Zwangslizenz einen genügenden Druck auf den Patentinhaber geschaffen zu haben, sein Patent auch tatsächlich im Inland auszunutzen. Sollte indes die Zwangslizenz nicht zum Ziel führen, und das Patent ganz oder überwiegend nur im Ausland ausgenutzt werden, so gibt das Gesetz die Möglichkeit der *Zurücknahme*. Auch hierzu wird die Öffentlichkeit herangezogen. Die Zurücknahmeklage steht jedermann frei ohne Nachweis eines berechtigten oder rechtlichen Interesses *(Popularklage)* (RGZ 72/250). Indes muß das Patent mindestens 3 Jahre bestehen und eine Zwangslizenz den Bedarf der Wirtschaft nicht befriedigt haben, ferner müssen weitere 2 Jahre nach rechtskräftiger Erteilung einer Zwangslizenz verstrichen sein, somit 5 Jahre (mindestens) seit Erteilung des Patents (§ 15 II). Das Zurücknahmeverfahren ist Verwaltungsstreitverfahren, es verläuft nach den gleichen Regeln wie das Nichtigkeitsverfahren. Die Zurücknahmeklage kann abgewiesen werden, dann bleibt das Patent bestehen, das Verbotsrecht des Patentinhabers gilt weiter. Wird der Klage entsprochen, so erlischt das Patent, indes nicht rückwirkend, denn es hat zu Recht bestanden. Erst mit Eintritt der Rechtskraft des Zurücknahmeurteils wird das Patent hinfällig[15]. Darin liegt der begriffliche Unterschied zur Vernichtung des Patents. Eine teilweise Zurücknahme ist denkbar, ebenso ein teilweises Zurücknahmebegehren, z. B. bei einer Mehrheit von Patentansprüchen[16].

Die Zurücknahme des Patents wird im Patentblatt öffentlich bekanntgemacht, außerdem in der Patentrolle eingetragen, so daß sie jedermann aus dem Publikum zugänglich und erkennbar wird (§ 24 I).

6. Inlandsvertreter:

Der Verkehrssicherheit dient ferner die Bestimmung, daß jeder Patentinhaber, der weder Wohnsitz noch Niederlassung im Inland (Deutschland) hat, zur Wahrung seiner Rechte und zur Vertretung gegenüber dem Patentamt wie gegenüber der Allgemeinheit einen besonderen Vertreter bestellen muß. Der sogenannte *Inlandsvertreter* (§ 16) muß deutscher Rechtsanwalt oder Patentanwalt sein. Der Inlandsverkehr kann sich zu rechtserheblichen Handlungen und rechtsverbindlichen Erklärungen an den Inlandsvertreter halten, der Patentinhaber muß dessen Handlungen und Erklärungen gegen sich gelten lassen. Der Inlandsvertreter wird in die Patentrolle eingetragen und bekanntgemacht (§ 24 I), auch ein Wechsel des Vertreters wird in der Rolle eingetragen und in den allgemeinen Übersichten des Patentamts der Allgemeinheit bekanntgegeben (§ 24 II u. IV). Es handelt sich hier um den Schutz der *inländischen Wirtschaft* gegenüber einem sonst schwer erreichbaren, weil im Ausland ansässigen Patentinhaber.

---

[15] *Krausse* a. a. O. § 15 Anm. 34.

[16] PMZBl 1906, 139, 134; *Krausse* a. a. O. § 15 Anm. 31; *Busse* a. a. O. § 15 Anm. 10; *Tetzner* a. a. O. § 15 Anm. 18.

7. Angabe des Standes der Technik:

Auf Verlangen des Patentamts hat der Patentsucher in die Patentbeschreibung den *Stand der Technik* aufzunehmen (§ 26 IV); dies dient wiederum der Verkehrssicherheit, weil mittels solcher Angabe dem Publikum schon aus der Patentschrift selbst ersichtlich ist, wie sich der Patentinhaber gegen das Vorbekannte abgegrenzt hat und worin er demgegenüber die Neuheit und die Fortführung der Technik durch seine Erfindung erblickt. Besondere Bedeutung hat dies für Fälle der offenkundigen Vorbenutzung, weil solche sich im allgemeinen dem öffentlichen Wissen und der Kenntnis des Patentamts entziehen[17].

8. Patentberühmung:

Schließlich ist der Verkehr gegenüber der sogenannten *Patentberühmung* geschützt. Behauptet ein Patentinhaber, der von ihm hergestellte Gegenstand, die Vorrichtung, Anordnung, oder das Erzeugnis eines ihm geschützten Verfahrens sei patentrechtlich geschützt, so sind verschiedene Tatbestände möglich:

a) Er hat kein Patentrecht, durch das der behauptete Patentschutz begründet und gedeckt wird; dann handelt er unbefugt und rechtswidrig und verstößt in der Mehrzahl der Fälle gegen die Bestimmungen des Wettbewerbsrechts (echte Patentberühmung).

b) Er hat ein Schutzrecht; dann ist er verpflichtet, auf Verlangen dies Schutzrecht zu nennen, falls er seine Erzeugnisse oder deren Umhüllung mit einer Bezeichnung versieht, die auch nur den Eindruck erweckt, sie seien durch ein Patent oder eine Patentanmeldung patentrechtlich geschützt (unechte Patentberühmung).

c) Das Gesetz enthält keine Bestimmung, daß auf Waren, die als patentrechtlich geschützte in Verkehr kommen, die Nummer des Schutzrechts unmittelbar anzubringen wäre. Dem Verlangen eines Dritten muß indes der Patentinhaber stattgeben, sobald jener ein berechtigtes Interesse an Kenntnis der Rechtslage dartut. Bei jedem Wettbewerber wird ein solches Interesse in der Regel zu bejahen sein, ihm hat der Patentinhaber sein Schutzrecht zu offenbaren. Darin liegt ein mittelbarer Schutz des Verkehrs. Das Gesetz gewährleistet ein Recht auf Auskunft, dem eine Verpflichtung zu deren Erteilung und zur Offenbarung des Schutzrechts entspricht.

d) Im Patentgesetz selbst ist lediglich die Auskunftspflicht geregelt, nicht dagegen die Folge eines unrichtigen oder gar rechtswidrigen Verhaltens des Patentinhabers. Aus den ergänzenden Gesetzen, besonders den Bestimmungen des bürgerlichen Gesetzbuches über unerlaubte Handlungen und den Vorschriften des Wettbewerbsgesetzes folgt indessen die

---

[17] *Klauer-Möhring* a. a. O. 343, § 26 Anm. 12.

Verpflichtung des Patentinhabers zur Unterlassung und — wenn er schuldhaft gehandelt hat — zum Schadenersatz (§§ 823, 826, 1004 BGB, §§ 1 und 4 UWG).

V. Die Patentrolle

Die Patentrolle ist ein öffentliches Register, die Eintragungen darin sind öffentliche Urkunden. Geführt wird sie vom Patentamt, einzutragen sind (vgl. oben S. 651 [81]) gemäß der Aufzählung des Gesetzes (§ 24) der Patentinhaber, die Schutzfrist, der Gegenstand des Patents, der Inlandsvertreter; ferner Anfang, Ablauf, Erlöschen des Patents (§ 12), die Erklärung der (vollen oder teilweisen) Nichtigkeit und die Zurücknahme. Änderungen in der Person des Patentinhabers oder seines Vertreters müssen ebenfalls eingetragen werden, doch sind sie dem Patentamt erst nachzuweisen (§ 24 II); die Form des Nachweises hängt vom Ermessen des Amts ab, im allgemeinen wird eine Erklärung in öffentlich beglaubigter Form gefordert. Ferner *kann* eingetragen werden die Erteilung einer ausschließlichen Lizenz und ihr Erlöschen (§ 25) und *ist* einzutragen die Erklärung der allgemeinen Lizenzbereitschaft des Patentinhabers (§ 14; oben S. 658 [88] Ziff. 4), nicht dagegen die Erteilung einer Zwangslizenz, weil diese nur der einfachen Lizenz gleichsteht. Lizenzbereitschaft des Patentinhabers und ausschließliche Lizenz des Nutzungsberechtigten schließen einander aus, jede von ihnen darf nur eingetragen werden, wenn die andere nicht besteht und im besonderen in der Rolle nicht vermerkt ist (§ 25 II, § 14 I letzter Satz). Als regelwidriger Erlöschungsgrund bedarf auch der Verzicht des Berechtigten auf das Patent der Eintragung in die Patentrolle (§ 12, § 24 I oben S. 657 [87] Ziff. 2 a. E.).

1. Öffentliches Register:

Die Rolle ist *öffentlich* (§ 24 III) und steht jedem zur Einsicht offen. Die darin eingetragenen Tatsachen sind offenkundig, jeder Dritte muß sie gegen sich gelten lassen. Die Vermutung spricht dafür, daß die Eintragungen auf *gesetzmäßigem* Wege zustande gekommen sind, das Patentamt die Tatsachen, die der Eintragung zugrunde liegen, geprüft und nur auf Grund ihrer Richtigkeit und des ordnungsmäßigen Befundes die Eintragung vornahm[18]. Das ist selbstverständlich und nie anzuzweifeln hinsichtlich der Erteilung des Patents, der Vernichtung, Zurücknahme, des Erlöschens mangels Zahlung der Gebühren, des Verzichts; denn alle diese Tatsachen treten beim Patentamt ein, beruhen auf seinen unmittelbaren Verwaltungsakten, seiner amtlichen Wahrnehmung und Feststellung oder werden beim Patentamt durch Kontrolle der rechtserheblichen Vorgänge innerhalb der Verwaltung des Patents überwacht und

---

[18] *Ehrenberg* a. a. O. 294—296. Rechtsähnlich für das Handelsregister: *Ehrenberg*, Handbuch des Handelsrechts I 21; *Flad-Gadow*, Handelsgesetzbuch § 8 Anm. 8.

festgestellt (mangelnde Gebührenzahlung, Verzicht), oder sie sind endlich die Folge von obrigkeitlichen Maßnahmen gesetzlich berufener Spruchbehörden (Nichtigkeitssenat, Berufungsinstanz in Nichtigkeits- und Zurücknahmesachen, in Zwangslizenzsachen). Aber die Vermutung der Gesetzmäßigkeit der Eintragung beschränkt sich auf den Zeitpunkt der Eintragung: damals waren die Tatsachen richtig und sind auf Grund ihres Bestehens in der Patentrolle vermerkt worden. Weiter reicht die Vermutung nicht, sie umfaßt namentlich nicht die Frage, ob diese Tatsachen bestehen geblieben sind, oder andere Tatsachen eintraten, die die Eintragung entkräften oder entkräften können[19]. Das gilt in erster Linie für den Inhaber des Patents. Denn das Schutzrecht ist frei und formlos übertragbar, die Übertragung unabhängig von der Eintragung in der Patentrolle[20]. Ebenso können Lizenzen erteilt werden, wiederum unabhängig von der Eintragung in der Patentrolle.

2. *Ausweiswirkung:*

Die Wirkung der Eintragung ist danach eine reine *Ausweiswirkung*[21]. Solange eine Änderung der Eintragung nicht in der Patentrolle vermerkt ist, bleiben die Eintragungen gegenüber dem Patentamt gültig, und vor allem bleibt der eingetragene Patentinhaber (sein Inlandsvertreter) zur Geltendmachung aller Rechte aus dem Patent berechtigt und verpflichtet. Die Eintragungen in die Patentrolle begründen nur die *Legitimation*[22]. Dritte, die auf Grund der Eintragungen Ansprüche gegen den eingetragenen Patentinhaber oder seinen Inlandsvertreter erheben, werden geschützt, der Eingetragene muß Ansprüchen, die gegen ihn oder gegen das Patent (Nichtigkeit, Zurücknahme) erhoben werden, standhalten und sie entkräften. Die Klagebefugnis für Ansprüche aus dem Patent ist an die Eintragung in der Patentrolle gebunden, ebenso die Befugnis Dritter, gegen den Eingetragenen Ansprüche zu erheben (§ 24 II letzter Satz)[23].

3. *Verlautbarende Wirkung:*

Die Eintragung wirkt indes *nicht rechtsbegründend*[23], auch nicht für die Erteilung des Patents. Der rechtsbegründende Verwaltungsakt dafür ist der Erteilungsbeschluß selbst (§ 35),[24] ihm folgt die Eintragung in die Rolle als verlautbarende und legitimierende Feststellung[25]. Daher kann die Eintragung auch niemals Rechtsmängel heilen[26], z. B. widerrechtliche Entnahme oder Patenterschleichung rechtmäßig machen. Die

[19] *Ehrenberg* a. a. O. 294f.

[20] RGZ 151/129 (135); 126/284.

[21] RGZ 151/129 (135); Mitt. Patentanw. 1931, 17; 1938, 335; PMZBl 1931, 22.

[22] RGZ 67/176; 144/390; 151/131.

[23] RGZ 89/81.

[24] Mitt. Patentanw. 1931, 18.

[25] *Krausse* a. a. O. § 24 Anm. 2.

[26] *Ehrenberg*, Rechtssicherheit 278.

Eintragung in der Rolle ist auch insoweit nur Rechtsausweis, die Vermutung oder gar Fiktion der Richtigkeit der Eintragung fehlt[27].

Noch weniger haben die Eintragungen in der Patentrolle öffentlichen Glauben[28]. Jederzeit ist der Gegenbeweis gegen die eingetragenen Tatsachen statthaft und muß zugelassen werden, jederzeit kann ein Berechtigter dem Patentamt nachweisen, daß Eintragungen der wirklich bestehenden Rechtslage nicht mehr entsprechen[29]. Eine Gewähr für den Fortbestand der Eintragungen übernimmt weder das Patentamt, noch liegt sie dem eingetragenen Berechtigten ob. Das gilt auch für die Eintragung einer ausschließlichen Lizenz. Nur die einmal erklärte Lizenzbereitschaft eines Patentinhabers (§ 14) genießt öffentlichen Glauben, auf ihren Fortbestand kann jeder sich verlassen, weil die Erklärung des Patentinhabers nicht zurückgenommen werden kann, sie ist unwiderruflich (§ 14 I S. 3).

4. Verkehrs- und Rechtssicherheit:

Die Eintragungen dienen der Erleichterung des *Verkehrs*. Der *Rechtssicherheit* können sie nicht dienen, weil sie weder öffentlichen Glauben genießen, noch die Gewähr für ihre Richtigkeit in jedem der Eintragung nachfolgenden Zeitpunkt in sich tragen[30], mit Ausnahme der Lizenzbereitschaft. Die Verkehrsfähigkeit des Patents und von Rechten daran wird durch die Eintragung in der Patentrolle nicht beeinträchtigt, alle materiellen Berechtigungen am Patent stehen außerhalb der Eintragung in der Rolle, die nur Bedeutung für die Legitimation des Eingetragenen hat.

Ein Dritter darf sich auf die Richtigkeit der Eintragungen verlassen, solange es sich um die *aktive und passive Befugnis der Rechte aus dem und gegen das Patent* handelt; hier umfaßt die Ausweiswirkung der Patentrolle in gleichem Maße Rechtssicherheit und Verkehrssicherheit. In dem Sonderfall, daß der wahre Berechtigte das Patent vom eingetragenen Patentinhaber selbst erworben hat (z. B. durch Kauf) ist sein Anspruch gegen den Eingetragenen auf Berichtigung der Patentrolle und entsprechende Eintragung, im Rechtsweg erzwingbar[31].

5. Vergleichung mit Grundbuch und Handelsregister:

Gegenüber der Bedeutung der Eintragungen im Grundbuch treten die in der Patentrolle stark zurück; mit der einen Ausnahme der unwiderruflichen Lizenzbereitschaft, die in der Patentrolle eingetragen wird, hat keine der Eintragungen in der Patentrolle öffentlichen Glauben, jede von

---

[27] *Klauer-Möhring* a. a. O. § 24 Anm. 8; Mitt. Patentanw. 1931, 19.

[28] *Kohler* a. a. O. 535.

[29] PMZBl 1931, 22.

[30] PMZBl 1919, 5; *Busse* a. a. O. § 24 Anm. 9; *Klauer-Möhring* a. a. O. § 24 Anm. 8; *Tetzner* a. a. O. § 24 Anm. 1 und 2; *Krausse* a. a. O. § 24 Anm. 2.

[31] RGZ 144/390, ausführlich GRUR 1934, 657; GRUR 1940, 32.

ihnen kann durch Rechtsvorgänge, die sich außerhalb der Patentrolle und unabhängig von ihren Eintragungen vollzogen haben, zu jeder Zeit entkräftet werden. Die *positive* Wirkung der Eintragungen im Grundbuch, daß ein eingetragenes Recht besteht und jeder Dritte im Vertrauen darauf das Recht selbst oder ein Recht am Grundstück erwerben kann, fehlt der Patentrolle völlig, ebenso aber auch die *negative* Bedeutung der Grundbucheintragung, wonach zugunsten des rechtsgeschäftlichen Erwerbes eines dinglichen Rechts am Grundstück die Eintragungen im Grundbuch als vollständig gelten und nicht eingetragene Rechte dem neu begründeten Recht des Erwerbers weichen müssen[32]. Näher kommt die rechtliche Bedeutung der Patentrolle dem Handelsregister. Auch dort haben die Eintragungen eine *positive* Wirkung, insofern als die Gesetzmäßigkeit der Eintragung vermutet wird und der Rechtsschein zugunsten desjenigen, der sich darauf verläßt und keine gegenteilige Kenntnis hat, als richtig gilt. Öffentlicher Glaube eignet auch dem Handelsregister nicht, so daß ein Dritter sich auf seine Unkenntnis nicht berufen darf, wenn er die Möglichkeit hat, die Richtigkeit oder Unrichtigkeit der eingetragenen Tatsachen nachzuprüfen. Doch muß der Dritte die eingetragenen und bekanntgemachten Tatsachen gegen sich gelten lassen, es sei denn, daß er sie weder kannte noch kennen mußte. Niemand braucht eine eingetragene Tatsache vor Eintragung und Bekanntmachung zu kennen, ein gutgläubiger Dritter darf eine unrichtige Tatsache aber lediglich unter Hinweis auf die Eintragung im Handelsregister und deren Bekanntmachung nicht als richtig ansehen[33].

Die Publizitätswirkung der Eintragung im Handelsregister hat materiellrechtliche Bedeutung, die der Eintragung in die Patentrolle indes nicht. Beide besitzen Ausweiswirkung, gestatten Dritten aber auf Grund der bloßen Tatsache der Eintragung nicht die sachlich rechtliche Folgerung, daß die eingetragenen Tatsachen zu Recht bestehen und dauern, sondern nur den Schluß, daß zur Zeit der Eintragung diese Tatsachen bestanden haben. Wohl aber hat übereinstimmend mit dem Handelsregister die Eintragung namentlich des Patentinhabers oder des ausschließlichen Lizenznehmers in der Patentrolle prozeßrechtliche Bedeutung, insofern sie für den Verletzungsprozeß die Sachbefugnis des eingetragenen Berechtigten festlegt und dem Gericht gegenüber erbringt[34].

---

[32] Vgl. *Planck*, BGB (5. Aufl.) III Abtlg. 1, 27 und Vorbemerkung zu § 873 unter V, 1, 112; *Staudinger*, BGB (10. Aufl.) Vorbemerkung zu § 873 Anm. 16 und § 892 Anm. 1, 7, 9, 20, 28, 68, 69; *Palandt*, BGB (7. Aufl. 1949) Überblick vor § 873 Anm. 6, § 892 Anm. 1.

[33] Vgl. *Ehrenberg*, Handbuch I 524ff., bes. 535, 621, 622, 626, 629, 636, 638, 640, 644; *Flad-Gadow* a. a. O. § 15 Anm. 4, 8, 11, 13, 18, 20.

[34] Vgl. *Ehrenberg*, Handbuch I 658.

VI. Offenkundigkeit und materielle Wirkung des Patents

Das ausschließliche Recht des Patentinhabers wirkt gegenüber der Allgemeinheit und jedem Dritten. Damit diese Wirkung eintritt, muß das Patent für jeden Dritten zugänglich und ihm offenbart sein, zum mindesten muß er die Möglichkeit haben, das Patent kennenzulernen. Dem dient die Publizität: auf Grund ihrer kann der Gesetzgeber von jedem Dritten verlangen, das Alleinrecht des Patentinhabers zu achten; und daraus folgt die innere Berechtigung, dem Patentinhaber das Ausschließungsrecht zu verleihen. Deshalb beruht die Wirkung des Patents auf seiner öffentlichen Kundmachung, ist also abhängig von der Publizität. Ein nicht veröffentlichtes Patent hat unvollkommene Wirkung, steht dem Erfinderrecht gleich, auf Grund dessen der berechtigte Urheber nur begrenzte Ansprüche erheben kann; zur Geltendmachung des Unterlassungsbegehrens und vollends der Schadenersatzansprüche muß er die Kenntnis des Verletzers von seinem Recht nachweisen. Dem entspricht die zweite Verordnung über außerordentliche Maßnahmen im Patent- und Gebrauchsmusterrecht vom 12. 5. 1943[35]. Das Patentgesetz macht die Wirkung des Patents abhängig von seiner Veröffentlichung, und zwar der ersten Bekanntmachung nach § 30; von da an tritt der vorläufige Patentschutz ein, der sich durch den Erteilungsbeschluß (§ 35) zum endgültigen ausdehnt. Entsprechend dem gesetzlichen Werdegang des Patents schafft die erste Bekanntmachung nach § 30 die Erkenntnismöglichkeit für die Allgemeinheit (vgl. oben I 1a S. 650 [80]). Auf dieser baut sich das Schutzrecht auf, die Veröffentlichung der Patentschrift (oben I 1c S. 651 [81]) bringt der Allgemeinheit nur die Bestätigung, daß das Patent endgültig erteilt ist und richtet damit für alle, besonders den Wettbewerber des Patentinhabers die Schranke auf, in der gewerblichen Betätigung das stärkere Recht des Patentinhabers zu achten und nicht zu verletzen.

So ist nach dem Gesetz die *Wirkung des Patents* untrennbar mit seiner *Verlautbarung* verknüpft, der ersten Bekanntmachung und den darauf folgenden weiteren Bekanntmachungen, wobei die öffentlichen Bekanntmachungen ergänzt werden durch die weiteren Mittel der Kundmachung und Erkenntnismöglichkeiten für die Allgemeinheit (siehe oben I 1—3). Auf die öffentlichen Bekanntmachungen gründet das Gesetz die Wirkung des Patents. Die Kundmachungen können daher von der Wirkung des Patents nicht weggedacht werden, diese beruht gerade auf ihnen und ist, als Folge davon, innerlich mit ihnen verbunden. Auf Grund des Gesetzes allein war dies nicht so scharf in das Bewußtsein der Beteiligten getreten; die Frage wird, soweit ersichtlich, in den Lehrbüchern und Kommentaren nicht grundsätzlich behandelt[36]. Ihre Bedeutung ist indes klar geworden

[35] RGBl II, 150; PMZBl 1943, 164.

[36] *Seligsohn* a. a. O. § 4 Anm. 1 und 2; *Isay* a. a. O. § 23 Anm. 5; *Krausse* a. a. O. § 30 Anm. 8; *Klauer-Möhring* a. a. O. § 30 Anm. 2, 4 und § 35 Anm. 1; *Busse* a. a. O. § 30 Anm. 2, 3; *Benkard* a. a. O. § 30 Anm. 1.

durch die genannte Verordnung vom 12. 5. 1943. In ihr ist die erste Bekanntmachung nach § 30 des Patentgesetzes sowohl wie das Einspruchsverfahren beseitigt (dort § 2 IV), die Erteilung des Patents ist der Prüfungsstelle übertragen (§ 2 I verbunden mit § 3 I, § 4 I, § 6). Danach fehlt in diesem vereinfachten Verfahren die erste Bekanntmachung des Patents. Das Gesetz ist sich dieser Tatsache voll bewußt und schreibt daher in § 11 I vor, daß nach Zustellung des Erteilungsbeschlusses eine Bekanntmachung über die Erteilung des Patents erfolgen muß, gleichzeitig die Patenturkunde auszufertigen und die Veröffentlichung der Patentschrift zu veranlassen ist. Damit erst erfolgt (nach jener Verordnung) die erste Verlautbarung an die Allgemeinheit, die erste und einzige Bekanntmachung des erteilten Patents. Die Bedeutung der Veröffentlichung für die Wirkung des Patents legt die Verordnung vom 12. 5. 1943 in § 11 III fest, der lautet: „Die Wirkung des Patents tritt mit der Veröffentlichung der Patentschrift ein". Daraus folgt, daß auch in dem abgekürzten und — wie offen gesagt werden darf — dem verschlechterten Erteilungsverfahren der Verordnung vom 12. 5. 1943 die Wirkung des Patents nach wie vor an die Veröffentlichung geknüpft ist, hier im besonderen die Veröffentlichung der Patentschrift. Ohne diese Kundmachung an die Allgemeinheit hat das Patent keine Wirkung im Sinne eines Ausschließungsrechts des Patentinhabers, sondern nur die Wirkung des Erfinderrechts, das zwar von der zuständigen Behörde, dem Patentamt, anerkannt ist, aber der Allgemeinheit gegenüber mangels Kundmachung noch keine Bedeutung und Wirkung erlangt hat.

Die Verordnung vom 12. 5. 1943 kann schwerlich noch als gültig angesehen werden, denn sie ist erlassen auf Grund des § 14 der Verordnung über außerordentliche Maßnahmen im Patent- und Gebrauchsmusterrecht vom 10. 1. 1942 (RGBl II, 87); dort ist der Reichsjustizminister ermächtigt, weitere ergänzende oder vom geltenden Recht abweichende Vorschriften auf dem Gebiet des Patent- und Gebrauchsmusterrechts zu erlassen, soweit dies aus Gründen der öffentlichen Ordnung geboten ist, und „während des Krieges". Schon nach der Absicht der damaligen Gesetzgebungsinstanzen und des Reichsjustizministers hat also die zweite Verordnung über außerordentliche Maßnahmen im Patent- und Gebrauchsmusterrecht vom 12. 5. 1943 nur Geltung beansprucht für die Dauer des Krieges, und ihre Gültigkeit war weiter abhängig davon, daß ihre Aufrechterhaltung aus Gründen der öffentlichen Ordnung noch geboten blieb. Beides ist jetzt zu verneinen, vor allem seitdem das Patent-

[37] Ein Patentamt für die Westzonen ist am 1. 10. 1949 in München eröffnet worden, Ges. über die Errichtung eines Patentamts im Vereinigten Wirtschaftsgebiet vom 12. VIII 1949, verkündet im WiGBl 1949, Nr. 30 v. 25. 8. 1949; Öffentl. Anzeiger für das Vereinigte Wirtschaftsgebiet No. 76 v. 1949, 1, Begründung zum Gesetz daselbst 6.

amt als Folge des Zusammenbruchs von den Besatzungsmächten geschlossen und bisher noch nicht wieder eröffnet wurde[37].

In der Fassung, die das Patentgesetz nach dem ersten Überleitungsgesetz für das Vereinigte Wirtschaftsgebiet (britische und amerikanische Zone) vom 8. 7. 1949[38] erhalten hat, sind die Vorschriften der Verordnung nicht aufgenommen, wenn auch gewisse Abänderungen und Vereinfachungen des Erteilungsverfahrens vorgeschrieben sind (dort Art. 2 u. 3). Die Verordnung vom 12. 5. 1943 selbst ist zum größten Teil ausdrücklich aufgehoben (a. a. O. § 36 I Ziff. 8). Indes hält gerade dieses Gesetz die Notwendigkeit der öffentlichen Bekanntmachung zur Erzeugung der Wirkung des Patents aufrecht; es bestimmt in Art. 7 § 20 für aufrechterhaltene Altpatente (dort §§ 15, 18), daß die bis zum 8. 5. 1945 unterbliebene Veröffentlichung der Patentschrift nachgeholt wird und die — bis dahin noch nicht vorhandene — Wirkung des Patents „mit der Veröffentlichung der Patentschrift" eintritt.

So zeigt sich die Bedeutung der öffentlichen Bekanntmachung für die materielle Wirkung des Patents eindeutig und klar, und daraus folgt die große Wichtigkeit, die die Publizität für die Rechtsstellung des Patentinhabers besitzt. Sein Ausschließungsrecht gegenüber jedem Dritten ruht auf der Publizität des Patents und ist ohne sie nicht denkbar.

Das Patentrecht folgt dem deutschrechtlichen Gedanken der materiellen Publizität, die freilich nur durch Beobachtung der formalen öffentlichen Bekanntmachungen in den verschiedenen Stufen des Erteilungsverfahrens und den zur Ergänzung weiterhin vom Gesetz der Allgemeinheit zur Verfügung gestellten Erkenntnismitteln über den Inhalt und Umfang des Patentschutzes erreicht wird.

So rechtfertigt sich auch innerlich das Alleinrecht des Patentinhabers.

VII. Ausstrahlungen der Offenkundigkeit

1. Bekanntmachung:

Mit der Bekanntmachung der Erfindung, sei es der ersten Veröffentlichung oder der Erteilung des Patents tritt die Erteilungsbehörde an die Öffentlichkeit und macht das werdende und das verliehene Recht kundbar. Die Publizität hat von Anbeginn *aktive* Bedeutung; denn „Offenkundigkeit ist die Kenntnis oder die auf normalem Weg bestehende Kenntnismöglichkeit seitens sämtlicher Interessenten"[39]. Die Bekanntmachung nach § 30 PG legt fest, was als Inhalt der Anmeldung zum Patent gestaltet werden kann; sie bindet den Anmelder und die Erteilungsbehörde sagt, daher auch der Öffentlichkeit, welchen Inhalt und Gegenstand das Ausschließungsrecht haben wird[40]. Die Preisgabe

---

[38] WiGBl Nr. 24 v. 23. 7. 1949.

[39] *Seligsohn*, Geheimnis und Erfindungsbesitz (1921) 16 und 67.

[40] GRUR 1929, 590; PMZBl 1930, 176.

der Erfindung an die Allgemeinheit in Form der öffentlichen Bekanntmachung, der Auslegung der Anmeldeunterlagen, der Ausgabe der Patenturkunde und Patentschrift, schließlich der Eintragung in die Patentrolle gibt der breiten Öffentlichkeit, jedem Beliebigen aus dem Publikum die *Möglichkeit*, das Schutzrecht und den Gegenstand der Erfindung zu erfahren, von ihnen Kenntnis zu nehmen. Diese Möglichkeit steht der wirklichen Kenntnis gleich. Der Kenntnisbegriff erweitert sich auf die Zugänglichkeit, die gleichmäßige Erkennbarkeit für sämtliche Interessenten, jedoch beschränkt auf die Zugänglichkeit auf normalem Wege[41]. Diese Rechtsfolge ergibt sich aus der Verlautbarung, insbesondere der öffentlichen Bekanntmachung, die den rechtsbegründenden Verwaltungsakt der Allgemeinheit mitteilt (§§ 30, 35)[42].

2. *Wirkung für Fristablauf:*

An die aktiv wirkende Kundmachung knüpfen sich materiellrechtliche Wirkungen, vor allem für den Lauf von Fristen. Die einjährige Frist zur Erhebung des Vindikationsanspruchs desjenigen, der durch widerrechtliche Entnahme eines Nichtberechtigten geschädigt ist und Ansprüche auf Übertragung, selbst des vom gutgläubigen Nichtberechtigten angemeldeten Patents erheben will, beginnt mit der Bekanntmachung über die Erteilung des Patents (§ 5). Die Frist von 3 Jahren zur Erwirkung einer Zwangslizenz (§ 15 I) und damit, mittelbar nach dieser berechnet, die von 2 Jahren für die Zurücknahmeklage wird wiederum berechnet von der Bekanntmachung der Patenterteilung an.

3. *Geheimnisbruch:*

Besonderer Beachtung bedarf die auf der Verletzung einer Geheimhaltungspflicht und damit einem Vertrauensbruch beruhende Kundmachung des Patentrechts, der Erfindung oder eines Rechtes an ihr. Die frühere Rechtslehre und Rechtsprechung hatte angenommen, Offenkundigkeit könne dadurch nicht eintreten, daß ein zur Geheimhaltung Verpflichteter entgegen dieser Pflicht und ohne Wissen und Willen des Patentinhabers oder Patentsuchers die Erfindung der Öffentlichkeit preisgab. Hiergegen spricht, daß die Tatsache der Kundmachung, die Begründung der Offenkundigkeit, einen festen Zustand schafft[43]. Die einmal eingetretene Kenntnis des Publikums, das irgendwie herbeigeführte Bekanntsein kann nicht rückgängig gemacht werden, sie haben eine absolute Rechtslage geschaffen. Mit Recht hat daher das Reichsgericht in seiner letzten Rechtsprechung die Offenkundigkeit einer Vorbenutzung auch für den Fall bejaht, daß der Benutzer unter Verletzung

---

[41] *Seligsohn* a. a. O. 13, 14; *Kohler* a. a. O. 183.

[42] MuW 1911, 281, 1939, 89, 91; PMZBl 1929, 312; 1930, 176; GRUR 1922, 182; *Seligsohn* a. a. O. 11; *Pietzcker* a. a. O. § 2 Anm. 13, 28.

[43] *Kohler* a. a. O. 194.

vertraglicher Pflichten die Erfindung preisgegeben und damit der Fachwelt gegenüber offenbart hat[44].

4. Erschleichung:

Auch wenn der Patentsucher das Schutzrecht durch Täuschung des Patentamts erschlichen hat[45], ist die Publizität eingetreten. Er darf dann aber das Recht nicht ausüben, weil er nur scheinbar Berechtigter ist. Jeder Dritte, gegen den der Träger des erschlichenen Rechts Ansprüche daraus herleitet oder gar gerichtlich geltend macht, kann den Einwand der Patenterschleichung erheben und die Ansprüche des in Wahrheit nicht Berechtigten entkräften. Entsprechendes gilt bei Abmachungen über den Fortbestand eines Patents, dessen Vernichtung von den Beteiligten als unabwendbar und sicher angesehen wurde (RGZ 157 1). In solchen Fällen ist die Publizität nur ein vermeintlicher Schutz des Verkehrs, in Wahrheit besteht keine Verkehrssicherheit, noch weniger Rechtssicherheit. Dies gilt auch für einen Gesamt- oder Sonderrechtsnachfolger des scheinbar Berechtigten, selbst wenn jener gutgläubig war; die Regeln der §§ 932ff. BGB sind nicht anwendbar[46].

VIII. Die Überleitungsgesetze des Vereinigten Wirtschaftsgebietes der Westzonen

Die vorstehenden Ausführungen legen das Gesetz in der Fassung vom 5. 5. 1936 zu Grunde. Nicht in vollem Umfang ist diese Fassung noch gültig, doch berühren die Änderungen, die inzwischen eingetreten sind, die Frage der Publizität und ihrer Auswirkungen nicht. Durch das erste Gesetz für das Vereinigte Wirtschaftsgebiet „zur Änderung und Überleitung von Vorschriften auf dem Gebiet des gewerblichen Rechtsschutzes" vom 8. 7. 1949[47] sind die §§ 7, 8, 14, 15, 16, 17, 24, 30, 37, 41, 49, 51 und 52 geändert oder teilweise gestrichen worden. Diese Änderungen berühren indes nicht die Grundlagen des deutschen Patentrechts und namentlich der Bedeutung der Kundmachung und Offenkundigkeit, ebensowenig die Auswirkung der Maßnahmen des Amtes auf die Öffentlichkeit oder der Handlungen der Allgemeinheit, besonders Einzelner, gegenüber dem werdenden oder erteilten Patent. Wesentlich ist indes für eine Übergangszeit, deren Dauer noch nicht festgelegt ist (a. a. O. § 3) die Änderung des Erteilungsverfahrens. Nach Art. 2 § 3 des genannten Gesetzes unterbleibt vorerst die Prüfung der Patentanmeldung auf Neuheit und die Vergleichung mit einem älteren Recht[48].

---

[44] RGZ 167/339, bes. 347, 348, 356, 357; *Pietzcker* a. a. O. § 2 Anm. 14.

[45] MuW 1936, 413; PMZBl 1941, 128.

[46] *Pietzcker* a. a. O. § 3 Anm. 30, § 6 Anm. 6; *Schack:* Mitt. Patentanw. 1931, 207.

[47] WiGBl 1949 Nr. 24, 175ff.

[48] § 4 II, §§ 28, 29, 30 PG.

Der Schwerpunkt ist in das Einspruchsverfahren verlegt, in dem von dem Einsprecher die Tatsachen vorgebracht werden können, die zur Beseitigung des einstweiligen Patentschutzes (§ 30 I PG) führen und damit die Erteilung des Patents zu verhindern vermögen. In diesem Verfahren können auch die der Neuheit entgegenstehenden Tatsachen geprüft werden (§ 3 erstes Überleitungsgesetz, Ziffer 3—5). Auch nach diesem vereinfachten Prüfungsverfahren ist die Prüfungsstelle nicht gehindert, dem Patentsucher die Druckschriften entgegenzuhalten, die zur Abgrenzung des Gegenstandes der Anmeldung gegenüber dem Stand der Technik in Betracht kommen (a. a. O. § 3, Ziff. 7).

In der sowjetischen Besatzungszone werden die §§ 8, 24 III letzter Satz, 30 V nicht mehr als gültig angesehen, weil sie den allgemeinen Richtlinien der Gesetzgebung des Kontrollrates widersprechen, namentlich der Entmilitarisierung. Ausdrückliche gesetzliche Vorschriften sind darüber nicht ergangen, sondern nur Verwaltungsverfügungen einzelner Landesregierungen im Anschluß an die Befehle der SMAD Nr. 66 vom 17. 9. 1945 und Nr. 79 vom 29. 9. 1945. Das Erteilungsverfahren könnte in der Sowjetischen Besatzungszone sich noch nach den Bestimmungen des Patentgesetzes vom 5. 5. 1936 abspielen; da indes eine gesetzliche Regelung und Überleitung fehlt und ein Patentamt für die sowjetische Besatzungszone bisher nicht errichtet ist, scheitert die Anwendung dieser Vorschriften am Fehlen des Amtes. Die Möglichkeit, ein Schutzrecht zu erwerben, beschränkt sich für diese Zone auf die bloße Anmeldung des Patents bei der Anmeldestelle im Amt für Erfindungswesen in Berlin, wodurch lediglich der Zeitrang der Erfindung und des etwaigen künftigen Patents gewahrt wird. In den westlichen Zonen dagegen ist vom 1. 10. 1949 an die Prüfung und Erteilung von Patenten durch das in München errichtete Patentamt[49] erfolgt und damit ein auf den Bereich dieser Besatzungszonen beschränkter Patentschutz wieder erlangt.

Insoweit ist die Rechtsentwicklung und der bestehende Rechtszustand in Fluß und kann von einem einheitlichen deutschen Recht noch nicht wieder gesprochen werden. Die Anordnung über die Förderung des Erfindungswesens und die Auswertung des betrieblichen Vorschlagswesens vom 15. Sept. 1948, die die Deutsche Wirtschaftskommission für die Sowjetische Zone erlassen hat[50] ist von Gedanken getragen, die der Überführung zahlreicher Industriebetriebe in das Eigentum des Volkes entspringen und den Strukturwandel der Wirtschaftsordnung der sowjetischen Zone berücksichtigen. Sie nähert sich den Grundsätzen des Patentrechts der Sowjetunion. Über die Erteilung von Patenten gibt sie keine Vorschriften, namentlich steht sie der Publizität

[49] Vgl. oben S. 666 Anm. 37.
[50] ZVOBl 1948, 481 ff.

und ihren Wirkungen nach bisherigem deutschen Patentrecht nicht entgegen. Die Geltung des Patentgesetzes vom 5. 5. 1936 ist durch diese Anordnung nicht berührt.

IX. Ergebnis

Die Grundgedanken des deutschen Patentrechts, namentlich die starke Auswirkung der *Offenkundigkeit und Kundmachung* patenthindernder Tatsachen sind durchaus gesund, ihre Beibehaltung ist lebhaft zu wünschen. Gerade das eingehende amtliche Prüfungsverfahren, das der Patenterteilung vorausgeht, hat den großen Ruf der deutschen Patente begründet. Es ist zu wünschen, daß an diesen Grundlagen festgehalten wird. Die Beibehaltung des Prüfungsverfahrens in der Gestalt, die die Gesetze von 1891/1923 und 1936 ihm gegeben haben, ist deshalb dringend zu empfehlen, weil auf ihr der innere Wert der deutschen Patente und ihr großes Ansehen beruht, besonders gegenüber den Patenten solcher Länder, die dem bloßen Anmelde- und Registrierungssystem folgen, ohne eine sachliche Prüfung der Patentanmeldung durchzuführen.

Ist danach die Offenkundigkeit des deutschen Patentrechts innerlich berechtigt, so begegnet die Art der *Einrichtung der Patentrolle* gewissen rechtlichen Bedenken. Zwar ist sie ein öffentliches Register und erfüllt ihre Aufgabe hinsichtlich der Legitimationswirkung, aber gerade weil sie nur Ausweiswirkung hat, ist sie unvollkommen. Abhilfe könnte nach zwei Richtungen geschaffen werden; entweder man legt das Hauptgewicht auf Rechtssicherheit, dann würde die Verstärkung der Wirkung der Eintragungen in der Patentrolle nach Art der Eintragung im Handelsregister zu gestalten sein; oder man geht noch weiter und betont vor allem die Verkehrssicherheit, dann müßte den Eintragungen öffentlicher Glaube beigelegt werden, wie ihn das Grundbuch besitzt. Nach beiden Richtungen wäre zu erstreben, daß die Eintragungen zuverlässig sind, einmal indem sie denjenigen binden, der sie veranlaßt hat, also die einzutragenden Tatsachen beim Patentamt anmeldete; sodann müßten die Eintragungen, nachdem sie öffentlich bekannt gemacht worden sind, jeden Dritten schützen, der ihnen vertraut. Man müßte ihnen also öffentlichen Glauben verleihen. Dazu wären die Bekanntmachungen zu erweitern, es dürfte nicht genügen, gewisse in der Rolle eingetragene Tatsachen nur in den öffentlichen Übersichten des Patentamts zu bringen. Daneben bliebe ohne weiteres die Ausweiswirkung bestehen, wie sie bisher schon den Eintragungen in der Patentrolle eignete.

Eine solche Fortentwicklung der Patentrolle hat indes auch Nachteile, denn sie würde notwendig den Verkehr mit Patenten erschweren, sowohl die Übertragung zu Vollrecht, wie die zu Teilrecht. Das Patent könnte dann nicht mehr ein formlos übertragbares, verkehrsfähiges und wanderndes Privatrecht[51] sein, sondern die Rechtswirkung jeder schuldrechtlichen Vereinbarung müßte ebenso wie im Grundbuch oder im Handelsregister an die Eintragung und die Bekanntmachung geknüpft werden. Damit erhielten die Eintragungen in der Patentrolle rechtsbegründende Kraft und nicht nur verlautbarende Bedeutung.

Diese Möglichkeiten und Bedenken können hier nur angedeutet werden, ohne auf ihre grundsätzliche Behandlung einzugehen.

---

[51] *Ehrenberg*, Rechtssicherheit 279.

DAS URHEBER- UND ERFINDERRECHT DER JURISTISCHEN PERSON

Von Dr. PHILIPP MÖHRING
Rechtsanwalt in Köln

Literatur: Allfeld, Geschmacksmustergesetz (1904) — *Kohler* Geschmacks- und Gebrauchsmusterrecht (1909) — *Riezler*, Deutsches Urheber- und Erfinderrecht (1909) — *Gülland-Queck*, Die gesetzgeberische Reform der gewerblichen Schutzrechte (1919) — *Kisch*, Handbuch des deutschen Patentrechts (1923) — *Damme-Lutter*, Deutsches Patentrecht (3. Aufl. 1925) — *Allfeld*, Kommentar zum Urheberrechtsgesetz (2. Aufl. 1928) — *Osterrieth-Marwitz*, Kommentar zum Kunstschutzgesetz (1929) — *Marwitz-Möhring*, Kommentar zum Urheberrechtsgesetz (1929) — *Pietzcker*, Patentgesetz (1929) — *Pinzger*, Kommentar zum Geschmacksmustergesetz (1932) — *Isay*, Patentgesetz (6. Aufl. 1932) — *de Boor*, Vom Wesen des Urheberrechts (1933) — *Banaschewski*, Theorie des Verlages (1933) — *Benkard*, Kommentar zum Patentgesetz (1936) — *Voigtländer-Elster*, Kommentar zum Urheberrechtsgesetz (1939) — *Tetzner*, Kommentar zum Patentgesetz (1941) — *Krausse-Katluhn-Lindenmaier*, Patentgesetz (3. Aufl. 1944) — *Runge*, Urheber- und Verlagsrecht (1948) — *Reimer*, Das Recht der Angestelltenerfindung (1948) — *Reimer*, Patentgesetz (1949) — *Ross*, Das Urheberrecht des Architekten: GRUR 1928, 456 — *Elster-Hoffmann-Marwitz*, Zur deutschen und österreichischen Urheberrechtsreform: Ufita 2, 125ff. — *Erlanger*, Der Unternehmer als Urheber und Erfinder: GRUR 1930, 391ff. — *Klauer*, Der Stand der Urheberrechtsreform nach dem Ergebnis der deutsch-österreichischen Ausgleichsverhandlungen: GRUR 1932, 639ff. — *Elster*, Juristische Personen als Berechtigte des Urheberrechts: JR 1932, 160ff. — *Elster*, Der Urheberrechts-Gesetzentwurf: JR 1932, 169ff. — *Hoffmann*, Der Entwurf eines Urheberrechtsgesetzes: Ufita 5, 419 — *Elster*, Deutsche Rechtsgedanken im Urheberrecht: Ufita 6, 189ff. — *J. Koch*, Das originäre Urheberrecht des Filmherstellers: Ufita 7,259 — *Lesmann*, Das Urheberrecht der juristischen Person nach schweizerischem Recht: Geistiges Eigentum 1,14 — *Riemschneider*, Zum Recht der Angestelltenerfinder: GRUR 1937, 493 — *Diess*, Zur Neugestaltung des deutschen Urheberrechts: Ufita 12,276 — *Ritter*, Der Rechtsverkehr in Urheberrechtssachen nach den Vorschlägen des Ausschusses der Akademie für deutsches Recht: Ufita 12, 267 — *de Sanctis*, Bemerkungen zum Entwurf eines Urheberrechtsgesetzes: Ufita 13,22 — *Tetzner*, Gedanken zum Recht der Gefolgschaftserfindung: DJ 1944,75 — *Krieger*, Vorschläge zur künftigen Gestaltung des Begriffs der Diensterfindung: GRUR 1948, 267 — *Hueck*, Das Recht der Angestelltenerfindung: BB 1948, 437 — *Baum*, Die Brüsseler Konferenz zur Revision der rev. Berner Übereinkunft: GRUR 1949,7 — *Wünsche*, Das Recht der Angestelltenerfindung in den Vereinigten Staaten: GRUR 1949,210.

Das Urheber- und Erfinderrecht der juristischen Person hat in der deutschen Gesetzgebung eine ausdrückliche Regelung nicht erfahren. Die nachstehende Untersuchung überprüft, ob und unter welchen Voraussetzungen nach deutschem Recht die juristische Person Inhaber von Urheber- oder Erfinderrechten sein kann. Als Urheberrecht im Sinne der nachstehenden Ausführungen werden verstanden alle Normen, die das literarische Urheberrecht und das Kunstschutzrecht umreißen. Unter Urheberrecht soll auch das Geschmacksmusterrecht verstanden werden, ungeachtet seiner rechtssystematisch abweichenden Gestaltung, während als Erfinderrecht die Normen des Patent- und Gebrauchsmusterrechts verstanden werden. Soweit diese Normen nachstehend zitiert sind, habe ich mich auf das Zitat der Gesetze beschränkt und ergänzende Gesetze und Verordnungen nur angezogen, soweit sie das hier in Rede stehende Rechtsgebiet berühren.

A. Das Urheberrecht der juristischen Person

Das Urheberrecht im Sinne der vorstehenden Ausführungen ist in der deutschen Gesetzgebung geregelt durch das Gesetz betreffend das Urheberrecht an Werken der Literatur und Tonkunst (LUG) vom 19. 6. 1901, ergänzt durch das Gesetz vom 25. 5. 1910, das Gesetz betreffend das Urheberrecht an Werken der bildenden Künste und der Fotografie (KUG) vom 9. 1. 1907, ergänzt durch das Gesetz vom 22. 5. 10. Das Geschmacksmusterrecht wird bestimmt durch das Gesetz betreffend das Urheberrecht an Mustern und Modellen (GeschmG) vom 11. 1. 1876.

I. Originärer Rechtserwerb der juristischen Person nach LUG und KUG

1. In den deutschen Urheberrechtsgesetzen ist das Urheberrecht der juristischen Person anerkannt. Welche Rechtsnatur es besitzt, vor allem ob es ein originäres oder ein abgeleitetes Recht ist, und ob es das Urheberpersönlichkeitsrecht mit umfaßt, darüber läßt sich aus den gesetzlichen Bestimmungen unmittelbar nichts entnehmen. Diese regeln nur Einzelfälle, denen der Charakter von Ausnahmevorschriften zukommt (§§ 3, 4 LUG; §§ 5, 6 KUG), aus denen sich allerdings mittelbar der Schluß ziehen läßt, daß sie auf Grund des regelmäßig für die Bestimmung des Urhebers maßgebenden Schaffensprinzipes ein originäres Urheberrecht der juristischen Person nicht anerkennen. Das ergibt auch die einfache Überlegung, daß das Urheberrecht nach § 3 LUG bzw. § 5 KSchG bis zur Veröffentlichung durch die juristische Person dem Urheber zusteht. Die Ansicht, daß juristische Personen des öffentlichen Rechts nach § 3 LUG originäres Urheberrecht erlangen, wie u. a. *Elster* (JR 1932, 160ff.) und *Erlanger* (GRUR 1930, 394) annehmen, ist abzulehnen. Die Vorschrift regelt vielmehr lediglich eine an sich

unter § 8 III LUG fallende Übertragung des Urheberrechts (so *Marwitz-Möhring* § 3 N. 7 u. 8), die deshalb als Einzelvorschrift normiert wurde, um juristische Personen des öffentlichen Rechts dadurch zu privilegieren, daß ihnen unter bestimmten Voraussetzungen der Nachweis des Erwerbes ihrer Urheberrechte erspart wird.

2. Unabhängig von dieser begrenzten Teilfrage ist nun weiter zu prüfen, ob eine juristische Person originärer Urheber sein kann.

Die Frage wird überwiegend mit der Begründung abgelehnt, daß sie eine geistig schöpferische Tätigkeit nicht vollbringen könne, dieses könne nur eine physische Person[1]. *Klauer* sagt:

„Es würde dem Sinn der ganzen Urheberrechtsreform widersprechen, wollte man über das droit moral der schöpferisch tätig gewesenen Personen hinweggehen und das Urheberrecht statt dessen juristischen Personen zuweisen. Weder bei den Schriften der Akademie usw. noch bei den Sammelwerken kann die Tätigkeit, die das Urheberrecht rechtfertigt, von anderen als physischen Personen vorgenommen werden, insbesondere bei Sammelwerken nicht die auslesende und anordnende Tätigkeit, durch die allein der Urheberschutz an solchen Werken begründet wird. Ein zwingendes Bedürfnis für die Anerkennung des Urheberrechts der juristischen Personen liegt auch nicht vor, da sie sich die vermögensrechtlichen Befugnisse von dem Urheber übertragen lassen können. Ist das nicht geschehen und wird der Urheber auf dem Werke nicht bezeichnet, so steht die Wahrnehmung der Urheberrechte ja ohnehin dem Herausgeber, also gegebenenfalls der juristischen Person zu" (GRUR 1932, 642).

Im Ergebnis so auch RG 34/104, wo die gemeinsame Bearbeitung eines Werkes mit dem Willen, ein Urheberrecht eines Verbandes zu begründen, rechtlich der Übertragung des vollendeten Werkes gleichgestellt wird; ebenso RGSt 48/331, wo ausgeführt wird, daß die juristischen Berater einer Aktiengesellschaft, die in dieser Eigenschaft zusammen mit den kaufmännischen Vertretern derselben ein Vertragsformular ausgearbeitet haben, dieses für die AG und nicht für sich selbst getan hätten; dadurch hätten die Verfasser das Urheberrecht auf die juristische Person übertragen. Das Reichsarbeitsgericht sagt in einer Entscheidung vom 25. 3. 1931 (JW 1932, 1911), daß, wenn der Filmhersteller eine juristische Person ist, das Urheberrecht am Film in der Person des Produktionsleiters entsteht. Die praktische Bedeutung des Problems zeigt sich überhaupt bei der Frage nach dem Urheberrecht des Filmherstellers. Dieses wird überwiegend abgelehnt, weil eine juristische Person eben nicht schöpferisch tätig werden könne[2]. Abgelehnt wird

[1] *Marwitz-Möhring* 44 § 2 Anm. 5; *Elster-Hoffmann-Marwitz:* Ufita 2, 142; *Allfeld* § 2 Anm. 1; *Klauer:* GRUR 1932, 642; *W. Hoffmann:* Ufita 5, 430; *I. Koch:* Ufita 7, 264; *de Sanctis:* Ufita 13,22.

[2] So *Marwitz-Möhring* § 2 Anm. 5; *Allfeld* § 2 Anm. 1; *J. Koch:* Ufita 7, 264; *Runge* 264.

dieses Bedenken in diesem Falle ausdrücklich vom KG (28. 4. 1923 in MuW 1923, 13). Würde man den Filmhersteller als originären Urheber ansehen, so wäre nach § 10 LUG gegen ihn in die Filme eine Zwangsvollstreckung ohne seine Einwilligung nicht möglich.

3. Die entgegengesetzte Ansicht wird vor allem von denjenigen vertreten, die das sogenannte Besteller-Urheberrecht anerkennen[3]. *Erlanger* meint, „daß juristische Personen des Privatrechts originär Urheberrecht erwerben können, geht aus §§ 32 LUG, 29 KUG einwandfrei hervor. Überhaupt stützt sich das Urheberrecht des Unternehmers in erster Linie auf die Analogie zu § 4 — nicht zu § 3 — LUG" (a. a. O. 394). *Roß* (GRUR 1928, 458) sagt:

„Die juristische Person hat nicht nur Vermögens-, sondern auch Persönlichkeitsrechte (RGRK 6. Aufl., § 12 N. 1, § 21 N. 4), sie will und handelt durch ihre Organe. Es gibt kein Gesetz, das ihre Vertretung gerade bei den Tätigkeiten unzulässig machte, deren Ergebnis kunstschutzfähig ist. Vertretung ist auch bei rein tatsächlichen Vorgängen möglich, wie es die Herstellung eines Baues oder Entwurfes ist (RGRK N.1, vor §164). Im Aufbau der juristischen Person liegt kein Grund, ihr die Urheberrechtsfähigkeit nach der persönlichen Seite zu versagen und die juristische Person kann Angestellte, Bevollmächtigte, Testamentsvollstreckerin, Mitglied des Gläubigerausschusses im Konkurse sein. Zur Erfüllung dieser Aufgaben übt die juristische Person geistige Tätigkeiten in hohem Maße aus. Sie kann auch Trägerin des Ersturheberrechts sein."

Abgesehen davon, daß hier auf die besonderen Umstände beim schöpferischen Schaffensvorgang überhaupt nicht eingegangen wird, ist dem entgegenzuhalten, daß es eine Stellvertretung im Urheberrecht (die sich auf die Lehre *Kohlers* stützt) nicht geben kann[4]. Nach *Elster* (Ufita 6, 201) erweist sich der Gedanke, nur eine physische Person könne ein Geistes- oder Kunstwerk schaffen, aus dem deutschen Rechtsgedanken der Korporation als ein Irrtum. Im Gegensatz zum römischen Recht habe das deutsche Recht „bei dem Aufbau der Gesamtpersönlichkeit nicht die Einzelpersönlichkeit aufgesogen oder rechtlich verschwinden lassen, sondern die Gemeinschaft nur zusammenfassend übergeordnet über den sie bildenden Einzelpersönlichkeiten". Ausführlich und mit beachtlichen Argumenten behandelt *Elster* das Problem an anderer Stelle (JR 1932, 160ff.):

„Es gibt kollektives Schaffen, das in seinen Einzelheiten selbstverständlich auf den einzelnen, denkenden physischen Menschen zurückgeht, aber im Gesamtergebnis doch als Erzeugnis eines gemeinsamen Unternehmens erscheinen kann, vgl. § 6 und im Erfinderrecht die

[3] *Goldbaum*, Urheberrecht und Urhebervertragsrecht (2. Aufl. 1927) § 2 Anm. I 2 im Hinblick auf den Filmhersteller; *Erlanger:* GRUR 1930, 391 zur gleichen Frage.

[4] *Friedemann:* Ufita 1, 55; *Marwitz-Möhring* § 2 Anm. 2, § 8 Anm. 16; *Allfeld* § 1 Anm. 5; Droit d'auteur 1935, 55; *Sprenkmann*, Filmurheber 35.

Betriebserfindung (die zwar von physischen Angestellten erschaffen, aber aus Anlaß und mit Mitteln des Unternehmens, so daß das Erfinderrecht dem Unternehmen zusteht), § 4, der diesem das Urheberrecht gibt, ohne nach „originärem Entstehen" (das vorhanden sein kann), besonders zu fragen, § 32", LUG

und

„Es ist also keineswegs undenkbar, daß ein Gemeinschaftsschaffen physischer Menschen so sehr von einem organisatorischen Unternehmen geführt wird, daß namentlich die urheberschutzwürdige „kleine Münze" (Verträge, Adreßbücher, Gebrauchsanweisungen, Kataloge) als Geistesschöpfung des aus mitwirkenden Menschen bestehenden *Kollektiv-Unternehmens* entsteht und somit rechtsmäßig das Urheberrecht *originär diesem Unternehmen* zukommt."

Dabei soll es gleichgültig sein, ob dieses Unternehmen eine Einzelperson, eine Gesellschaft oder eine juristische Person ist. Die Gerichte haben das originäre Urheberrecht der juristischen Person teilweise auch anerkannt. Das RG hat oft (worauf *Elster* hinweist) von dem Wahrheitsmoment des Schaffens ausgehend, den Urheber ermittelt, „aber die Frage, ob der alsdann als Berechtigter Ermittelte eine physische Person oder Firma ist, gar nicht gestellt, weil es dies mit Recht für unwesentlich gehalten hat." Auch das KG in JW 1924, 413 bejaht diese Möglichkeit. RGZ 103/63 läßt ebenfalls den Übertragungsgedanken außer acht und spricht, ohne auf die Frage der physischen oder juristischen Person überhaupt einzugehen, dem „Ph.-Verlag" das Urheberrecht an einer Wanderkarte zu und bezeichnet einen Mitarbeiter nur als den „Gehilfen" ohne Urheberrecht, da er „nur dem Gedanken des Ph.-Verlages zur Ausführung verholfen habe".

Ähnliche Entscheidungen sind auch auf dem Gebiete des KUG ergangen. Nach RGZ 139/214 steht das Urheberrecht an den von einem höheren Angestellten eines staatlichen Unternehmens und Produktionsbetriebes hergestellten Entwürfen und Erzeugnissen kunstgewerblicher Art dem Staate und nicht dem Angestellten zu, weil die geschäftliche Verwertung solcher Erzeugnisse ohne den Besitz des Urheberrechts nicht möglich wäre, der Zweck der Anstellung also den Übergang des an sich dem Angestellten zustehenden Urheberrechtes erfordert. Nach RGSt in GRUR 1936, 446 kann das Urheberrecht an der künstlerischen Schöpfung eines Angestellten auf Grund des Angestelltenverhältnisses auf den Firmeninhaber übergehen.

4. Die vorstehende Stellungnahme der Rechtsprechung darf aber nicht dazu verleiten, grundsätzlich davon auszugehen, daß in der Rechtsprechung ein originäres Urheberrecht der juristischen Person anerkannt sei. In den angeführten Entscheidungen bleibt schließlich noch offen, ob das Reichsgericht letztlich hat anerkennen wollen, daß die juristische Person originär ein Urheberrecht erwarb oder ob davon auszugehen ist, daß nach der Gesamtlage der Umstände die schaffende Persönlichkeit

auf Grund ihres Dienst- oder Arbeitsverhältnisses das Urheberrecht unmittelbar auf die juristische Person übertrug, ohne daß besondere Übertragungsakte in Erscheinung traten. Eine eindeutige Stellung nahme zu der hier interessierenden Frage läßt die Rechtsprechung nicht erkennen. Man wird daher grundsätzlich davon ausgehen können, daß sowohl die herrschende Meinung der Literatur wie auch die herrschende Meinung in der Rechtsprechung sich *gegen* die *Anerkennung eines originären Urheberrechts* richten. Zweifelhaft wird die Frage stets nur in den Fällen, in denen ein technisch gewerbliches Element in den Vordergrund tritt. Die Entwicklung der letzten Jahre hat auch auf dem Gebiet des künstlerischen Schaffens ein solches in stärkerem Maße in Erscheinung treten lassen. Neben den wirklich schöpferischen künstlerischen Leistungen, die wie zu allen Zeiten nur aus der schöpferischen Einzelperson erwachsen und dieser ein Urheberrecht verschaffen, ist die „Produktion" von Leistungen getreten, die auf Veranlassung und mit Mitteln anderer Personen als des Schöpfers entstanden sind und für die auch durch Planung und Organisation von Unternehmern (sowohl Einzelunternehmen als auch juristischen Personen) überhaupt erst ein Absatzmarkt und Verwertungsmöglichkeiten geschaffen worden sind. Außer in den erwähnten Fällen der sogenannten kleinen Münze treten diese Momente auch bei der Film- und Schallplattenherstellung auf, wo allerdings die tatsächlichen Verhältnisse des Schöpfungsvorganges besonders gelagert sind. In den erläuternden Bemerkungen zum Entwurf des österreichischen Urheberrechtsgesetzes[5] heißt es: „Die Doppelnatur gewerbsmäßig hergestellter Filmwerke als geistiger Schöpfungen und kostspieliger Industrie-Erzeugnisse verlangt keine besondere urheberrechtliche Behandlung dieser Werke". *Banaschewski* hat in seiner grundlegenden Arbeit über die „Theorie des Verlages" gezeigt, daß Verlag, Filmfabrik, Schallplattenfabrik und Rundfunk miteinander nicht nur verwandtschaftliche Beziehungen haben, sondern daß sie „dem Inhalt und dem Ideengehalt nach ein und dasselbe" sind. Aus den gleichen Erwägungen heraus sind die im amtlichen Entwurf 1932 für gewerbsmäßig hergestellte Lichtbilder vorgesehenen Sondervorschriften verständlich, da hier das Urheberrecht „mehr den Charakter eines gewerblichen Schutzrechtes hat ähnlich dem Geschmacksmuster, bei dem das Gesetz . . . gleichfalls alle Rechte der gewerblichen Anstalt zuweist, wenn das Muster von einem Angestellten der Anstalt entworfen ist". (*Klauer:* GRUR 1932, 642ff.)

Auch diese Fragen münden wie fast alle grundlegenden des Urheberrechts in das Kardinalproblem des Urheberrechts überhaupt, nämlich das Wertproblem. Die Beantwortung dieser Frage steht in einer Abhängigkeit von der Beantwortung der Frage, welchen Einfluß das Wert-

[5] Abgedruckt bei *Lissbauer,* Österr. Urheberrechtsgesetze (1936) 167ff.

problem auf den Urheberrechtsschutz hat. Der Gesetzgeber schützt die eigentümliche Schöpfung, also ein formbildendes Element. Dieser Schutz erfolgt ohne Rücksicht auf den künstlerischen Gehalt der Schöpfung. Da aber gerade bei Werken geringeren künstlerischen Gehalts die Leistung nicht selten für ein gewerblich tätiges Unternehmen entfaltet wird durch Persönlichkeiten, die in einem Anstellungs- oder Arbeitsverhältnis zu diesem stehen, so könnte die Anerkennung eines originären Urheberrechts der juristischen Person durchaus befürwortet werden. Der wirkliche Künstler würde durch eine solche Anerkennung keine Einbuße erleiden; denn die Beschränkung der Bejahung eines originären Urheberrechts der juristischen Person an Werken der vorliegenden Art würde das Urheberrecht einer wirklich schöpferischen Leistung dem Urheber vorbehalten. Auch ein Urheberrecht des Filmherstellers würde aus dem vorstehenden noch nicht folgen, da die Einzelleistung des Beteiligten in der Regel zu bedeutsam ist, um zur Annahme eines originären Urheberrechts des Filmherstellers führen zu können. Es ist natürlich zweifelhaft, ob die Einführung des Wertcharakters bei der Behandlung dieser Frage grundsätzlich anempfohlen werden kann. An sich wäre es wünschenswert, wenn Gesetzgeber und Rechtsprechung überhaupt abrücken würden von der Bejahung eines Schutzes für Leistungen, die nichts anderes beinhalten als technisch notwendige Formulierungen oder Gestaltungen bzw. Leistungen, die jeglicher Originalität entbehren. Bis zu einem gewissen Maße ist ein solcher differenzierter Leistungsschutz auch schon beim Briefschutz anerkannt (siehe auch *Runge* S. 36), und es würde wahrscheinlich der Hebung des Ansehens des Urheberrechtsschutzes dienen, wenn man bei der Erörterung der Frage des originären Rechtserwerbs durch ein Unternehmen bzw. eine juristische Person das Scheidungsmerkmal der hier angestellten Art hinsichtlich des Wertcharakters berücksichtigen würde. Dabei würde auch dem Umstand Rechnung getragen werden, daß z. B. kollektivschöpferische Arbeiten, bei denen der Einzelbeitrag kaum von wirklichem urheberrechtlichem Gehalt ist, ähnlich behandelt werden könnten, wie früher die sogen. Betriebserfindungen, mit der Folge, daß sie zu einem originären Rechtserwerb durch den Unternehmer bzw. die juristische Person führen würden. Der Wertgedanke ist aber abgesehen von den obigen Ausnahmefällen bislang nicht als grundsätzliches Kriterium für die Anerkennung einer schöpferischen Leistung in den Vordergrund getreten.

Es erscheint daher, ungeachtet des Bedürfnisses, bei Werken nicht besonders schöpferischen Charakters eher die Entstehung eines originären Urheberrechts für die juristische Person zuzulassen, verfrüht, jetzt schon ein originäres Urheberrecht bei künstlerischen Leistungen, deren technischer gewerblicher Gehalt im Vordergund steht, anzuerkennen.

II. Juristische Person und Urheberpersönlichkeitsrecht nach LUG und KSchG

Selbst wenn man unter den vorstehenden Voraussetzungen die Möglichkeit eines originären Urheberrechts der juristischen Person anerkennt, erhebt sich die weitere Frage, ob dieser auch das Urheberpersönlichkeitsrecht zustehen kann. Das KG hat (JW 1924, 413) die Frage verneint und demzufolge die Anwendbarkeit des § 10 LUG abgelehnt. Nach dem amtlichen Entwurf 1932 sollen juristische Personen das Urheberpersönlichkeitsrecht gar nicht, die Werknutzungsrechte nur derivativ erwerben können, da dem Urheberpersönlichkeitsrecht die Funktion zukommt, die „der ideellen Herrschaft des Urhebers über sein Werk dienenden Rechte zu sichern" (zustimmend *Hoffmann* Ufita 5, 430, der allerdings für den Filmhersteller eine Ausnahme zulassen will). Von Bedeutung ist die Unübertragbarkeit des Urheberpersönlichkeitsrechts insofern, als im Falle ihrer Bejahung die juristische Person weder Änderungen verbieten, noch sich als Urheber nennen lassen, noch über die Veröffentlichung bestimmen kann. Daß ein praktisches Bedürfnis besteht, in bestimmten Fällen juristischen Personen auch diese Rechte zuzugestehen, darüber besteht kein Zweifel. So hat RGZ 125/178 in einem verlagsrechtlichen Falle dem Verleger — sei er eine Einzelperson oder eine Firma — ein Persönlichkeitsrecht (Änderungsrecht) zugesprochen und ausgeführt:

> „Allerdings erschöpfen sich die Beziehungen eines Verlegers zu den Werken, die er ...... betreut, durchaus nicht im rein Geschäftlichen. Deshalb kann er sich durch Sachkenntnis, Urteilsfähigkeit und einfühlendes Verständnis dem Werke verbunden und somit berufen fühlen, zu dessen Gunsten mit Änderungen einzugreifen, ein der besonderen Berufstätigkeit entsprechendes eigenes Persönlichkeitsrecht geltend zu machen."

Das Urheberpersönlichkeitsrecht ist ein Ausfluß der besonderen Umstände, die für das künstlerische Schaffen von Bedeutung sind, zum Unterschiede von bloß handwerklicher oder technischer Fertigung. Der Sinn dieses Rechts besteht in diesen Fällen gerade in seiner grundsätzlichen Unabdingbarkeit infolge der persönlichen Bindung des Schöpfers an sein Werk. Diesem Grundgedanken würde es aber widersprechen, auch juristischen Personen ein Urheberpersönlichkeitsrecht zuzuerkennen (vgl. hierzu *Koch:* Ufita 7, 259; 262:

> „Denn in dem Augenblick, in welchem man die im Persönlichkeitsrecht enthaltenen Befugnisse auf ein gewerbliches Unternehmen überträgt, verwandeln sie sich in bloße Vermögensrechte. So wenig eine AG lieben oder hassen kann, kann sie persönliche Beziehungen zu einem in ihrer Fabrik hergestellten Werk haben. Deshalb kann der Unternehmer die persönlichkeitsrechtlichen Befugnisse nur im Vermögensinteresse ausüben.")[6]

[6] siehe auch *Baum* für das Recht der rev. Berner Übereinkunft in GRUR 1949, 7.

III. Originärer Rechtserwerb der juristischen Person und Urheberpersönlichkeitsrecht de lege ferenda

1. Wenn es sich auch bei den vorwiegend in Frage kommenden Fällen um solche der „kleinen Münze" oder aber um solche handelt, in denen das „Werk" bzw. seine Hervorbringung überwiegend technisch-fabrikatorische Einflüsse aufweist (Film, Schallplatte, Fotografie), so folgt doch aus der Ablehnung der Möglichkeit, daß eine juristische Person Inhaberin des Urheberpersönlichkeitsrechtes sein kann, die Widersinnigkeit, ihr ein originäres Urheberrecht zuzuerkennen. Da aber — wie wiederum betont werden muß — infolge eines fehlenden qualitativen Wertmaßstabes im Urheberrecht diese Fälle notwendigerweise in den geltenden Urheberrechtsgesetzen auf die eine oder andere Weise geregelt werden müssen, ist de lege ferenda eine saubere Trennung zwischen Geistesschöpfungen und derartigen Werken erwünscht, wie sie auch in den verschiedenen Entwürfen bereits mit den sogenannten Werknutzungsrechten und Werknutzungsbewilligungen eingeführt ist. Damit ist ein derivativer Erwerb von urheberrechtlichen Teilbefugnissen als Regelfall und in einigen vom Gesetz festgelegten Fällen ein originärer Erwerb der Verwertungsrechte statuiert. Von hier aus gesehen, erhält auch die das Änderungsrecht des Verlegers anerkennende RG-Entscheidung ihren Sinn. Denn die Übertragung von Nutzungsrechten (vgl. z. B. § 19 des Akademie-Entwurfes [Akad. Entw.]), vom Verwerter auf einen Dritten, die zwar von der Zustimmung des Urhebers abhängig ist, von diesem aber nur bei Vorliegen eines wichtigen Grundes verweigert werden darf, stellt eine Weiterentwicklung des § 28 Verl.-G. dar[7].

2. Der Akad. Entw. läßt ebenfalls die Übertragung nur im Wege der Erbfolge zu (§ 16). Im Gegensatz zum geltenden Recht erlischt aber das Urheberrecht nicht, wenn der Fiskus oder eine juristische Person gesetzliche Erben werden. Die Gläubiger des Urhebers behalten also die Möglichkeit der Befriedigung ihrer Ansprüche aus den Erträgnissen der Urheberrechte. Das ist zweifellos ein Vorzug. Die Bedenken, die zur Einführung des Absatzes II des § 8 LUG geführt haben, nämlich, die Entscheidung darüber, ob der Nachlaß der Allgemeinheit zugänglich gemacht werden soll oder nicht, staatlichen Behörden zu überlassen, dürften sich durch Einführung einer entscheidungsberechtigten Sachverständigenkammer oder dergleichen beseitigen lassen. Unter Lebenden können nach dem Akad. Entw. nur Werknutzungsbewilligungen und Werknutzungsrechte übertragen werden (§§ 17ff.). Eine eingehende Interpretation des § 19 b („Der Hersteller eines Filmwerkes erwirbt mit der Herstellung des Filmes das den Urhebern des Filmwerkes zustehende ausschließliche Recht, 1. das Filmwerk zu vervielfältigen . . . usw.")

---

[7] Vgl. Ritter: Ufita 12, 267ff., 273.

ist überflüssig, da es sich ja keinesfalls um ein originäres Urheberrecht, sondern um ein Werknutzungsrecht handelt. Das in § 3 LUG normierte Urheberrecht der juristischen Person ist in § 20 des Entwurfes als Werknutzungsrecht kraft Gesetzes gefaßt. Im übrigen genießen juristische Personen, die ein Werknutzungsrecht besitzen, als Herausgeber (§ 20), als Filmhersteller (§ 19b) oder weil ein Werk des Kunstgewerbes von einem Angestellten oder Beauftragten im Rahmen seiner vertraglichen Verpflichtungen für die Zwecke des Unternehmens hergestellt worden ist, erweiterte Rechte, insofern als sie die nach § 19 für eine Weiterübertragung ihrer Rechte erforderliche Zustimmung des Urhebers vertraglich ausschließen dürfen (dessen Zustimmung sonst nur bei einer geschlossenen Gruppe desselben nach § 19 II nicht erforderlich ist) und als die Bestimmungen über das Rückrufsrecht für sie nicht gelten (§ 29). Gewerbsmäßig hergestellte Filmwerke sind nach § 30 III ohne besondere Einschränkungen pfändbar. Gemäß § 55 II ist zur Übertragung von Verträgen oder Aufführungen, die im Betriebe eines Erwerbsunternehmens stattfinden, die Einwilligung des Inhabers dieses Unternehmens nötig. Die Rundfunksendung von Vorträgen oder Aufführungen, die im Betriebe eines Theaterunternehmens stattfinden, ist gemäß § 56 II nur mit Zustimmung des Inhabers dieses Unternehmens zulässig. Das Schutzrecht für gewerbsmäßig hergestellte Lichtbilder steht nach § 58 dem Inhaber des Unternehmens zu, die Vorschriften über das Urheberpersönlichkeitsrecht und gewisse andere Rechte sind nach Abs. II ausgeschlossen. Der Schutz der Rundfunksendung steht der „Reichsrundfunkgesellschaft oder der aussendenden deutschen Gesellschaft" zu (§ 60). Der Unternehmensinhaber haftet, „wenn die den Anspruch begründende Handlung im Betriebe seines Unternehmens von einem Angestellten oder Beauftragten begangen worden ist". (§ 69).

IV. Das Urheberrecht der juristischen Personen an Geschmacksmustern

Es läge nahe, die für das literarische und Kunsturheberrecht entwickelten Grundsätze auch ähnlich auf die Gegenstände des Schutzes von Werken, die durch das Geschmacksmustergesetz (GeschmG) geschützt sind, anzuwenden. Auch hier ist die schutzfähige Leistung abhängig von einer schöpferischen Leistung des Urhebers. Allerdings legt der Wortlaut des Gesetzes wie auch der Zweck des Gesetzes eine andere Betrachtungsweise nahe. Nach § 2 des GeschmG gilt bei solchen Mustern und Modellen, welche von den in einer inländischen Anstalt beschäftigten Zeichnern, Malern, Bildhauern usw. im Auftrage oder für Rechnung des Eigentümers der gewerblichen Anstalt angefertigt werden, der letztere, wenn durch Vertrag nichts anderes bestimmt ist, als der Urheber der Muster und Modelle. Es fragt sich nunmehr, ob hier der Betriebsinhaber, der auch eine juristische Person sein kann, das Urheberrecht an dem von dem Angestellten hergestellten Geschmacksmuster derivativ oder originär erwirbt. Nach dem Grundsatz des § 1 a. a. O. würde das Urheberrecht an dem Geschmacksmuster zunächst dem Angestellten als dem Urheber zustehen, sodaß nur ein abgeleiteter Erwerb durch den Betriebsinhaber in Frage kommen könnte. Eine sinngemäße Auslegung von § 2 a. a. O. führt indes zu dem Ergebnis, daß hier ein originärer Erwerb des Urheberrechtes an dem Geschmacksmuster durch den Betriebsinhaber stattfindet. Der Sinn des Anstellungsvertrages ist hier nicht der, daß der Betriebsinhaber unter den von dem Angestellten geschaffenen Mustern sich die ihm zur Übernahme geeignet erscheinenden aussuchen soll, sondern der, daß alle von dem Angestellten gegen die vereinbarte Bezahlung geschaffenen Muster ohne weiteres, also kraft originären Erwerbs, dem Betriebsinhaber gehören. Würde man hier einen abgeleiteten Erwerb mit Rechtsnachfolge kraft Gesetzes durch den Betriebsinhaber annehmen, so würde man, falls der Angestellte Ausländer ist oder doch im Inland eine eigene gewerbliche Niederlassung nicht besitzt, nach § 16 I und II a. a. O. zu dem unerträglichen Ergebnis kommen, daß der Angestellte dann ein eigenes Musterrecht nicht erwerben und infolgedessen auch auf den Betriebsinhaber nicht übertragen könnte, daß dann also niemand ein Urheberrecht erwerben würde. Diese absurde Rechtsfolge wird vermieden, wenn man hier von dem originären Erwerb des Urheberrechtes durch den Betriebsinhaber ausgeht[8].

Die hier vertretene Rechtsauffassung verkennt nicht, daß zwangsläufig Überschneidungen mit den oben entwickelten Rechtsgrundsätzen stattfinden können, nämlich dann, wenn das Werk, das nach dem GeschmG geschützt ist, gleichzeitig auch den Schutz des KSchG genießt. Überschneidungen ließen sich dadurch lösen, daß die entwickelten Grundsätze nur für die geschmacksmusterrechtlichen Befugnisse gelten und daß im übrigen aber das Kunstschutzurheberrecht nur nach den oben entwickelten Grundsätzen auf die juristische Person übergehen kann. Die besondere Regelung des Geschmackmusterrechts gibt aber einen weiteren Beitrag zu der Forderung, im Urheberrecht Unterscheidungen zwischen Schöpfungen technisch gewerblichen Charakters und eigentümlichen Charakters vorzunehmen.

B. Das Erfinderrecht der juristischen Person

Das Erfinderrecht im Sinne der vorstehenden Ausführungen ist in der deutschen Gesetzgebung geregelt durch das deutsche Patentgesetz (PG) vom 5. Mai 1936 und das Gebrauchsmustergesetz (GebrMG)

---

[8] *Pinzger*, Das deutsche Geschmacksmusterrecht (1932) § 2 Anm. 1; *Kohler* 83; *Allfeld* § 2 Anm. 1; *Riezler* 44; *Neuberg*, Geschmacksmustergesetz (1911) 17.

vom gleichen Tage sowie durch die Verordnung über die Behandlung von Erfindungen von Gefolgschaftsmitgliedern vom 12.7.1942 (VO) und die Durchführungsverordnung vom 20. 3. 1943 (DVO).

Daß einer juristischen Person ebenso wie einer natürlichen Person Erfinderrechte verschiedener Art im Wege mannigfacher Rechtsgeschäfte übertragen werden können, ist niemals zweifelhaft gewesen. So können ihr das Recht auf das Patent, der Anspruch auf Erteilung des Patents und das Recht aus dem Patent übertragen, es können ihr Lizenzen erteilt, es können ihr auch das Recht auf das Gebrauchsmuster, der Anspruch auf seine Eintragung und das durch die Eintragung begründete Recht beschränkt oder unbeschränkt übertragen werden (§ 9 des PG, § 13 des GebrMG). Kann hiernach eine juristische Person Inhaberin abgeleiteter Erfinderrechte sein, so erhebt sich die Frage, ob ihr auch ein originäres Erfinderrecht oder gar auch ein Erfinderpersönlichkeitsrecht zustehen kann. Diese Fragen gewinnen besondere praktische Bedeutung bei der Betrachtung der Diensterfindung. Hierbei werden unter dem Sammelbegriff der Diensterfindungen in erster Linie die Gefolgschaftserfindung im Sinne der Verordnung über die Behandlung von Erfindungen von Gefolgschaftsmitgliedern vom 12.7.1942 und der DVO vom 20.3.1943, ferner auch die Erfindung von Nichtgefolgschaftsmitgliedern und die Betriebserfindung verstanden. Schließlich ist in diesem Zusammenhang zu erörtern, ob einer juristischen Person der Besitz an einer Erfindung, also eine einem Recht angenäherte Rechtsposition kraft ursprünglichen oder abgeleiteten Erwerbes zustehen kann.

I. Originäres Erfinderrecht der juristischen Person

Die erste hierzu zu erörternde Frage ist die, ob eine juristische Person Trägerin *originärer Erfinderrechte* sein kann. Gegen diese Annahme spricht von vornherein die Erwägung, daß die schöpferische geistige Tätigkeit, die die Grundlage jeder Erfindung bildet, nur von einer natürlichen, aber nicht von einer juristischen Person entfaltet werden kann[9]. Das schon vor der Anmeldung zum Patent bestehende Vermögensrecht an der Erfindung ist an die Person des Erfinders geknüpft und kann daher nicht einer juristischen Person als originäres Recht zustehen. Sie kann somit das Recht auf das Patent nur als Rechtsnachfolgerin des Erfinders haben. (§ 3 PG, § 5 IV GebrMG). Wie weit etwa für das Gebiet der Diensterfindung Ausnahmen von diesen Grundsätzen zu machen sind, wird unten zu erörtern sein. Das Vermögensrecht an der Erfindung ist vererblich und veräußerlich; dies gilt für das vor der Anmeldung zum Patent bestehende Vermögensrecht, für das Recht auf das Patent (§§ 1 I S. 1 § 9 PG). Entsprechendes gilt für das Gebrauchsmuster nach § 5 IV und § 13 GebrMG. Diese Rechte können

[9] *Klauer-Möhring* § 3 Anm. 5.

also von einer juristischen Person unter Lebenden oder von Todes wegen erworben werden. Die gelegentlich vertretene Meinung, daß der Fiskus wenn er Erbe geworden sei, auf das Patent verzichten müsse, falls er es nicht für seine eigenen Betriebe verwenden könne, wird von der herrschenden Meinung mit Recht abgelehnt[10].

II. Erfinderpersönlichkeitsrecht der juristischen Person

Ist somit grundsätzlich nur ein abgeleitetes, aber kein originäres Erfinderrecht der juristischen Person denkbar, so muß ihr das *Erfinder-Persönlichkeitsrecht* erst recht abgesprochen werden. Dies an die Person des Erfinders geknüpfte Recht (das Recht der sogenannten Erfinderehre), das früher vielfach bestritten wurde[11], ist jetzt gesetzlich anerkannt. Es ist weder vererblich noch veräußerlich noch dem Verzicht unterworfen und äußert sich im wesentlichen in der Nennung des Erfinders in der Anmeldung der Erfindung zur Erteilung des Patents (§ 26 PG), in der Bekanntmachung der Anmeldung, in der Bekanntmachung über die Erteilung des Patents in der Patentschrift und in der Patentrolle. Weitere Ausflüsse des Erfinderpersönlichkeitsrechtes sind darin zu erblicken, daß der Erfinder das Unterbleiben der Nennung beantragen, diesen Antrag jederzeit widerrufen und auf die Nennung nicht in wirksamer Weise verzichten kann. Ist ein unrichtiger Erfinder genannt oder die Nennung auf Antrag eines Nichtberechtigten unterblieben, so findet auf Antrag des berechtigten Erfinders in Verbindung mit der dem Patentamt gegenüber zu erklärenden Zustimmung des Patentsuchers oder Patentinhabers und des zu Unrecht Benannten ein Berichtigungsverfahren statt (§ 36 PG). Das Erfinderpersönlichkeitsrecht ist auch bei gebrauchsmusterfähigen Erfindungen ebenso gegeben wie bei patentfähigen Erfindungen; das folgt schon daraus, daß viele Erfindungen für beide Schutzrechte in Betracht kommen und nicht gut nachträglich ihrer persönlichkeitsrechtlichen Seite durch die Anmeldung nur zum Gebrauchsmuster verlustig gehen können. Ein Unterschied gegenüber dem Patentrecht ergibt sich jedoch daraus, daß der Erfinder beim Gebrauchsmuster nicht kraft seines Persönlichkeitsrechts seine Nennung in der Rolle verlangen kann; die Vorschriften des PG hierüber (§§ 26, 36) sind wegen der geringeren Bedeutung der Gebrauchsmusterschöpfungen nicht übernommen worden[12]. Das Erfinderpersönlichkeitsrecht als höchstpersönliches, an die Tatsache der schöpferischen geistigen Leistung geknüpftes Recht kann somit niemals einer juristischen Person zustehen, was insbesondere auch bei der Gefolgschaftserfindung in Er-

---

[10] *Krausse-Katluhn-Lindenmaier* § 9 Anm. 4; *Pietzcker* § 6 Anm. 1; *Reimer*, PG 379.

[11] *Damme-Lutter* 220; *Gülland-Queck* 72ff.; *Kisch* 50.

[12] *Klauer-Möhring* Anm. 7 zu § 5 GebrMG.

scheinung tritt; es bleibt auch hier immer beim Erfinder, wenn der Unternehmer die Erfindung gemäß § 2 der VO vom 12. 7. 1942 in Anspruch nimmt. Erwirbt eine juristische Person außerhalb des Gebietes der Gefolgschaftserfindung ein Patentrecht seinem ganzen Inhalt nach, also sowohl das Verfügungs- wie auch das Benützungsrecht, so verbleibt das Erfinderpersönlichkeitsrecht gleichwohl dem Erfinder. Dieses Recht gehört zu den gesetzlich geschützten Rechten im Sinne von § 823 I BGB, deren widerrechtliche Verletzung bei Vorsatz oder Fahrlässigkeit des Verletzers Schadensersatzansprüche, im übrigen auch Unterlassungsansprüche begründet. Bei einer Mehrheit von Erfindern ist jeder einzelne in der Ausübung seines Persönlichkeitsrechtes selbständig; er ist als Miterfinder zu bezeichnen[13].

III. Die Diensterfindung

Betrachten wir nunmehr die bisher erörterten Fragen auf dem Gebiet der *Diensterfindung*, so sind

a) bei der Gefolgschaftserfindung die durch die VO vom 12. 7. 42 und die DVO vom 20. 3. 1943 getroffenen Änderungen zu berücksichtigen. Daß diese Verordnungen, soweit sie nicht die Mitwirkung nationalsozialistischer Organe vorsehen, auch heute noch gelten, wird mit der herrschenden Meinung anzunehmen sein. Der im § 2 der VO ausgesprochene und in der DVO im einzelnen ausgeführte Gedanke, daß der Arbeitnehmer Diensterfindungen dem Arbeitgeber auf Verlangen gegen eine angemessene Vergütung zur Verfügung zu stellen hat, kann nicht als typisch nazistisch im Sinne der Ziff. 3 u. 4 des Gesetzes Nr. 1 der Mil. Reg. (Amtsbl. Nr. 3) angesehen werden[14]. Unter Gefolgschaftserfindungen werden Diensterfindungen verstanden, die von einem bestimmten Angestellten herrühren und aus seiner Arbeit im Betrieb heraus entstanden sind (§ 2 der VO). Sie stehen im Gegensatz zu den Betriebserfindungen, bei denen sich ein bestimmter Erfinder nicht feststellen läßt. Die Gefolgschaftserfindung, die früher meist als Diensterfindung bezeichnet wurde, wurde bisher, wenn sie nach dem rechtlich nicht zu beanstandenden Inhalt des Dienstvertrages dem Dienstherrn zustand, von der herrschenden Meinung als originär erworbenes Recht des letzteren angesehen. Das galt natürlich auch dann, wenn der Dienstherr eine juristische Person war. Hierbei war die rechtliche Begründung eines solchen unmittelbaren Erwerbes zweifelhaft, man half sich mit der entsprechenden Anwendung der Vorschriften über die Stellvertretung, obwohl Erfinden kein Rechtsgeschäft ist (§ 164 BGB), oder der sachenrechtlichen Bestimmungen über die Besitzdienerschaft (§ 855 BGB). Die persönlichrechtlichen Befugnisse des Diensterfinders wurden als un-

[13] *Krausse-Katluhn-Lindenmaier* § 36 Anm. 3.

[14] Ebenso *Hueck:* BB 1948, 438; dagegen *Benkard,* PG 12.

berührt geblieben angesehen, wenn der Dienstherr die vermögensrechtlichen Bestandteile des Erfinderrechts originär erwarb[15]. Hierbei konnte es zweifelhaft sein, ob nicht die Bestimmung im § 3 S. 1 des PG, daß der Erfinder das Recht auf das Patent hat, dem unmittelbaren Erwerb des Erfinderrechts durch den Dienstberechtigten entgegenstand[16]. Andererseits wurde darauf hingewiesen, daß dem Erfinder ungeachtet der Vorschrift im § 3 S. 1 des PG das Recht zur Vorausverfügung über eine künftige Erfindung zustehe und daß daher eine Abrede im Dienstvertrag, nach welcher der Dienstherr eine Erfindung des Dienstverpflichteten unmittelbar mit ihrer Vollendung erwerben solle, rechtswirksam sei. Beim Fehlen einer solchen ausdrücklichen Abrede sollte nach der damals herrschenden Meinung unter Würdigung aller Umstände zu prüfen sein, ob ein unmittelbarer Erwerb des Dienstberechtigten als stillschweigend gewollt angesehen werden konnte, oder ob wenigstens eine Verpflichtung des Dienstverpflichteten zur Übertragung der Erfindung auf den Dienstberechtigten bestand[17]. Ob eine derartige stillschweigende Vereinbarung vorlag, sollte nach den Umständen des Falles beurteilt werden; bei höheren Beamten oder Angestellten, ferner bei entsprechend hoher Besoldung wurde das Vorliegen einer Diensterfindung vermutet[18]. Fiel eine Erfindung nicht in den Rahmen einer Tätigkeit, die dem Angestellten im Unternehmen zugewiesen war, so gehörte sie ihm als „freie Erfindung" in vollem Umfange. In einem solchen Falle war es auch ohne Bedeutung, daß die Erfindung innerhalb der Dienststunden in den Diensträumen gemacht und daß dazu Werkstoff und Werkzeug des Dienstherrn verwendet worden war. Andererseits war Voraussetzung, daß die Zutat des Angestellten gegenüber den ihm im Betriebe gegebenen Anregungen noch eine erfinderische Leistung darstellte[19].

Die vorstehenden Grundsätze über den originären Erwerb der Gefolgschaftserfindung durch den Dienstherrn und die sonstige Behandlung derartiger Erfindungen haben nun mit dem Inkrafttreten der VO vom 12. 7. 1942 und der DVO vom 20. 3. 1943 gewisse Änderungen erfahren. Im Gegensatz zu der bisher herrschenden Meinung gilt jetzt der Satz, daß der Dienstherr (insbesondere also auch eine juristische Person als Dienstherr) die Gefolgschaftserfindung (d. h. die von einem Gefolgschaftsmitglied gemachte Erfindung, soweit sie aus seiner Arbeit im Betrieb heraus entstanden ist) nicht als originäres, sondern als ab-

---

[15] So RGZ 84/49; RGJW 1914, 469; RGZ 136/415; 139/52; 140/53; dagegen *Pinzger:* GRUR 1937, 163; *Riemschneider:* GRUR 1937, 495.

[16] *Klauer-Möhring* § 2 Anm. 5.

[17] RGZ 163/112; *Krausse-Katluhn-Lindenmaier* § 3 Anm. 18.

[18] RGZ 56/223; 127/197; RGJW 1930, 1669; RGZ 131/328.

[19] RGZ 139/87; *Kisch:* JW 1933, 1394; *Krausse-Katluhn-Lindenmaier* § 3 Anm. 22.

geleitetes Recht erwirbt. Das Gefolgschaftsmitglied ist verpflichtet, die Gefolgschaftserfindung dem Unternehmer zur Verfügung zu stellen, wenn dieser sie innerhalb von 6 Monaten nach der von dem Gefolgschaftsmitglied zu erstattenden Erfolgsmeldung in Anspruch nimmt. Mit dem Zeitpunkt der Erklärung geht die Erfindung auf den Unternehmer über. Verfügungen, die das Gefolgschaftsmitglied vorher trifft, sind dem Unternehmer gegenüber unwirksam. Gibt der Unternehmer eine eindeutige Erklärung innerhalb der Frist nicht ab, so kann das Gefolgschaftsmitglied über die Erfindung frei verfügen. Der Unternehmer hat bei Inanspruchnahme der Erfindung eine angemessene Vergütung zu zahlen (§ 2 der VO, § 4 der DVO). Der Unternehmer ist verpflichtet und insoweit allein berechtigt, eine ihm gemeldete Erfindung unverzüglich im Inland zum Patent anzumelden, wenn er die Erfindung dem Erfinder nicht freigibt. Nach erfolgter Inanspruchnahme der Erfindung ist der Unternehmer berechtigt, auch im Ausland Patente für sich zu erwerben. Das Gefolgschaftsmitglied hat auf Verlangen den Unternehmer hierbei zu unterstützen und die erforderlichen Erklärungen abzugeben (§ 6 I der DVO). Will der Unternehmer ein Patent vor Erfüllung der Ansprüche des Gefolgschaftsmitgliedes auf angemessene Vergütung fallenlassen, so hat er dies dem Gefolgschaftsmitglied vorher mitzuteilen. Dessen Anspruch auf angemessene Vergütung bleibt erhalten, wenn nicht der Unternehmer bereit ist, das Patent auf das Gefolgschaftsmitglied zu übertragen. Überträgt der Unternehmer das Patent auf das Gefolgschaftsmitglied, so kann er von ihm die Einräumung eines Benützungsrechtes gegen angemessene Vergütung verlangen (§ 7 der DVO). Für den öffentlichen Dienst kann sich der Dienstherr statt mit der Inanspruchnahme der Erfindung mit der Inanspruchnahme eines Nutzungsrechtes begnügen. Die Anmeldung der Erfindung zum Patent ist dann Sache des Erfinders. In Sonderfällen kann der Dienstherr statt der Erfindung oder neben einem Nutzungsrecht nach vorheriger Vereinbarung auch eine angemessene Beteiligung an dem Ertrag der Erfindung in Anspruch nehmen (§ 11 der DVO).

Eine *gebundene Erfindung*, die von dem Unternehmer in Anspruch genommen werden kann, liegt vor, wenn die Erfindung des Gefolgschaftsmitgliedes während der Dauer des Arbeitsverhältnisses aus der Arbeit des Gefolgschaftsmitgliedes im Betriebe heraus entstanden ist: Entweder so, daß sie aus der dem Gefolgschaftsmitglied im Betriebe obliegenden Tätigkeit erwachsen ist, oder so, daß sie maßgeblich auf betrieblichen Erfahrungen, Vorarbeiten oder sonstigen betrieblichen Anregungen beruht. Aus der dem Gefolgschaftsmitglied im Betriebe obliegenden Tätigkeit ist die Erfindung erwachsen, wenn sie auf Grund eines dem Gefolgschaftsmitglied erteilten besonderen Auftrags oder einer ausdrücklichen allgemeinen Anweisung zur Weiterentwicklung eines bestimmten Gebietes gemacht worden ist. Auch ohne ausdrückliche Beauftragung besonderer oder allgemeiner Art ist die Voraussetzung dann erfüllt, wenn sich die Pflicht zu erfinderischer Entwicklungsarbeit aus dem dem Gefolgschaftsmitglied nach seiner Dienststellung zufallenden Arbeits- und Pflichtenkreis ergibt. Eine Erfindung beruht maßgeblich auf vom Betriebe herrührenden Anordnungen, betrieblichen Erfahrungen oder Vorarbeiten, wenn diese einen Einfluß ausgeübt haben, der das Entstehen der Erfindung in praktisch erheblichem Maße mitbewirkt hat. Nur dem Gefolgschaftsmitglied zugängliche Anregungen, Erfahrungen und Vorarbeiten können den Erfolg haben, daß die Erfindung maßgeblich auf ihnen beruht. *Freie Erfindungen*, d. h. solche, die das Gefolgschaftsmitglied außerhalb des Kreises der gebundenen Erfindungen macht, unterliegen nicht der Inanspruchnahme durch den Unternehmer[20]. Das Recht auf Inanspruchnahme stellt eine Befugnis des Unternehmers dar, deren rechtmäßige Ausübung den Übergang des Vermögensrechts an der Erfindung zur Folge hat, nicht auch den des Persönlichkeitsrechts, das dem Erfinder verbleibt. Sie hat ferner den Übergang des Rechts aus der Erfindung, des Rechts auf Patentierung und auf das Patent zur Folge. Somit ist klargestellt, daß das Vermögensrecht an der Gefolgschaftserfindung zunächst in der Person des Erfinders entsteht und dem Unternehmer nur als abgeleitetes Recht zufließen kann. Ein originärer Erwerb kann auch nicht auf dem Wege vertraglicher Vereinbarung erfolgen, da die Vorschriften der DVO nach § 9 a. a. O. zuungunsten des Gefolgschaftsmitgliedes nicht im voraus abgedungen werden können[21].

b) Macht ein *Nichtgefolgschaftsmitglied* auf Grund eines Dienstvertrages oder Werkvertrages eine Erfindung, so kann je nach der Bindung zwischen Auftraggeber und Auftragnehmer eine mehr oder weniger entsprechende Anwendung der Grundsätze über die Gefolgschaftserfindung am Platze sein. Erscheint die Anwendung dieser Grundsätze nicht angemessen, so wird auf die Rechtsgrundsätze zurückzugreifen sein, die vor Inkrafttreten der VO vom 12. 7. 1942 entwickelt worden sind[22].

c) Die *Betriebserfindung*, d. h. die im Betriebe gemachte Erfindung eines nicht mehr feststellbaren Angestellten stand nach bisherigem Recht dem Betriebsinhaber als originär erworbenes Recht zu. Das galt naturgemäß auch, wenn der Betriebsinhaber eine juristische Person war[23]. Diese Rechtsfigur ist in das PG vom 5. 6. 1936 nicht aufgenommen worden, weil damals die Auffassung bestand, daß ein erfinderisches Verdienst eines oder mehrerer Angestellter immer feststellbar sein werde. Demgemäß kennen auch die VO vom 12. 7. 1942 und die DVO vom 20. 3. 1943 keine Betriebserfindung. Ob die Praxis auf diesen Begriff

[20] *Krausse-Katluhn-Lindenmaier* 701ff.; *Reimer*, Angestelltenerfindung 28.

[21] *Krausse-Katluhn-Lindenmaier* 705; *Friedrich:* GRUR 1943, 222; *Reimer*, Angestelltenerfindung 60.

[22] *Krausse-Katluhn-Lindenmaier* 720.

[23] RGZ 127/197; 139/87; RGJW 1933, 1394; *Klauer-Möhring* § 3 Anm. 5.

zurückgreifen muß, steht dahin[24]. Zur Zeit muß als herrschende Auffassung angesprochen werden, daß die Rechtsfigur der Betriebserfindung sowohl in dem PG von 1936 wie auch in der VO vom 12. 7. 1942 und der DVO vom 20. 3. 1943 keinen Raum mehr hat. Die Rechtsprechung selbst hat auch zwischenzeitlich den Begriff der Betriebserfindung im Patentrecht nach 1936 nicht mehr verwandt.

IV. Juristische Person und Erfindungsbesitz

Was schließlich die Frage anlangt, ob einer juristischen Person der *Besitz an einer Erfindung* kraft ursprünglichen oder abgeleiteten Erwerbes zustehen kann und welche Rechtsfolgen sich hieraus für die juristische Person ergeben, so wird unter Erfindungsbesitz die tatsächliche Innehabung der zur Ausnutzung und Anmeldung einer Erfindung erforderlichen Kenntnisse ohne Rücksicht auf die materielle Berechtigung verstanden. Hierbei muß der Erfindungsbesitzer den maßgebenden ursächlichen Zusammenhang erkannt haben[25], es muß sich auch um eine fertige Erfindung handeln[26]. Nicht erforderlich ist dagegen die Erkenntnis des wissenschaftlichen Zusammenhanges[27] oder das Vorhandensein körperlicher Unterlagen[28]. An den Erfindungsbesitz knüpft sich das Recht zum Einspruch wegen widerrechtlicher Entnahme (§ 4 III PG) sowie zur Erhebung der Nichtigkeitsklage (§ 13 I Ziff. 3 a.a.O.) oder zum Übertragungsbegehren aus dem gleichen Anlaß (§ 5 a.a.O.). Ebenfalls auf dem Erfindungsbesitz beruht das Vorbenutzungsrecht, das dem Erfindungsbesitzer die Weiterbenutzung der Erfindung sichert, wenn ein anderer das Patent erwirkt hat (§ 7 I a. a. O.). Daß eine juristische Person den Erfindungsbesitz in dem erörterten Sinne durch Übertragung erwerben kann, liegt auf der Hand. Sie kann ihn aber auch originär erwerben, was insbesondere bei Erfindungen von Angestellten oder sonstigen beauftragten Personen in Frage kommen kann. Handelt es sich bei der Erfindung eines Angestellten um eine gebundene Erfindung in dem oben zu IIIa erörterten Sinn, so steht der Erfindungsbesitz nicht dem Angestellten, sondern dem Unternehmer, der auch eine juristische Person sein kann, kraft ursprünglichen Erwerbes zu. Hierbei ist es unerheblich, ob der Unternehmer die Erfindung bereits in Anspruch genommen hat, insoweit besteht vielmehr ein grundlegender Unterschied

[24] Siehe hierzu auch *Krausse-Katluhn-Lindenmaier* § 3 Anm. 17; *Tetzner:* DJ 1944, 76; *Reimer*, Angestelltenerfindung 2; *Friedrich:* GRUR 1944, 22.

[25] RG MuW 1931, 449; RG GRUR 1939, 300.

[26] RG GRUR 1939, 300.

[27] RG GRUR 1940, 434.

[28] RG GRUR 1939, 193.

zwischen dem Erfindungsbesitz und dem Erfinderrecht[29]. Steht einer juristischen Person der Erfindungsbesitz zu, so ist ihre Rechtsposition dieselbe wie die einer natürlichen Person im gleichen Fall.

C. Zusammenfassung

Sowohl das deutsche Urheberrecht wie das deutsche Erfinderrecht gestatten die *Übertragung* von Urheber- und Erfinderrechten auf die juristische Person.

Auf dem Gebiet des *Urheberrechts* ist der originäre Erwerb eines Urheberrechts durch die juristische Person grundsätzlich zu verneinen. Eine juristische Person kann auch nicht Urheberpersönlichkeitsrechte ausüben. Eine Ausnahme hinsichtlich des originären Erwerbs des Urheberrechts gilt nur für das Geschmacksmusterrecht.

Auch auf dem Gebiet des *Erfinderrechts* kann ein originärer Erwerb der juristischen Person nicht anerkannt werden. Dies gilt auch für sogenannte Diensterfindungen. Die nach dem früheren Patentgesetz geltenden Grundsätze des originären Erwerbs des Erfinderrechts in den Fällen der Betriebserfindung durch den Betriebsinhaber sind auf das jetzt geltende Patentgesetz nicht mehr anwendbar. Erfinderpersönlichkeitsrechte stehen der juristischen Person gleichfalls nicht zu. Die juristische Person kann aber originär Erfindungsbesitzer sein.

---

[29] *Reimer*, PG 181ff., 331ff.; *Klauer-Möhring* § 3 Anm. 4d, § 7 Anm. 2; RGZ 56/223; RG MuW 1938, 170.

DIE ÜBERTRAGBARKEIT DES DROIT MORAL DES URHEBERS AN WERKEN DER LITERATUR, TONKUNST ODER BILDENDEN KÜNSTE

Von Dr. Hans Otto de Boor
ord. Professor an der Universität Göttingen

I. Übertragbarkeit des Urheberpersönlichkeitsrechts

Die Frage, welche Rechtssätze in Deutschland über die Übertragbarkeit des Urheberpersönlichkeitsrechts gelten, begegnet einer ersten Schwierigkeit. Unsere Gesetze sind gründlich veraltet und zwar gerade hinsichtlich der Behandlung des droit moral. Sie behandeln das Urheberrecht als Vermögensrecht. Es kann „beschränkt oder unbeschränkt auf andere übertragen werden", § 8 des Gesetzes betr. das Urheberrecht an Werken der Literatur und der Tonkunst (LUG) vom 19. 6. 1901, § 10 des Gesetzes betr. das Urheberrecht an Werken der bildenden Künste und der Photographie (KUG) vom 9. 1. 1907. Der Ausdruck Urheber*persönlichkeitsrecht*, der im Deutschen dem französischen droit moral ziemlich genau entspricht, findet sich nirgends. Auch ist die Sache nicht grundsätzlich und im Zusammenhang gesehen. Freilich finden sich natürlich im einzelnen einige Normen, in denen der Gedanke des droit moral anklingt, insbesondere hinsichtlich der Vollstreckung in Urheberrechte wegen Geldforderungen, § 10 LUG, § 14 KUG. Auch hat grundsätzlich der Erwerber kein Änderungsrecht, aber nur soweit nichts anderes vereinbart ist, § 9 LUG, § 12 KUG. An einem Werke der bildenden Künste darf der Name oder Namenszug des Urhebers von einem anderen als dem Urheber selbst nur mit dessen Einwilligung angebracht werden, § 13 KUG. Dazu kommen einzelne weniger wichtige Bestimmungen. Das ist sehr wenig und wird wohl nicht für die Feststellung genügen, daß ein allgemeines droit moral des Urhebers im deutschen Recht anerkannt sei.

Aber Wissenschaft und Gerichtspraxis sind über die Gesetze längst hinausgegangen. Ein Urheberpersönlichkeitsrecht wird in Schrifttum und Rechtsprechung einmütig anerkannt[1]. Das ist zum großen Teil ein Ergebnis der schon durch Jahrzehnte fortgesetzten Reformarbeit,

---

[1] Das Reichsgericht 1. Senat v. 8. 7. 1912, RGZ 79/397 (Änderungsrechte) sagt ausdrücklich, daß die im Gesetz geregelten Urheberbefugnisse das Urheberrecht nicht erschöpfend regeln.

die nach Vorberatungen im Verein für gewerblichen Rechtsschutz und Urheberrecht im Jahre 1932 zu einem *Regierungsentwurf* führte, neben den eine Reihe von privaten Entwürfen traten. Der Regierungsentwurf wurde zunächst im Winter 1932/33 im Reichswirtschaftsrat, demnächst in weiteren Ausschüssen durchberaten und führte über einen unveröffentlichten weiteren Regierungsentwurf zu dem auch im ausländischen Schrifttum stark beachteten *Akademie-Entwurf von 1938*, der Gesetz geworden wäre, wäre nicht der Krieg dazwischen gekommen. In allen diesen Arbeiten nimmt das Urheberpersönlichkeitsrecht eine zentrale Stelle ein. Wir haben also die merkwürdige Lage, daß das bei uns geltende Recht durch nicht zum Gesetz gewordene Entwürfe viel genauer wiedergegeben wird als durch die veralteten Gesetzestexte selbst[2].

Diese Entwicklung entspricht genau dem, was in den letzten etwa 70 Jahren überall in der Welt geschah. *Ulmer*[3] drückt das so aus: „Wie einst die Lehre vom geistigen Eigentum als der Hebel, mit dessen Hilfe das Urheberrecht aus der Hülse des Privilegienwesens gebrochen wurde, eine gemein-europäische war, so ist auch der Durchbruch des Gedankens, daß der Schutz geistiger und persönlicher Interessen ein wesentliches Element des Urheberrechts ist, gemeinsam und annähernd gleichzeitig in der Kulturwelt erfolgt". Er verweist außer auf das deutsche Material auf die Entwicklung des droit moral in Frankreich, auf die Lehren *Piola Casellis* in Italien, auf den kanadischen Copyright-Act von 1931 mit seinem neuen Terminus moral right, vor allem natürlich auf den Art. 6 bis der revidierten Berner Übereinkunft (RBÜ). Daß Deutschland die Ergebnisse der römischen Konferenz ratifizieren konnte, beruht auf der richtigen Ansicht der Reichsregierung, daß das Urheberpersönlichkeitsrecht schon damals anerkannten Rechtes war.

II. Persönlichkeitsrecht und Vermögensrecht

Die Frage nach der *Übertragbarkeit* des droit moral setzt offenbar voraus, daß es sich dabei um ein subjektives Privatrecht handle, das mit einiger Selbständigkeit neben das Verwertungsrecht tritt und dessen Übertragbarkeit also unabhängig von der ja unzweifelhaften Übertragbarkeit des Vermögensrechts abgehandelt werden kann. Diese Vorstellung klingt ja auch in der Wendung des Art. 6 bis an: „Indépendamment des droits patrimoniaux de l'auteur, et même après la cession desdits droits".

---

[2] Auch das Schrifttum der letzten 20 Jahre befaßt sich überwiegend mit Reformfragen. Da das ältere Schrifttum überholt und außerdem mindestens seit 1939 nicht viel Grundsätzliches erschienen ist, ist es oft nicht leicht, die heute herrschende Meinung über die lex lata festzustellen. Doch ist eine größere zusammenfassende Darstellung, *Runge*, Urheber- und Verlagsrecht (1948) im Erscheinen begriffen und liegt in den ersten Lieferungen vor.

[3] SJZ 1948, 445.

Es fragt sich aber sehr, ob diese Voraussetzung wirklich richtig ist. Die Frage nach dem Verhältnis zwischen Persönlichkeits- und Vermögensrecht des Urhebers gehört zu den wichtigsten und schwierigsten Problemen der Urheberrechtstheorie. Eine endgültige und allgemein anerkannte Lösung gibt es bislang meines Wissens nirgends auf der Welt. Die sämtlichen Lösungsversuche des deutschen Schrifttums darzustellen, ist hier nicht der Ort. Im wesentlichen dürften sie Varianten dreier älterer Lehrmeinungen sein[4].

Gierke[5] faßte das Urheberrecht als Persönlichkeitsrecht auf, hinter dem das allgemeine Recht der Persönlichkeit stehe. Aus dieser Wurzel erwüchsen dann die Vermögensrechte. Gerade im entscheidenden Punkt half er sich mit einem Bild, das kaum auf klare Begriffe zu bringen ist. *Kohler*[6] sah das Urheberrecht als Immaterialgüterrecht, also als reines Vermögensrecht an. Daneben aber stellte er das gleichfalls aus dem allgemeinen Recht der Persönlichkeit abgeleitete Urheberpersönlichkeitsrecht, nahm also zwei selbständige Rechte an. Wo einmal ihr Zusammenhang nicht zu leugnen war, z. B. bei dem Vollstreckungsverbot, mußte wieder ein Bild helfen: er sprach von Verklammerung der Rechte. *Allfeld*[7] nahm ein einheitliches, aus Vermögens- und Personenrechten gemischtes Recht an, das deshalb weder den Persönlichkeits-, noch den Vermögensrechten zuzurechnen sei. Seiner Ansicht stand die des Reichsgerichts nahe, das, freilich unter Ablehnung des allgemeinen Rechts der Persönlichkeit, neben die echten Persönlichkeitsrechte, wie Namensrecht und Recht am eigenen Bilde, die „persönlichkeitsrechtlichen Bestandteile des Urheberrechts" stellte, was ja auch ein einheitliches gemischtes Recht voraussetzt[8]. Jede dieser Theorien mußte zu bestimmten Folgerungen in der Frage der Übertragbarkeit führen.

Diese Theorien verwandten den Begriff des Persönlichkeitsrechts, der ja heute noch in dem Terminus Urheberpersönlichkeitsrecht enthalten ist. Sieht man aber genauer hin, so findet sich, daß dabei dieser Begriff seinem eigentlichen Sinn entfremdet wurde. Unter einem Persönlichkeitsrecht verstehen wir ein Recht, das die Person in irgendeiner ihrer Beziehungen schützt: das Namensrecht, das Recht am eigenen Bilde, das Recht auf Freiheit, auf Ehre sind solche Rechte. Beim droit moral des Urhebers aber handelt es sich um etwas anderes. Nicht die Person als solche soll geschützt werden, sondern die Beziehung des Schöpfers zum

---

[4] *Elster*, Urheber- und Erfinder-, Warenzeichen- und Wettbewerbsrecht (2. Aufl. 1928) ging eigene Wege, indem er das Urheberrecht in Nahstellung zum Wettbewerbsrecht zu bringen suchte. Diese Ansicht hat sich aber nicht durchgesetzt.

[5] Deutsches Privatrecht I 764ff.

[6] In zahlreichen Schriften, vgl. insbes. Autorrecht 286ff.

[7] Das Urheberrecht an Werken der Literatur und Tonkunst (2. Aufl. 1928) 14ff.

[8] RGZ 69/401, 113/414 und öfters.

Werk[9]. Am stärksten ist die Verwandtschaft zu den echten Persönlichkeitsrechten beim droit de paternité. Hier handelt es sich allerdings um das Ansehen des Urhebers. Aber auch hier wird nicht seine Ehre als solche geschützt, sondern seine Stellung als Schöpfer eben dieses Werkes. Beim Veröffentlichungsrecht aber, also bei der Entscheidung, ob das Werk reif und überhaupt geeignet ist, an die Öffentlichkeit zu treten, ebenso beim Recht, sich gegen Verschandelungen zu wehren und in den sonstigen Fällen des droit moral, handelt es sich immer um das Schicksal des Werkes als solchen. Gewiß hat die Persönlichkeit des Schöpfers das Werk geprägt, aber es bleibt nicht ein Teil des Menschen, sondern er hat es aus sich herausgestellt, es ist etwas Objektives geworden, Schöpfer und Schöpfung sind nicht dasselbe. Das droit moral des Urhebers ist also kein echtes Persönlichkeitsrecht, sondern ein ausschließlich gegen jeden Dritten wirksames Recht besonderer Art, das die Beziehung des Schöpfers zu seinem Werk schützt. Genau dasselbe ist aber auch vom Vermögensrecht des Urhebers zu sagen: es ist ein ausschließliches Recht, das die Beziehung des Urhebers zum Werk schützt. Die Frage ist, ob die beiden Rechte so genau voneinander geschieden, so weit getrennt werden können, daß sie als zwei selbständige Rechte nebeneinander erscheinen.

Schon der *Regierungsentwurf von 1932* nahm nicht zwei Rechte an, sondern bezeichnete Urheberpersönlichkeitsrecht und Verwertungsrecht als die Bestandteile eines einheitlichen Rechts, etwa so wie *Allfeld* es gelehrt hatte. Immerhin versuchte er noch eine möglichst klare Sonderung der Bestandteile. Aber das erwies sich nicht als möglich, und in den folgenden Entwürfen tritt die Einheit des Rechts immer deutlicher hervor. Die letzte Begriffsbestimmung, die des *Akademie-Entwurfs*, lautet: „Das Urheberrecht umfaßt den Schutz des Urhebers in seinen eigenpersönlichen Beziehungen zum Werk . . . und die Verwertung des Werkes in der ursprünglichen oder einer abgeleiteten Form". Im Lauf der sehr gründlichen Beratungen hatten sich nämlich alle Beteiligten überzeugt, daß eine reinliche Sonderung der beiden „Bestandteile" nicht möglich ist. Das läßt sich schon am Veröffentlichungsrecht zeigen, das zu den wichtigsten Befugnissen des Urhebers gehört. Er allein hat darüber zu bestimmen, ob das Werk überhaupt veröffentlicht werden soll und wenn ja, ob es bereits veröffentlichungsreif ist. Daß wir hier ein Stück droit moral vor uns haben, kann wohl nicht zweifelhaft sein. Aber zugleich ist die Veröffentlichung Verwertungsakt. Eine Ausübung des Veröffentlichungsrechts, die nicht zugleich Werknutzung wäre, kommt schlechterdings nicht vor. Das Änderungsrecht ist unter den persönlichen Befugnissen in den Entwürfen ausdrücklich geregelt und gegenüber dem geltenden Recht verstärkt. Mit Recht, denn der Urheber und er allein

[9] Ebenso *Neumann-Duesberg*, Das gesprochene Wort im Urheber- und Persönlichkeitsrecht (1949) 27, 158.

ist für den Bestand seines Werkes verantwortlich, das er in aller Regel auch mit seinem Namen deckt. Aber Änderungsbefugnisse, z. B. für die Einrichtung eines Stücks für eine bestimmte Bühne, sind oft für die Verwertung unentbehrlich und das stärkste aller Änderungsrechte, das Bearbeitungsrecht, wird durchweg zu Verwertungszwecken übertragen. Man könnte Fall für Fall aus der Praxis des Urheberpersönlichkeitsrecht durchgehen, fast überall würde sich diese Mischung von Persönlichkeitsrecht und Vermögensrecht finden. Allenfalls tritt das Recht der Urheberbezeichnung, das droit de paternité, einmal rein in Erscheinung. Wir haben uns mit aller Sorgfalt bemüht, eine reinliche Scheidung der beiden zu erreichen. Aber alle diese Versuche sind gescheitert. Heute kann man als die fast einhellige Meinung der deutschen Urheberrechtswissenschaft feststellen, daß das Urheberrecht mit allen seinen „Bestandteilen" ein einheitliches Recht ist. „Lehre und Rechtsprechung haben erwiesen, daß das droit moral das Urheberrecht in allen seinen Ausstrahlungen durchdringt. Die Bestimmung des richtigen Verhältnisses des droit moral zu den Vermögensrechten ist das eigentliche Anliegen der Urheberrechtstheorie geworden". Nur die monistische Theorie ermöglicht „die adäquate theoretische Erfassung der untrennbaren Gemengelage unter den vom Recht anerkannten Interessen des Urhebers"[10].

Es lohnt sich, dem Grunde dieser konstruktiven Schwierigkeit nachzufragen. Meiner Meinung nach liegt er in einer Unklarheit bei der Bildung des Begriffs droit moral. Dieses ist, wie oben gesagt wurde, ein gegen jeden Dritten wirksames, ein sog. ausschließliches Recht, das den Urheber in seiner Herrschaft über das Werk schützt. Genau dasselbe ist aber auch vom Verwertungsrecht zu sagen. Der Unterschied zwischen den beiden Rechten wird in den verschiedenen *Interessen* gesucht, die sie zu schützen bestimmt sind. Das Verwertungsrecht soll den finanziellen, das droit moral den persönlichen, ideellen Interessen des Urhebers dienen, wobei ideelle und persönliche Interessen meist gleichgesetzt werden. Hier wäre eine genaue Interessenforschung am Platze gewesen, die m. E. zunächst einmal ergeben hätte, daß jene Gleichsetzung nicht richtig ist. Will man mit Sicherheit alle schützenswerten Interessen des

[10] So *Ulmer*, a. a. O. 446. Für zwei selbständige Rechte war insbesondere *Schmoschewer:* Archiv für Urheber-, Film- und Theaterrecht (Ufita) 1, 491, 3, 119ff. eingetreten. Auch ich hatte in meiner Schrift „Vom Wesen des Urheberrechts" (1932), zu trennen versucht, habe aber diese Meinung auf Grund der Erfahrungen in den Reformausschüssen aufgeben müssen. Für Einheit des Rechts u. a. *Marwitz:* Ufita 1, 9; *Hoffmann:* Ufita 7, 382; wohl auch *Runge*, Urheber- und Verlagsrecht 55. *Möhring:* Gewerblicher Rechtsschutz und Urheberrecht 50, 127 läßt zwar die Konstruktionsfrage offen, betont aber die enge, meist untrennbare Beziehung zwischen vermögensrechtlichen und personenrechtlichen Befugnissen. Auch die feste Rechtsprechung des Reichsgerichts über die persönlichkeitsrechtlichen Bestandteile des Urheberrechts geht offenbar von der Vorstellung eines einheitlichen Rechtes aus.

Urhebers erfassen, so kann das nur mittels eines kontradiktorischen Gegensatzes geschehen: auf der einen Seite die finanziellen Interessen, auf der anderen alle, die es nicht sind. (Das Reichsgericht[11] faßt sie als geistige Interessen zusammen.) Es gibt nun aber persönliche Interessen des Urhebers, die sich finanziell auswirken: so wird das Erscheinen eines erfolgreichen Werkes unter dem Namen des Autors (droit de paternité) auch den Absatz seiner früheren Arbeiten günstig beeinflussen. Die „Gemengelage" setzt also schon bei den Interessen ein. Andererseits sind keineswegs alle geistigen oder kulturellen Interessen notwendig individuell; an der Reinhaltung des Werkes ist jeder interessiert, der es mit der Kultur ernst meint, bei Werken von höherem Wert letzten Endes auch der Staat.

Wird nun das droit moral an diese vielgestaltige Interessenlage angeknüpft, so besteht die Gefahr, daß seine Grenzen undeutlich werden. Auch ein guter Verleger betreut das Werk nicht nur unter dem finanziellen, sondern auch unter dem kulturellen Gesichtspunkt. Demgemäß hat das Reichsgericht auch dem Verleger ein Persönlichkeitsrecht zugesprochen[12]. Das gleiche müßte dann auch für andere Werknutzungsberechtigte, etwa für die Bühnenleitung, gelten, ein Weg, der ins Uferlose führen würde. Andererseits wird das Recht des Staates, für die Reinhaltung kulturell wertvoller Werke zu sorgen, unter den Begriff droit moral gefaßt, als ob der Staat eine Art Rechtsnachfolger des Urhebers wäre. Dadurch werden die Grenzen zwischen Privatrecht und Verwaltungsrecht verwischt[13]. So drohen die Grenzen des Urheberpersönlichkeitsrechts zu verschwimmen.

Der Grundfehler liegt meines Erachtens in den Versuchen, die *ausschließlichen Befugnisse* des Urhebers unmittelbar nach den *geschützten Interessen* zu sondern. Damit dürfte das Verhältnis zwischen ausschließlichem Recht und geschütztem Interesse verkannt sein. Gewiß wird dem einzelnen ein ausschließliches Recht zugeteilt, um ihn in seinen Interessen zu schützen. Der Gesetzgeber muß also das Recht so ausgestalten, daß es alle schützenswerten Interessen des Berechtigten an dem Rechtsobjekt wirklich deckt. Aber diese Interessen können an sich vielgestaltig sein, und was die Einheit des Rechts ausmacht, ist, daß der Berechtigte in dem Genuß eines bestimmten Gutes, in einer bestimmten Teilsphäre seines Lebensbereiches geschützt wird. So ist es bei den echten Individualrechten, wie dem Namensrecht, dem Recht am eigenen Bilde. So ist es aber auch bei den ausschließlichen Vermögensrechten, vor allem bei seinem Prototyp, dem Eigentum. Den klagenden Eigentümer fragt man ja auch nicht, welche Interessen im einzelnen hinter seiner Klage stehen. Es mögen sehr wohl ideelle Interessen sein, so wenn es sich um Kunst-

[11] 69/242.
[12] 1. Zivilsenat vom 3. 7. 1929; Ufita 2, 554.
[13] Darüber wird unter VIII näher zu handeln sein.

werke, um Familienpapiere handelt. Hinter wie vielen nachbarrechtlichen Störungsklagen steht das Interesse an Ruhe vor unerwünschtem Lärm, an freier Aussicht u. dgl. Man versuche einmal, das Eigentum nach den jeweils geschützten Interessen in ein droit moral und ein droit pécuniaire zu zerlegen, man wird schnell die Unmöglichkeit einsehen. Diese Meinung nimmt den zu schützenden Interessen nichts von ihrer Bedeutung. Der Unterschied zwischen Eigentum und Urheberrecht liegt nicht nur in dem verschiedenen Rechtsgut. Das Eigentum schützt die Herrschaft über die Sache, das Urheberrecht die Herrschaft über das Werk. Da das Werk die Form ist, um einen geistigen Gehalt anderen zugänglich zu machen, so kann man auch sagen: es schützt die Herrschaft über die Mitteilung des Werkes. Eben deshalb ist der Kreis der zu schützenden Interessen sehr verschieden. Beim Eigentum handelt es sich um Sachgebrauch und damit überwiegend um wirtschaftliche und nur ausnahmsweise einmal um andere Interessen. Das Urheberrecht betrifft die Mitteilung von Geisteswerken, von Kulturgut, so daß die kulturellen Interessen im Mittelpunkt stehen, und es muß außerdem den persönlichen Zusammenhang zwischen Schöpfer und Werk schützen. So ist es zwar ganz richtig, daß die Interessen, die man unter der Bezeichnung droit moral zusammenfassen pflegt, zum wichtigsten Anliegen des Urheberrechts geworden sind. Es ist aber weder richtig, noch überhaupt nur möglich, das Urheberrecht um dieser Interessen willen in zwei getrennte Rechte zu teilen. In diesen Gedankengängen[14] finde ich die Rechtfertigung der deutschen Auffassung, daß das Urheberrecht ein einheitliches Recht sei.

III. Übertragbarkeit des Urheberrechts

Von diesem Ergebnis aus verschiebt sich unsere Fragestellung ein wenig. Wir können nicht mehr fragen, ob das droit moral übertragbar sei, das wir ja als selbständiges Recht nicht anerkennen können, sondern inwiefern die besondere Interessenlage unseres Rechtsgebietes das *Urheberrecht selbst* unübertragbar macht.

Alle Rechtsbildung sucht für soziale Tatbestände und Vorgänge die adäquate Form. Für das Urheberrecht handelt es sich vor allem um drei Grundtatsachen.

1. *Urheber* ist der Schöpfer des Werkes, er bleibt ihm als solcher verbunden, auch wenn er anderen die Verwertung überträgt, und dieser Zusammenhang ist in keiner Weise aufhebbar. Das Werk wird immer sein Werk bleiben.

2. Das *Werk* dient der Mitteilung eines geistigen Gehalts an die Öffentlichkeit. Daß diese Mitteilung rein und unverfälscht, und daß sie in würdiger Form geschehe, liegt nicht nur im persönlichen Interesse

[14] Die ich schon im Droit d'auteur 1943, 123 in kürzerer Formulierung ausgesprochen habe.

des Urhebers, sondern zugleich im allgemeinen Interesse der Kultur. Der Schöpfer des Werkes ist der geborene Wahrer auch dieses Interesses. Auch dieser Zusammenhang ist nicht aufhebbar. Die moralische Verantwortung für sein Werk kann dem Urheber niemand abnehmen.

3. Das *Urheberrecht* ist dem Schöpfer gegeben, damit er aus dem Werk Erträge ziehe und zu weiteren Schöpfungen die wirtschaftliche Möglichkeit habe. Er kann aber diese Verwertung des Werkes in aller Regel nicht selbst vornehmen, sondern bedarf dazu des Vermittlers: des Verlegers, der Bühne, des Musikveranstalters, des Rundfunks usw. Er wird also urheberrechtliche Befugnisse übertragen müssen.

Die Schwierigkeit der Frage nach der Übertragbarkeit des Urheberrechts liegt offenbar in dem Gegensatz, in dem die beiden ersten Sachverhalte zum dritten stehen oder zu stehen scheinen. Die Lösung kann meines Erachtens nur die sein: *das Urheberrecht ist unter Lebenden nicht übertragbar, dagegen können Werknutzungsrechte übertragen werden.* Nach dem Wortlaut unserer Gesetze kann freilich das Urheberrecht „beschränkt oder unbeschränkt auf andere übertragen werden", § 8 III LUG, § 9 III KUG. Nachdem aber einmal das Urheberpersönlichkeitsrecht allgemeine Anerkennung gefunden hat, sind diese Sätze überholt und werden von niemandem mehr vertreten. Zur Begründung wird üblicherweise darauf hingewiesen, daß Persönlichkeitsrechte nicht übertragen werden können[15]. Das wäre richtig, wenn das Urheberrecht ein echtes Persönlichkeitsrecht wäre: seinen Namen, seine Freiheit, seine Ehre kann niemand an einen anderen abtreten und man kann deshalb auch das entsprechende Schutzrecht nicht übertragen. Nun ist freilich, wie oben gesagt, das Urheberpersönlichkeitsrecht kein Individualrecht in diesem Sinne. Da aber auch der Zusammenhang zwischen Schöpfer und Werk unaufhebbar ist, so ist die Folgerung die gleiche wie bei den echten Persönlichkeitsrechten.

Die ältere Lehre, namentlich *Gierke*[16] und *Allfeld*[17] gaben diesem Gedanken die Wendung, das Urheberrecht sei nicht der *Substanz*, sondern nur der *Ausübung* nach übertragbar. Diese Wendung findet

---

[15] Von den zahlreichen einschlägigen Entscheidungen des Reichsgerichts ist besonders charakteristisch die des 1. Senats vom 16. 2. 1929, BGZ 123/312. In einem vor Aufkommen des Rundfunks geschlossenen Vertrage war das Urheberrecht voll übertragen. Die Frage, ob die mittlerweile entstandenen Senderechte dem Erwerber oder trotz der Vollübertragung dem Urheber zustehen, wird zu Gunsten der Erben des Urhebers entschieden. Auch bei einer Vollübertragung bleibe dem Urheber ein unveräußerliches Persönlichkeitsrecht, und dem persönlichkeitsrechtlichen Kern wachse an, was nach Vertragsschluß an vermögensrechtlichen Urheberrechtsbefugnissen durch gesetzliche Neuschöpfung entstehe. Löst man das etwas schiefe Bild der Anwachsung auf, so ergibt sich die Anerkennung der Einheit und Unveräußerlichkeit des Urheberrechts.

[16] a. a. O. 767.

sich auch im ausländischen Schrifttum[18] und war im früheren österreichischen Gesetz von 1895, 1920 geregelt. Es fragt sich nur, was sich eigentlich unter der Überlassung zur Ausübung denken läßt, denn sehr klar ist diese Wendung nicht. Es kann doch kein Zweifel sein, daß der Erwerber, dem ein Verlagsrecht, ein ausschließliches Aufführungsrecht, ein ausschließliches Bearbeitungsrecht übertragen ist, nicht nur die Erlaubnis erhält, fremdes Recht auszuüben, sondern daß ihm wirklich ein eigenes, sowohl gegen den Urheber als gegen Dritte wirksames Recht zusteht. Würde freilich dieses Recht etwa durch Verzicht des Berechtigten oder wie immer wegfallen, so würde die übertragene Befugnis nicht gemeinfrei werden, sondern das Recht des Urhebers würde sich mit seinem vollen Inhalt wieder herstellen[19]. Das ist es wohl, was praktisch mit dieser Übertragung zur Ausübung gemeint ist. Das Verhältnis des dem Urheber verbliebenen zu dem übertragenen Recht ist also dasjenige, das wir auch im Verhältnis des Eigentümers zu dem Träger eines beschränkten Sachenrechts, etwa einem Nießbraucher kennen, der doch auch nicht das Eigentum, sondern sein eigenes Recht ausübt. Fällt der Nießbrauch weg, so stellt sich das Eigentum in seiner alten Machtfülle wieder her, eine Eigenschaft, die wir als Elastizität des Eigentums zu bezeichnen pflegen. Ein weiterer Sinn wird sich mit der Übertragung zur Ausübung schwerlich verbinden lassen. So ist denn der Ausdruck doch wohl ein wenig irreführend. Genauer ist es jedenfalls zu sagen; das *Urheberrecht* ist nicht übertragbar, nur die *Werknutzungsrechte* sind es. Diese aber sind in der Hand des Berechtigten beschränkte Rechte, deren Wegfall dem Urheber seine alte Rechtsmacht wieder verschafft. Übrigens sind sie ja auch noch in anderer Weise an die Person des Urhebers gebunden. Mit dem Ablauf der Schutzfrist, die sich nach seinem Leben bestimmt, müssen notwendig auch sie wegfallen.

Diese Lösung findet sich dann auch in den Entwürfen. Der Regierungsentwurf von 1932 sagt in § 16: „Werknutzungsrechte können beschränkt oder unbeschränkt übertragen werden. Die Übertragung kann auf ein bestimmtes Gebiet begrenzt werden". „Erlischt ein abgetretenes Recht, so stellt sich das Verwertungsrecht des Urhebers im alten Umfange wieder her." § 17 „Das Urheberrecht als solches kann nur von Todes wegen oder in Erfüllung eines Vermächtnisses übertragen werden." Ähnlich folgert der Entwurf von 1938, § 16: „Das Urheberrecht ist vererblich. Es kann nur in Erfüllung einer Verfügung von Todes wegen oder an Miterben im Wege der Erbauseinandersetzung übertragen werden ... Der Urheber kann auch durch Verfügung von Todes wegen einem

[17] a. a. O. 103.

[18] Z. B. bei *Michaëlides-Nouaros*. Le droit moral de l'auteur 93.

[19] Ebenso *Runge* a. a. O. 225 Anm. 5. Für das Verlagsrecht findet sich der Satz im Gesetz selbst: „das Recht erlischt mit dem Ende des Vertragsverhältnisses", § 9 Verlagsgesetz.

Testamentsvollstrecker die Ausübung des Urheberrechts übertragen". (Hier ist der Ausdruck „die Ausübung des Urheberrechts" sinnvoll. Der Testamentsvollstrecker übt ja fremdes Recht aus und ist nicht selbst Rechtsträger.) Und § 17 „der Urheber kann anderen gestatten, das Werk auf einzelne oder alle ihm vorbehaltenen Verwertungsarten zu benutzen (Werknutzungsbewilligung), auch kann er einem anderen das ausschließliche Recht dazu einräumen (Werknutzungsrecht). Die Werknutzungsbewilligung oder die Einräumung eines Werknutzungsrechts können räumlich, zeitlich oder in sonstiger Weise beschränkt werden". § 18 „Der Werknutzungsberechtigte kann die ihm vom Urheber eingeräumten Rechte Dritten gegenüber geltend machen. Werknutzungsbewilligungen, die der Urheber vor Einräumung eines Werknutzungsrechts erteilt hat, sind gegenüber dem Werknutzungsberechtigten wirksam".

Die hier gemachte Unterscheidung zwischen Werknutzungs*bewilligung* und Werknutzungs*recht* bedarf vielleicht eines Wortes der Erklärung. Es handelt sich um den Gegensatz, der im Erfinderrecht als der Unterschied zwischen ausschließlicher und einfacher oder Erlaubnislizenz bekannt ist. Nur die Bestellung eines Werknutzungsrechts ist echte Rechtsübertragung. Bei der Werknutzungsbewilligung handelt es sich um eine zwischen dem Urheber und dem Lizenznehmer wirksame, also im wesentlichen schuldrechtliche Erlaubnis. Der Lizenznehmer erwirbt kein ausschließliches Recht, sondern der Urheber begibt sich nur des Rechts, ihm die vertragliche Nutzung zu verbieten. Solche Werknutzungsbewilligungen sind in aller Regel die musikalischen Aufführungsrechte (exécution). Eine Wirkung gegen Dritte sieht der Entwurf nur insoweit vor, als die Erlaubnis auch gegenüber einem jüngeren Werknutzungsberechtigten wirksam bleibt, so daß dieser dem Lizenznehmer die vertragliche Benutzung nicht verbieten kann.

Nach alledem kann der Satz: Das Urheberrecht ist unübertragbar, nur Werknutzungsrechte können übertragen werden, trotz des Wortlauts unserer geltenden Gesetze mit Sicherheit als geltendes deutsches Recht angesprochen werden.

IV. Der Schutz des Urheberrechts gegenüber dem Werknutzungsrecht

Aber diese Sätze, so wichtig sie sind, ergeben zwar die formale und theoretische Grundlage für die Lösung unserer Frage, sie sind aber noch nicht die Lösung selbst. Wenn es nämlich richtig ist, daß sich die durch das droit moral geschützten und die finanziellen Interessen des Urhebers im Urheberrecht unlöslich durchdringen, so folgt, daß der Erwerber eines Werknutzungsrechts in die Lage kommt, durch die Art, wie er sein Recht nutzt, in jene Interessen einzugreifen, um derentwillen wir gerade das Urheberrecht für ein unübertragbares Recht halten. Will man also den

Urheber in jedem Interessenkreise schützen, so folgt weiter, daß dem Erwerber des Werknutzungsrechts nicht gestattet sein kann, von seinem Recht Gebrauch zu machen, wie es ihm paßt, daß vielmehr Grenzen gesetzt sein müssen, die die Unterdrückung oder Verfälschung der Urheberbezeichnung oder eine Verschandelung des Werks verhindern. Das eben ist das Problem des Art. 6 bis der RBÜ. Da die römische Fassung für Deutschland ratifiziert und durch Reichsgesetz publiziert ist, befinden wir uns hier, soweit wenigstens Art. 6bis der alten Fassung reicht, auf sicherem gesetzlichen Boden. Denn die Ratifikation ist, wie oben gesagt, in der richtigen Meinung geschehen, daß sein Inhalt schon innerdeutsche Rechtspraxis sei. Die Frage ist nur, ob das genügt. Der Beschluß der römischen Konferenz steht ja nicht am Ende, sondern am Anfang einer Entwicklung. Er enthält, was damals im Wege des Kompromisses zu erreichen war. Hinsichtlich des droit de paternité dürfte ja auch nicht viel zu wünschen bleiben. Im übrigen aber ist die römische Fassung nicht unanfechtbar. Sie ist zu eng, insofern sie nur auf Verschandelung oder Änderung des Werkes abstellt, während doch der zu mißbilligende Eingriff auch in der Art der Wiedergabe liegen könnte, z. B. in der Rezitation eines ernsten oder gar religiösen Gedichtes mitten zwischen schlüpfrigen Versen. Dieser Mangel wird behoben sein, wenn einmal die Brüsseler Fassung geltendes Recht geworden sein wird. Denn dort ist bekanntlich hinter den Worten „de s'opposer à toute déformation, mutilation ou autre modification“ eingefügt „ou à toute autre atteinte à la même œuvre“. Wichtiger ist die Kritik, die sich an die weiteren Worte knüpft „préjudiciables à son honneur ou à sa réputation“. Hier wird also die Rückwirkung auf die persönliche Stellung des Urhebers, nicht aber die Reinhaltung des Werkes als solchen in Betracht gezogen. Die individuellen Interessen sind mit den kulturellen, mit der Verantwortlichkeit des Schöpfers für die Reinhaltung seines Werkes zusammengeworfen. Streng genommen könnte also ein Autor sich einer Verschandelung gegenüber nicht auf Art. 6bis berufen, sofern nur seine Anonymität gesichert wäre. Denn dann wären ja seine Ehre und sein Ansehen nicht im Spiel. Auch diese Kritik scheint inBrüssel lebhaft zur Sprache gebracht worden zu sein. Doch ist es bei dem alten Texte geblieben, wie es scheint deshalb, weil keiner der Verbesserungsvorschläge die Konferenz überzeugte. Es ist ja auch ein ungeheuer schwieriges Formulierungsproblem.

Für das innerdeutsche Recht stellt sich also die Frage so: daß Art. 6bis der römischen Fassung geltendes Recht ist, ist nicht zweifelhaft. Ist damit die Grenze erreicht oder ist der Werknutzungsberechtigte noch darüber hinaus eingeschränkt? An sich ist die Frage in dem letzteren Sinne zu beantworten. Der Urheber wird sich jeder unwürdigen oder entstellenden Ausübung des Werknutzungsrechts widersetzen können. Aber eine genaue Begriffsabgrenzung über solche allgemeinen Formeln hinaus ist so wenig möglich wie bei der Anwendung der zahlreichen Normen, die auf Treu und Glauben, die guten Sitten und ähnliche allgemeine Wertmaßstäbe abstellen. Die Wertung des Einzelfalles wird immer Sache der Richterkunst bleiben.

V. Bindung des Werknutzungsrechts zugunsten des Urhebers

Schließlich bleiben noch zwei Fragen der Bindung des Werknutzungsrechts zugunsten des Urhebers zu besprechen, die *Weiterübertragung* und der sog. *Rückruf*.

1. Gerade das Interesse des Urhebers an der Reinhaltung des Werks macht die *Übertragung* eines Werknutzungsrechts immer zu einer Sache persönlichen Vertrauens. Der Urheber wird nur demjenigen ein Recht am Werk übertragen, zu dem er die Zuversicht hat, daß er das Werk zur rechten Geltung bringen und sich jedenfalls jeder Entstellung oder unwürdigen Wiedergabe enthalten wird. Damit ist offenbar die weitere Frage gegeben: ist der Erwerber eines Werknutzungsrechts berechtigt, sein Recht an einen Dritten weiter zu übertragen oder bleibt dem Urheber die Befugnis, das weitere Schicksal des Werknutzungsrechts in irgendeiner Form zu kontrollieren? Für das Verhältnis zwischen Autor und Verleger brachte schon das Gesetz über das Verlagsrecht vom 19. 6. 1901 eine Lösung: „. . . die Rechte des Verlegers sind übertragbar, soweit nicht die Übertragbarkeit durch Vereinbarung zwischen Verfasser und Verleger ausgeschlossen ist. Der Verleger kann jedoch durch einen Vertrag, der nur über einzelne Werke geschlossen wird, seine Rechte nicht ohne Zustimmung des Verfassers übertragen. Die Zustimmung kann verweigert werden, wenn ein wichtiger Grund vorliegt". Danach kann also die Übertragung des Verlagsrechts durch Vertrag zwischen Verfasser und Verleger ausgeschlossen werden. Schon das ist insofern eine Besonderheit, als nach § 137 BGB ein übertragbares Recht nicht durch Rechtsgeschäft unübertragbar gemacht werden kann. Liegt eine solche Vereinbarung nicht vor, so kann sich der Verfasser einer Veräußerung im Rahmen des gesamten Verlags oder eines Verlagszweiges nicht widersetzen. Wohl aber ist die Übertragung des Rechts an einem einzelnen Werk an seine Zustimmung gebunden, die aber nicht willkürlich, sondern nur aus wichtigem Grunde versagt werden kann. Es handelt sich also um einen wohlerwogenen Interessenausgleich, der wie das ganze Verlagsgesetz auf Kodifikation des im guten Verlagshandel schon früher Üblichen beruht. Die Bestimmung hat sich denn auch selbst in schwierigen Zeiten gut bewährt. Wenn sonach für das beschränkte Gebiet des Verlagswesens die Lage klar ist, so ergibt sich die weitere Frage, ob nicht in § 28 des Verlagsgesetzes ein Gedanke steckt, der verallgemeinert werden kann. In der Tat ist eine solche Verallgemeinerung in der Reform angestrebt worden. Schon § 20 II des Regierungsentwurfs von 1932 sagt: „Die Weiterübertragung eines Werknutzungsrechts ist, wenn nichts anderes vereinbart ist, unter Lebenden nur mit Zustimmung des Urhebers zulässig. Doch

kann die Zustimmung nur verweigert werden, wenn ein wichtiger Grund vorliegt". Das soll aber weder für Werknutzungsrechte an gewerbsmäßig hergestellten Filmwerken, noch an Rechten der Photographie gelten. Schon diese Einschränkung zeigt, daß die Dinge nicht für alle Sparten des Urheberrechts gleich liegen. Die Grenzen der an sich wertvollen und begrüßenswerten Regel werden deshalb wohl zu überlegen sein. Jedenfalls handelt es sich hier noch nicht um geltendes Recht, sondern um ein Reformziel, das als solches freilich wohl ziemlich einmütig gebilligt wird.

2. Endlich ergibt sich aus den persönlichen und kulturellen Interessen des Urhebers, also aus dem, was üblicherweise droit moral heißt, noch eine Fragestellung. Wenn der Urheber ein Werknutzungsrecht übertragen und dafür sein Geld erhalten hat, so sind seine finanziellen Interessen befriedigt. Aber er will ja mehr. Er will, daß sein Werk durch die Vermittlung des Werknutzungsberechtigten an das Volk herangebracht wird. Wie nun, wenn der Werknutzungsberechtigte von seinem Recht keinen Gebrauch macht und das Werk im Schreibtisch liegen läßt? Damit würde offenbar der eigentliche Sinn der Übertragung verfehlt. Was kann der Urheber dagegen tun? Ganz so wichtig, wie es auf den ersten Blick scheint, ist freilich die Frage nicht. Die Bestellung eines Werknutzungsrechts erfolgt nämlich in Erfüllung eines Schuldvertrags, und es ist auf weiten Gebieten des Urhebervertragsrechts so, daß der Werknutzungsberechtigte die vertragliche Pflicht zu seiner Verwertung übernimmt, so beim Verlagsrechte, beim Bühnenaufführungsvertrage. Kommt der Erwerber dieser Pflicht nicht nach, so wird der Urheber berechtigt sein, den Schuldvertrag durch Rücktritt zu lösen, und die Folge ist, daß das Werknutzungsrecht entweder automatisch erlischt[20] oder zum mindesten der Erwerber schuldrechtlich verpflichtet ist, es zurückzuübertragen oder durch Verzicht zum Erlöschen zu bringen. Es handelt sich also praktisch nur um die Fälle, in denen der Erwerber eine Verwertungspflicht nicht übernommen hat. Auch hier suchen die Entwürfe zu helfen, indem sie dem Urheber ein *Rückrufsrecht* geben, falls die Verwertung nicht innerhalb einer bestimmten Frist erfolgt und auch eine vom Urheber gesetzte Nachfrist ungenützt verstrichen ist. Dieses Recht erscheint schon im Entwurf von 1932 unter der nicht ganz genauen schuldrechtlichen Bezeichnung Rücktrittsrecht und sehr stark verklausuliert, in § 28 des Entwurfs von 1938 unter leichteren Bedingungen als Rückruf. Es handelt sich dabei offenbar um eine weitere Auswirkung des droit moral. Aber auch hier haben wir es einstweilen nur mit Reformwünschen, nicht mit geltendem Recht zu tun, und auch hier werden Einschränkungen, z. B. für Zeichnungen von Angestellten in Betrieben des Kunstgewerbes zu erwägen sein.

[20] So in § 9 Verlagsgesetz: „Das Verlagsrecht ... erlischt mit der Beendigung des Vertragsverhältnisses".

Aber auch diese Reformpläne zeigen ja die Richtung der Entwicklung. Auch in der Hand des Erwerbers bleibt Ausübung und Weiterübertragung des Werknutzungsrechts an den Urheber gebunden, und zwar nicht im finanziellen Interesse, sondern um des droit moral willen.

VI. Verletzung des Urheberrechts durch vertraglich vereinbartes Werknutzungsrecht

Bisher war von den Beschränkungen die Rede, welchen das übertragene Werknutzungsrecht um des droit moral des Urhebers willen unterliegt. Häufig wird nun aber eine solche Übertragung auf Grund eines schuldrechtlichen Vertrags zwischen Urheber und Berechtigten erfolgen, welcher die näheren Bestimmungen über die Durchführung des Werknutzungsrechts enthält. Hier liegt eine der schwierigsten Fragen der Übertragbarkeit des droit moral. Wenn der Urheber einer Werknutzung zugestimmt hat, die an sich mit seinem droit moral nicht vereinbar ist, oder wenn sich nachträglich Umstände ergeben, die die *verabredete Werknutzung* als *Verletzung seines Ansehens* oder seiner kulturellen Interessen erscheinen lassen, kann er sich dann zur Wehr setzen oder ist er an seinen Vertrag gebunden? Was soll den Vorzug haben, das droit moral oder der Satz pacta sunt servanda?

Die Werknutzung bringt ja in sehr vielen Fällen Eingriffe und mitunter erhebliche Eingriffe in die Substanz des Werkes mit sich. Freilich hat der Werknutzungsberechtigte, z. B. der Verleger, der Musikveranstalter, im Zweifel nicht das Recht, an dem Werk oder der Urheberbezeichnung etwas zu ändern. Aber es ist klar, daß sich der Urheber muß wirksam verpflichten können, Änderungen, und zwar mitunter erhebliche Änderungen zu dulden. Dergleichen findet sich schon beim Bühnenaufführungsvertrage, und selbst wenn es sich nicht um Änderungen der Worte handelt, so wird doch die Regiearbeit dem Werke eine bestimmte Färbung aufprägen, vielleicht eine Färbung, die dem Dichter sehr wenig gefällt, die er sich ganz anders gedacht hatte. Gleichwohl wird er im allgemeinen an seinen Vertrag gehalten werden müssen. Noch tiefer sind die Eingriffe, wenn Bearbeitungsrechte vergeben oder Bearbeitungsbewilligungen erteilt sind. Schon eine Übersetzung kann viel oder wenig wert sein, und es gibt keine, die nicht in Einzelheiten noch schöner hätte gemacht werden können. Erst recht gilt das für Dramatisierungsrechte, und die Verfilmung eines nur einigermaßen guten, also echt epischen Romans, ist überhaupt kaum ohne wesentliche Eingriffe denkbar. Doch wird auch hier im allgemeinen der Urheber gebunden sein und auch eine Bearbeitung hinnehmen müssen, die ihm nicht gefällt, sonst gäbe es keine Sicherheit mehr in den Verwertungsgewerben.

1. Irgendwo muß das freilich eine Grenze haben. Auch die Vertragsfreiheit ist ja nicht unbeschränkt. Die Begründung zum Regierungsentwurf von 1932 sucht die Lösung in § 138 BGB, nach welchem *sitten-*

widrige Verträge nichtig sind. Das deckt allerdings einen Teil der Fälle. Der Urheber ist an ordentlicher Verwertung nicht nur persönlich interessiert, sondern er ist als Schöpfer des Werkes vor der Kultur, vor dem Geistesleben seines Volkes und der Kulturwelt für dessen Reinhaltung auch moralisch verantwortlich. Stimmt er einer gar zu starken Verschandelung zu, so handelt er sittenwidrig, und das gleiche gilt für seinen Partner, der sich ein solches Versprechen geben läßt. Damit sind die Werte bezeichnet, an denen die Fragen der Sittenwidrigkeit geprüft werden sollten. Aber allgemeine Normen, wie die der guten Sitten, sind nicht genau festlegbar. Zu etwas festeren Regeln kann hier nur eine lange Praxis gelangen. Man wird dabei streng sein müssen und dem Urheber nicht zu leicht aus seinem Vertrage heraushelfen dürfen. Fragen des Geschmacks, die zweifelhaft sein können, genügen nicht, es muß sich um krasse Fälle handeln, und man wird im allgemeinen um so strenger sein müssen, je genauer die Verwertungshandlung, von der der Urheber jetzt abkommen will, im Vertrage festgelegt war. Der Urheber wird ja überlegt haben, was er verspricht, und er ist in erster Linie zum Urteil über die Darbietung seines Werkes berufen. Auch das läßt sich vielleicht sagen, daß das allgemeine kulturelle Interesse, Verschandelungen zu verhüten, stärker gewertet werden sollte, als persönliche Nachteile für den Urheber. Über solche allgemeinen Bemerkungen hinauszukommen, wird kaum möglich sein. Die Frage der Sittenwidrigkeit entzieht sich nun einmal der begrifflichen Festlegung.

2. Aber der Gedanke des wegen Sittenwidrigkeit nichtigen Rechtgeschäfts deckt nicht alle Fälle. Denn dabei wird auf die Lage zur Zeit des Vertrags abgestellt. Dieser muß sittenwidrig sein, nicht kann er nachträglich sittenwidrig werden. Es sind aber Fälle denkbar, in denen *nachträglich* die Dinge sich so entwickeln, daß durch die Durchführung der Verwertung persönlicher Nachteil für den Urheber und eine im Interesse der Kultur unerwünschte Lage entstehen würde. Nehmen wir ein typisches Beispiel: ein Gelehrter hat einen Verlagsvertrag über eine fertige Forschung geschlossen; der Verleger hat vielleicht schon mit der Vervielfältigung begonnen. Jetzt wird eine neue Entdeckung publiziert, die nach dem Urteil des Verfassers sein Werk als überholt und irrig erscheinen läßt. Muß er gleichwohl die Veröffentlichung dulden? Mit § 138 ist offenbar dem Fall nicht beizukommen. Der Vertrag enthält nichts Sittenwidriges. Aber ein anderer schuldrechtlicher Begriff bietet sich an. Jeder Schuldvertrag verlangt vom Schuldner ein Opfer. Wird infolge veränderter Umstände das Opfer zu schwer, ist, wie unser Schrifttum es ausdrückt, die Opfergrenze überschritten, so muß er sich durch Rücktritt vom Vertrage lösen können. Das ist die Lehre von der sog. clausula rebus sic stantibus, die als gesicherter Besitz unseres Schuldrechts bezeichnet werden kann. Wie sich in einem solchen Falle die Rückabwicklung gestaltet, was insbesondere aus den Kosten wird, die der Verleger

schon in die Veröffentlichung gesteckt hat, das zu verfolgen, ist hier nicht der Ort. Hier kam es nur auf das Mittel an, das dem Urheber zurVerfügung steht, um im Notfall sein droit moral auch entgegen einer vertraglichen Bindung durchzusetzen. Aber auch dieser Behelf ist eben nur für Notfälle da. Auch ein Urheber darf sich nicht leicht von seinem Worte lösen.

VII. Das Urheberrecht nach dem Tode des Urhebers

Bislang war nur vom Urheberrecht bei Lebzeiten des Urhebers die Rede. Durch seinen *Tod* verschiebt sich die Problemlage erheblich.

Das Urheberrecht als Verwertungsrecht ist, solange die Schutzfrist läuft, vererblich. Kein Gesetzgeber könnte das anders machen. Ließe man das Recht mit dem Tode des Urhebers erlöschen, so würde die Verwertung zu unsicher, der Gewinn des Urhebers selbst also gefährdet sein. Aber auch alle Fragen rechter Namensgebung, richtiger Wiedergabe usw., kurz alle oder fast alle Fragestellungen des sog. droit moral überleben den Urheber. Es handelt sich ja nicht nur um seine persönlichen Belange, sondern zugleich um die Reinlichkeit des kulturellen Lebens.

Aber der Schöpfer des Werkes, der in dem Werke sprach und deshalb naturgemäß die Mitteilung an die Öffentlichkeit beherrschte, ist nicht mehr da. Selbst die nächsten Angehörigen können ihn nicht ganz ersetzen. Wem also soll man die geistige Betreuung des Werks anvertrauen?

Wäre es so, daß sich die verschiedenartigen Interessen als droit patrimoniaux oder droit moral reinlich scheiden ließen, so könnte man daran denken, sie nach dem Tode verschiedene Wege gehen zu lassen. Die echten Persönlichkeitsrechte, nämlich das Recht auf Freiheit, auf Ehre usw., schützen das Individuum und können also nicht eigentlich vererblich sein. Aber es kann seinen guten Sinn haben, den nächsten Angehörigen gleichartige Rechte zuzuteilen, die jetzt freilich nicht mehr das ursprünglich geschützte Individuum, sondern die Pietätsinteressen der Familie schützen. Eine solche Lösung kennt das deutsche Recht beim Recht am eigenen Bilde, §§ 22ff. KUG. „Bildnisse dürfen nur mit Einwilligung des Abgebildeten verbreitet und öffentlich zur Schau gestellt werden ... Nach dem Tode des Abgebildeten bedarf es bis zum Ablauf von zehn Jahren der Einwilligung der Angehörigen des Abgebildeten. Angehörige im Sinne des Gesetzes sind der überlebende Ehegatte und die Kinder des Abgebildeten und, wenn weder ein Ehegatte noch Kinder vorhanden sind, die Eltern des Abgebildeten". Diese Auswahl der Personen deckt sich nicht mit den gesetzlichen Erben, unter denen z. B. der Ehegatte neben den Eltern erben würde, und am Recht der Angehörigen wird dadurch nichts geändert, daß im Erbgang an ihre Stelle ein Testamentserbe tritt. Die Wahrung der Pietätsinteressen geht andere Wege als das Vermögen, und das ist ja auch richtig. Einen ähnlichen Weg hatte ich im Anschluß an polnisches Recht im Jahre 1932 für die Reform vorgeschlagen. Die Vermögensrechte sollten dem Erbgang unterliegen, der sich ja nur auf Vermögen bezieht, das Persönlichkeitsrecht den nächsten Angehörigen, etwa in der Reihenfolge wie beim Recht am eigenen Bilde zufallen. Mit diesem Vorschlag bin ich nicht durchgedrungen, und wie ich jetzt meine, mit Recht nicht. Denn die geschützten Interessen lassen sich eben so nicht trennen. Würden sich etwa bei Einsetzung eines Testamentserben verschiedene Träger beider Rechte ergeben, so wären sie schon für die Frage der Veröffentlichung des Nachlasses, aber auch bei den meisten sonstigen Verwertungshandlungen, zum Zusammenwirken gezwungen, wie etwa Miterben oder sonstige Mitberechtigte, und das in einer Lage, die regelmäßig zu Spannungen zwischen ihnen führen müßte. Für diese Untrennbarkeit der geschützten Interessen ist die Annahme eines einheitlichen Urheberrrechts ja nur der theoretische Ausdruck. So bleibt nur die Lösung, das *einheitliche Urheberrecht* in den Erbgang hineinzunehmen und also bis zum Ablauf der Schutzfrist den aufeinanderfolgenden Generationen von Erben zuzusprechen. Es muß also bei dem Satz unserer geltenden Gesetze bleiben, daß das Urheberrecht ein vererbliches Recht ist.

Daß die Erben die geeigneten Personen sind, um die Reinhaltung des Werks und das Ansehen des Schöpfers mit der nötigen Einsicht und Energie zu wahren, ist freilich nicht sicher, selbst dann nicht, wenn sie die nächsten Angehörigen sind. Um so notwendiger ist es, dem Schöpfer selbst die Möglichkeit zu schaffen, sich einen geeigneten Träger seiner Interessen durch Verfügung von Todes wegen zu bestimmen, sei es, daß er einen geeigneten Erben einsetzt, sei es, daß er das Recht einem Miterben durch Teilungsanordnung oder daß er es einem Vermächtnisnehmer zuweist. Insofern erleidet der Satz eine Ausnahme, daß das Urheberrecht ein unübertragbares Recht sei. Beim Vermächtnis wird nämlich eine Verfügung unter Lebenden notwendig, da das deutsche Recht kein dingliches, sondern nur ein schuldrechtliches Vermächtnis kennt. Durch die Vermächtnisverfügung wird also der Erbe verpflichtet, das Recht auf den Vermächtnisnehmer zu übertragen. Das alles macht nach geltendem Recht keine Schwierigkeiten, da ja nach dem Wortlaut unserer Gesetz das Urheberrecht übertragbar und vererblich ist und die oben angeführte Gründe, aus denen die Wissenschaft die Übertragbarkeit unter Lebenden auf Vergebung von Werknutzungsrechten beschränkt, hier nicht zutreffen. Endlich gibt es für den Urheber noch einen sehr zweckmäßigen Weg, um seine kulturellen Interessen zu wahren. Findet er, daß sie bei seinen Erben nicht in sicheren Händen sind, so kann er durch Testament einen Treuhänder einsetzen, der die Urheberrechte ausübt. Eine solche Rechtsfigur kennt unser Erbrecht in der Gestalt des Testamentsvollstreckers. Ganz freilich paßt das nicht, da ja der Testamentsvollstrecker nur für den Nachlaß, also für das Vermögen des Erblassers gedacht und das Urheberrecht eben kein reines Vermögensrecht ist. Da aber die geltenden Urhebergesetze, die ja das Urheberrecht wesentlich als Vermögensrecht sehen, in ihrem Wortlaut keine Schwierigkeit bieten und überdies die Reformentwürfe diese Rechtsfigur kennen, so haben sich in der Praxis bislang weder Schwierigkeiten ergeben, noch sind sie zu erwarten. Diese Erwägung hat im Entwurf von 1938 zu folgender Fassung geführt: „1. Das Urheberrecht ist vererblich, es kann nur in Erfüllung einer Verfügung von Todes wegen oder an Miterben im Wege der Erbauseinandersetzung übertragen werden. 2. Der Rechtsnachfolger im Sinne des Abs. 1 hat die dem Urheber zustehenden Rechte, soweit nicht ein anderes bestimmt ist. 3. Der Urheber kann auch durch Verfügung von Todes wegen einem Testamentsvollstrecker die Ausübung des Urheberrechts übertragen".

VIII. Urheberrecht und Staatsaufsicht

Wie oben ausgeführt, finde ich in der Bildung des Begriffs droit moral eine Unklarheit. Die verschiedenen Interessengruppen des Urhebers, finanzielle und andere, werden behandelt, als ob sie verschiedene subjektive Privatrechte wären, entgegen allen bisherigen Methoden bei Ausbildung subjektiver Herrschaftsrechte, bei welchen die Interessen hinter dem Recht stehen, Motive seiner Ausübung sind und sich dabei im Einzelfalle beliebig mischen können. Und weiter werden diese Interessen, wenn man schon einen derartigen Weg gehen will, nicht genügend geschieden: die persönlichen Interessen des Urhebers werden den kulturellen gleichgesetzt, Interessen also, die jedem an der Kultur interessierten Menschen wichtig sein müssen. Das hat dazu geführt, daß in ausländischen Gesetzgebungen auch die Befugnis des *Staates*, für die Reinhaltung national wertvoller Werke zu sorgen, als droit moral angesprochen und mit dem droit moral des Urheberrechts gleichgesetzt wird, so daß der Staat oder die Institution, der der diese Aufgabe überträgt, als eine Art Rechtsnachfolger des Urhebers erscheinen. Dieses quid pro quo liegt auch der Brüsseler Fassung des Art. 6bis II zugrunde „dans la mesure où la législation nationale des Pays de l'Union le permet, les droits reconnus à l'auteur en vertu de l'al. ci-dessus sont, après sa mort, maintenus au moins jusqu'à l'extinction des droits patrimoniaux et exercés par les personnes ou institutions auxquelles cette législation donne qualité".

Hier scheint sich mir die begriffliche Unklarheit zu einem wirklichen Fehler auszuwachsen. Es werden Dinge zusammengeworfen, die miteinander nichts oder doch nur wenig zu tun haben. Während es sich beim Urheber nicht nur um kulturelle, sondern auch um persönliche Interessen handelte und in der Hand des Erben um solche der Pietät, hat der Staat es nur mit dem Interesse des Volksganzen, nämlich der geistigen Kultur zu tun. Während der Schutz in der Hand des Urhebers und seiner Erben durch Zuteilung eines subjektiven Privatrechts gewährt wird, handelt der Staat in seiner Verwaltungsaufgabe, also mit den Methoden des Verwaltungsrechts, notfalls des Verwaltungszwangs. Das sind ganz verschiedene Dinge.

In der zitierten Brüsseler Fassung tritt uns zunächst ein negativer Satz entgegen. Solange der Urheber lebt, ist er allein berufen, für die Reinheit seines Werks zu sorgen. Gewiß ein sehr gesunder Satz. Keine noch so weise zusammengesetzte Behörde oder Dienststelle würde über das Werk so gut urteilen können wie sein Schöpfer. Allerdings wäre gleich hinzuzufügen: ganz ohne Eingriffe kommt auch bei Lebzeiten des Schöpfers kein Staat aus, sei es auch nur in Form der repressiven Zensur, indem er die Veröffentlichung von Werken unsittlichen oder gesetzwidrigen Inhalts verbietet.

Wie sehen die Dinge nach dem Tode des Urhebers aus? Daß nach deutschem Recht die Erben für die Dauer der Schutzfrist Träger auch jener urheberrechtlichen Befugnisse werden, die man als droit moral zu bezeichnen sich gewöhnt hat, wurde oben gesagt. Aber in ihrer Hand ist die Integrität des Werks keineswegs so gesichert wie in der des Werkschöpfers. Es ist durchaus denkbar, daß sie nicht das nötige Verständnis oder nicht die nötige Aktivität haben, um sich gegen Verschandelungen zur Wehr zu setzen, ja, daß sie einer Verschandelung zustimmen, weil sie dabei mehr Geld verdienen. Es ist also durchaus erwägenswert, neben ihnen einer öffentlichen Stelle die Befugnis zu geben, über die Reinheit des Werks zu wachen. Wie aber kommt man hier mit der Auffassung zurecht, daß eine solche Betätigung einer öffentlichen Stelle Ausübung des droit moral des Urhebers sei? Dann hätte sich das Recht ja wohl verdoppelt und wir hätten zwei droits moraux mit verschiedenen Rechtsträgern? — Eine seltsame Vorstellung.

Wie steht es mit der Schutzfrist? Besteht irgendein Anlaß, irgendeinen Teil des subjektiven Privatrechts, das wir Urheberrecht nennen, über die Schutzfrist hinaus zu verlängern? Ich sehe keinen. Aber erfahrungsgemäß tritt das Bedürfnis, über die Reinheit des national wertvollen Werks zu wachen, gerade bei solchen Werken hervor, die die Schutzfrist überdauert haben und zum festen Bestand des Geisteslebens geworden sind. So hat sich z. B. in Deutschland das Verlangen nach solchem Schutz an die Kritik angeschlossen, welche Richard Strauß an der aus Schubertscher Musik zusammengestückten Operette „Das Dreimäderlhaus" übte.

Es handelt sich also meines Erachtens um grundsätzlich andere Dinge als um das subjektive Privatrecht des Urhebers, nämlich um staatliche Kulturpolitik und um Verwaltungsrecht.

Allgemeine Bestimmungen dieses Inhalts kennt unser geltendes Recht nicht. Auch der Regierungsentwurf von 1932 brachte sie nicht. Dagegen sagt § 53 des Entwurfs von 1938, „Werke von allgemeiner Bedeutung für die nationale Kultur dürfen nach dem Tode des Urhebers nicht derart bearbeitet oder verwertet werden, daß dies offenbar ihr Ansehen oder ihren Wert beeinträchtigen würde. Die Aufsicht darüber steht dem

Reichsminister für Volksaufklärung und Propaganda zu, der auch gegen die nach § 16 (d. h. von Todes wegen) zur Rechtsnachfolge Berufenen entscheiden kann". Hier ist also richtig auf die kleine Zahl der Werke von allgemeiner Bedeutung für die Kultur abgestellt und ein Eingriff in das Recht des Urhebers selbst vermieden. Daß er gegen die Erben zulässig sein soll, ist nicht zu beanstanden. Daß aber überhaupt solche Bestimmungen aufgenommen wurden, war in dem damaligen totalen Staate selbstverständlich.

Ich gestehe, daß ich solchen Normen einigermaßen skeptisch gegenüberstehe. Solche Eingriffe in das Geistesleben setzen ein ästhetisches Urteil voraus, und nichts ist so schwankend und wandelbar wie dieses. Es gibt immerhin zu denken, daß die auf das Jüngste Gericht von Michelangelo aufgemalten Gewänder auf Befehl des Papstes Paul IV. Caraffa, also des Landesherrn des Kirchenstaates entstanden sind. Man mag die zur Entscheidung Berufenen noch so sorgfältig auswählen, immer sind es Menschen mit einem individuellen, also beschränkten Geschmack. Überträgt man z. B. die Entscheidung einer Akademie, so legt man sie in die Hände der älteren arrivierten Generation, und man kann fast sicher sein, daß die nachdrängende Jugend mit ihren Urteilen nicht einverstanden sein wird. Deshalb sollten Verwaltungseingriffe in das Geistesleben nur erwogen werden, soweit sie unbedingt nötig sind, und hier liegen meines Erachtens die Dinge für die einzelnen Zweige des Urheberrechts nicht gleich. Für Literatur und Tonkunst vermag ich ein Bedürfnis nicht anzuerkennen. Schließlich hat jedes Volk das Geistesleben, das es verdient. Wenn ein Bedürfnis nach gereinigten Shakespeare-Ausgaben für junge Mädchen auftritt, habeant sibi. Es ist ja niemand gehindert, auf die echten Texte zurückzugreifen, und kommende Generationen werden darüber wieder anders denken. Und wenn schon das Dreimäderlhaus zahlreiche Aufführungen erlebt und sich offenbar viele Menschen daran freuen, was schadet es? Dem ernsten Musikliebhaber steht ja Schubertsche Musik selbst zu Gebote. Anders freilich liegt die Sache auf dem Gebiet der bildenden Künste. Durch Verschandelung eines Kunstwerks werden Kulturwerte auch für kommende Generationen zerstört. Hier und hier allein ist meines Erachtens der Gedanke einer öffentlich-rechtlichen Aufsicht gewiß nicht überall, sondern nur über die wenigen national wertvollen Kunstwerke erwägenswert. Doch darf die Frage nicht näher verfolgt werden. Denn um das droit moral und seine Übertragbarkeit handelt es sich eben nach meiner Auffassung nicht.

WIRTSCHAFTS- UND ARBEITSRECHT

DAS RECHT DER WIRTSCHAFTLICHEN ZUSAMMENSCHLÜSSE

Von Dr. HAROLD RASCH
Frankfurt a. M.-Höchst

Literatur (Auswahl): A. Kartelle und Konzerne: 1. Rechtszustand bis 1945: *Callmann*, Das deutsche Kartellrecht (1934) — *v. Brunn*, Grundzüge des Kartellrechts (1938) — *Müllensiefen-Dörinkel*, Kartellrecht (3. Aufl. 1938) — sowie verschiedene Kommentare zur Kartellverordnung v. 1923, z. B. von *Isay-Tschierschky* (2. Aufl. 1930) — *Böhm*, Wettbewerb und Monopolkampf (1933) — *Böhm*, Das Reichsgericht und die Kartelle: Ordo 1 (1948) 197 — *Rasch*, Die Kartellsperre (1938).

Haußmann, Grundlegung des Rechts der Unternehmenszusammenfassungen I (1926), II (1932) — *Haußmann*, Art. „Unternehmenszusammenfassungen": HwbRwiss VI (1929) — *Friedländer*, Konzernrecht (1927) — *Rosendorff*, Die rechtliche Organisation der Konzerne (1927) — *Hamburger*, Art. „Konzernrecht": RvglHwb V (1933/34) — *Rasch*, Deutsches Konzernrecht (1944).

Friedländer, Die Rechtspraxis der Kartelle und Konzerne in Europa (1938) — *Haußmann*, Konzerne und Kartelle im Zeichen der Wirtschaftslenkung (1938) — sowie zahlreiche Aufsätze in der „Kartell-Rundschau", Monatsschrift f. Recht u. Wirtschaft im Kartell- und Konzernwesen.

2. Rechtszustand seit 1945: *Rasch*, Das Verbot der übermäßigen Konzentration deutscher Wirtschaftskraft: SJZ 1947, 152 — *Böhm*, Dekartellisierung und Konzernentflechtung: SJZ 1947, 495 — *Mueller*, Dekartellierung und Konzernentflechtung (Sonderveröffentlichung d. Zentraljustizamts f. d. Brit. Zone, 1947, 42) — *Haußmann*, Der Wandel des internat. Kartellbegriffs (1947) — *Haußmann-Würdinger*, Die rechtliche und wirtschaftliche Bedeutung des deutschen Sherman-Act: MDR 1947, 176 — *v. Brunn*, Die heutige Lage des deutschen Kartellrechts (1949).

B. Sozialpolitische Organisationen: Über die Unternehmerverbände vgl. die systemat. Darstellungen des deutschen Arbeitsrechts der Weimarer Republik, z. B. von *Kaskel-Dersch* (4. Aufl. 1932), *Hueck-Nipperdey* (3./5. Aufl., I 1931, II 1932) — für die Nachkriegszeit *Preller*, Sozialpolitik (2. Aufl. 1947) — laufendes Material in der Zeitschrift „Der Betriebsberater".

C. Kammern, Innungen, Fachverbände: *Weber*, Die Körperschaften, Anstalten und Stiftungen des öffentlichen Rechts (1940) — *Homann*,

Die deutsche Wirtschafts-Organisation (1943) — für die Nachkriegszeit *Boemcke*, Art. „Industrie- und Handelskammern": Blattei Hwb der Rechts- u. Wirtschaftspraxis D 8 — *Boemcke* und *Reuss*, Art. „Wirtschaftsorganisation" und „Wirtschaftsverbände", ebenda — laufendes Material in der Zeitschrift „Der Betriebsberater".

Nur wenige Rechtsgebiete haben nach dem Zusammenbruch der nat.-soz. Herrschaft in Deutschland eine so *tiefgreifende Umgestaltung* erfahren, wie das *Recht der wirtschaftlichen Zusammenschlüsse*. Dabei handelt es sich z. T. um die Beseitigung typisch nat.-soz. Institutionen. Zu einem erheblichen Teil hat aber die Gesetzgebung der Nachkriegsjahre auch Einrichtungen und Gestaltungen getroffen, die sich in jahrzehntelanger Wirtschafts- und Rechtspraxis in Deutschland herausgebildet hatten und mit dem Nationalsozialismus nichts oder doch wenigstens nicht unmittelbar zu tun hatten. Die folgende Darstellung wird sich daher zunächst mit der geschichtlichen Entwicklung bis zum Ende des 2. Weltkrieges (I) zu befassen haben. Hieran schließt sich die Darstellung der Rechtsentwicklung seit 1945 (II), wobei schon jetzt bemerkt sei, daß die Umgestaltungen der letzten Jahre noch in keiner Weise als einigermaßen abgeschlossen angesehen werden können.

Hinsichtlich der *Abgrenzung des Themas* sei vorweg noch auf folgendes hingewiesen: Die Behandlung sowohl der Kartelle und Konzerne wie der sozialpolitischen Organisationen, der Industrie- und Handelskammern, Handwerkskammern, Innungen und Fachverbände in ein und derselben Arbeit ist bisher im deutschen Schrifttum nicht üblich gewesen. Der Verfasser hat sich bewußt entschlossen, insoweit neue Wege zu gehen, weil er der Auffassung ist, daß alle diese Zusammenschlüsse von einer einheitlichen wirtschaftspolitischen Haltung aus beurteilt werden müssen, ihre gemeinsame Behandlung daher wissenschaftlich nur fruchtbar sein kann. Die Darstellung beschränkt sich andererseits auf das Recht der *gewerblichen* Wirtschaft. Eine Einbeziehung auch des Rechts der landwirtschaftlichen Zusammenschlüsse würde, obwohl gewiß wünschenswert, den zur Verfügung stehenden Raum überschreiten.

I. Geschichtliche Entwicklung bis 1945

1. Kartelle und Konzerne

a) Mit dem wirtschaftlichen Aufschwung, der nach dem Krieg von 1870/71 in Deutschland einsetzte, gewann die Aktiengesellschaft als die Gesellschaftsform des Großkapitals zunehmend an Bedeutung. Seit 1880 etwa zeigten sich zugleich die ersten stärkeren Tendenzen zu *Zusammenschlüssen* mehrerer Unternehmungen. Ihrer wirtschaftlichen Bedeutung nach handelte es sich dabei im wesentlichen um zweierlei Ziele. Einmal ist es die Tendenz zur *Kartellierung*, die, beginnend mit der Gründung des Rheinisch-Westfälischen Kohlensyndikats im Jahre 1893, zunächst in der Schwerindustrie, dann aber auch in anderen Industriezweigen und im Handel immer weitere Wirtschaftskreise erfaßt. Hier steht die Beseitigung ungesunden oder doch als unerwünscht empfundenen Wettbewerbs, die Beeinflussung des Marktes also, im Vordergrund. Die Unternehmen als solche bleiben wirtschaftlich selbständig, nur in bezug auf Erzeugung und Absatz müssen sie sich mehr oder weniger weitgehenden Beschränkungen unterwerfen. Nebenher läuft eine weitere Entwicklung, die, im einzelnen mannigfache Erscheinungen aufweisend, in der Wirtschaftsgeschichte als *Konzernbildung* bekannt ist. Auch der Konzern ist ein Zusammenschluß mehrerer Unternehmungen, aber dieser geht organisatorisch wesentlich weiter als der in Form eines Kartells. Die Konzernbildung zielt auf Aufgabe der wirtschaftlichen Selbständigkeit der Konzernglieder, auf ihre Zusammenfassung unter einheitlicher Leitung hin, wobei die Formen dieser Zusammenfassung überaus mannigfach sind. Ursache der Konzernbildung können sowohl das Bedürfnis der Leitung eines Unternehmens, seine Rohstoff- und Absatzbasis durch Angliederung anderer Unternehmen zu sichern (vertikale Konzernbildung), wie auch das Bestreben nach besserer Ausnutzung der Anlagen, Anpassung des Erzeugungsprogramms der einzelnen Betriebe aneinander, rationellerer Betriebsgestaltung also, sein. Daneben spielte häufig auch rein finanzkapitalistischer Expansionsdrang eine Rolle.

b) Die deutsche *Gesetzgebung* hat sich für das Recht der Kartelle und Konzerne erst verhältnismäßig spät interessiert. Abgesehen von einigen, zum Teil durch die Anforderungen der Kriegswirtschaft während des ersten Weltkrieges hervorgerufenen Spezialgesetzen gab es eine allgemeine *Kartellgesetzgebung* bis zum Beginn der zwanziger Jahre nicht. Die Rechtsprechung suchte sich seit dem Inkrafttreten des Bürgerlichen Gesetzbuchs (1900) mit den neu auftauchenden Problemen im wesentlichen auf Grund der überkommenen Begriffe der „Vertragsfreiheit" einerseits, der „guten Sitten" (§§ 826 BGB, 1 UWG) andererseits auseinanderzusetzen — wie heute allgemein anerkannt ist, in einer wirtschafts- und rechtspolitisch durchaus unzulänglichen Weise. Erst während des vollständigen Zusammenbruchs der deutschen Währung und Wirtschaft nach dem ersten Weltkrieg nahm sich der Gesetzgeber des Kartellwesens an und erließ die „Verordnung gegen Mißbrauch wirtschaftlicher Machtstellungen" (Kartellverordnung = KartVO) vom 2. 11. 1923[1]. Sie ist mit verschiedenen Abänderungen bis heute formell in Kraft geblieben, materiell freilich überholt. Ergänzt wurde sie u. a. durch die sog. Kartellnotverordnung von 1930[2] und das Zwangskartellgesetz vom 15. 7. 1933[3], das während der späteren Zeit der national-

[1] RGBl 1923, 1067, 1090.
[2] VO d. Reichspräs. z. Behebung finanz. wirtsch. und soz. Notstände v. 26. 7. 1930, V. Abschnitt (Verhütung unwirtschaftlicher Preisbindungen).
[3] RGBl 1933, 488.

sozialistischen Herrschaft eine der Rechtsgrundlagen für eine weitgehende staatliche Reglementierung des Wirtschaftslebens bildete. Überhaupt wandelte sich die Funktion der Kartelle während dieser Jahre mehr und mehr: aus privatrechtlichen Verbänden zur Beschränkung des Wettbewerbs wurden sie in zunehmendem Maße zu bloßen Instrumenten der staatlichen Wirtschaftspolitik, an die Stelle der Verhinderung eines Überangebots trat eine bloße Verteilerfunktion, die Funktion der Verteilung eines ständig zunehmenden Mangels. Das kam u. a. in einer Reihe heute nicht mehr interessierender Vorschriften der Kriegszeit zum Ausdruck.

Konzernrechtliche Tatbestände haben die Gerichte häufig beschäftigt, sowohl die Zivilgerichte in Entscheidungen zum Recht der Aktiengesellschaft und Gesellschaft mit beschränkter Haftung (§§ 252 III HGB, 47 IV GmbH-Ges.) wie namentlich auch den Reichsfinanzhof in Steuersachen. Auf steuerrechtlichem Gebiet finden sich denn auch seit 1920 eine Reihe von Vorschriften, die das Recht der Unternehmenszusammenfassungen betreffen. Eine gesetzliche Definition des Konzerns gibt erstmalig § 15 des Aktiengesetzes (AktG) von 1937. Freilich enthält weder das Aktiengesetz noch ein anderes deutsches Gesetz eine umfassende Regelung des Konzernrechts, sondern nur einzelne Vorschriften hierzu.

c) Rechtssystematisch zerfällt das *Recht der marktregelnden Verbände* in zwei Gruppen von Vorschriften, das Organisationsrecht der Kartelle und das Kartellrecht als Teil des materiellen Wirtschaftsverfassungsrechts (allgemeinen Wettbewerbsrechts). *Organisatorisch* gesehen, waren die deutschen Kartelle in der Regel sog. Doppelgesellschaften: die Mitglieder waren einmal in einer Gesellschaft bürgerlichen Rechts (§§ 705ff. BGB) zusammengeschlossen, zum anderen waren sie Gesellschafter einer juristischen Person (AG, häufiger GmbH), die als Geschäftsstelle fungierte. Sofern diese zugleich den zentralen Verkauf der Erzeugnisse ihrer Mitglieder übernahm, sprach die Praxis von *Syndikaten*. *Materiellrechtlich* umfaßte der Inhalt der Kartellverträge die Verpflichtung der Mitglieder, sich in bezug auf Produktion, Qualität der Erzeugnisse, Preise und Verkaufsbedingungen bestimmten Beschränkungen zu unterwerfen, die entweder ein für allemal durch den Kartellvertrag festgesetzt waren oder laufend durch die Mitgliederversammlung bestimmt wurden (Produktions-, Verkaufs-, Preis-, Konditionskartelle). Nicht selten waren auch bestimmte Einzelleistungen Gegenstand kartellrechtlicher Abreden (Verdingungskartelle). In Industriezweigen, in denen der Besitz von Erfindungspatenten von Bedeutung war (z. B. chemische, elektrotechnische, Radioindustrie) konnte die durch das Patent gewährte Monopolstellung zur Stärkung von Kartellbestrebungen benutzt werden. Kartelle minderer Rechtswirkung stellten die gelegentlich vorkommenden Kalkulationskartelle dar, die die Mitglieder nur zur Beachtung gewisser Kalkulationsschemata verpflichteten.

Die *deutsche Gesetzgebung und Verwaltungspraxis* bis zum Ende des zweiten Weltkrieges stand *den Kartellen* trotz der durch § 1 der Gewerbeordnung von 1869 anerkannten Gewerbefreiheit *grundsätzlich positiv gegenüber*. Schon vor 1914 war Deutschland das klassische Land der Kartelle, durch zahlreiche Verträge kartellmäßig auch mit dem Ausland verknüpft. Auch die Gesetzgebung von 1923 richtete sich nicht etwa gegen den Bestand der Kartelle als solcher, sondern, wie schon der Name der Verordnung besagt, nur gegen den „Mißbrauch wirtschaftlicher Machtstellungen". Die KartVO 1923 bestimmte zunächst, daß „Verträge und Beschlüsse, welche Verpflichtungen über die Handhabung der Erzeugung oder des Absatzes, die Anwendung von Geschäftsbedingungen, die Art der Preisfestsetzung oder die Forderung von Preisen enthalten", um rechtswirksam zu sein, schriftlich abgeschlossen werden mußten (§ 1). Verträge, die die „Gesamtwirtschaft oder das Gemeinwohl gefährdeten", konnten für nichtig erklärt werden (§ 4), — eine Vorschrift, von der in der Praxis übrigens nur in wenigen Fällen Gebrauch gemacht wurde. Die Verordnung gab ferner den Mitgliedern von Kartellen bei Vorliegen eines „wichtigen Grundes" ein außerordentliches Kündigungsrecht (§ 8). Endlich bedurften Sperren oder sperrähnliche Maßnahmen zu ihrer Rechtmäßigkeit der vorherigen Einwilligung des Vorsitzenden des Kartellgerichts (§ 9).

Das Kartellgericht, später das Reichswirtschaftsgericht, hat auf Grund dieser Vorschriften von 1924 bis zum Beginn des zweiten Weltkrieges, namentlich während der Zeit der großen Wirtschaftskrise der Jahre 1929ff., eine ziemlich umfangreiche Tätigkeit entfaltet[4]. Einen wesentlichen Einfluß auf Bestand und Wirksamkeit der deutschen Kartelle hat es nicht gewonnen und konnte es angesichts der gegebenen Rechtslage auch nicht gewinnen.

Die Verpflichtung zur Innehaltung von Kleinverkaufspreisen, die der Hersteller von *Markenartikeln* seinen Abnehmern mit Hilfe sog. autonomer Reverssysteme vertraglich auferlegte, galt nach deutscher Praxis nicht als Kartellverpflichtung.

Die *nationalsozialistische* Regierung hat, wie bereits erwähnt, an der grundsätzlichen Haltung der deutschen *Gesetzgebung* gegenüber dem Kartellproblem nichts geändert. In dem Erlaß des Zwangskartellgesetzes von 1933 kam sogar zum Ausdruck, daß man das Wirkungsgebiet der Kartelle noch zu erweitern gedachte. Tatsächlich ist denn auch in gewisser Hinsicht die Bedeutung marktregelnder Verbände in den Jahren 1933—1945 noch gewachsen: erinnert sei insbesondere auch an die hier nicht näher zu behandelnden landwirtschaftlichen Zusammenschlüsse im Rahmen der Gesetzgebung des „Reichsnährstands", die der Land-

[4] Sammlung von Entscheidungen und Gutachten des Kartellgerichts, 1924ff.; *Klinger*, Die Rechtsprechung des Kartellgerichts I 1930, II 1934, III 1937.

wirtschaft „auskömmliche" Preise sichern sollten. Allerdings ging dabei eben die ursprüngliche Funktion der Kartelle in dem Maße verloren, in dem die staatliche Befehlsgewalt (Überwachungs-, später Reichsstellen für bestimmte Wirtschaftszweige) mehr und mehr neben und an die Stelle der privaten Verbandsmacht trat. Das zeigte sich schon vor dem Kriege, als die ständig zunehmende Aufrüstung Deutschlands in Verbindung mit der Preispolitik der nationalsozialistischen Regierung den freien Marktpreis immer mehr durch den „Stoppreis" von 1936 (Preisstop-Verordnung)[5] und den Selbstkostenpreis (Leitsätze für die Preisermittlung auf Grund der Selbstkosten bei Leistungen für öffentliche Auftraggeber, LSÖ)[6] ersetzte und damit die Kartelle im Grunde überflüssig machte. Indessen blieben die bestehenden Organisationen bis zum Ende des Krieges, wenn auch mit veränderten Aufgaben, durchweg erhalten. Neben ihnen entstanden aus den Bedürfnissen der Kriegswirtschaft heraus gewisse neue vertikale Zusammenschlüsse (Ringe; Reichsvereinigungen, z. B. für Kohle, chem. Fasern, Textilfasern, Eisen), deren Leiter mit nahezu diktatorischen Vollmachten ausgestattet waren. Daß der Reichswirtschaftsminister im Jahre 1942 ganz allgemein das Recht zu weitgehenden Eingriffen in marktregelnde Vereinbarungen, marktbeeinflussende Verträge und gegenüber marktbeeinflussenden Unternehmungen erhielt (Marktaufsichts-Verordnung)[7], hatte unter diesen Umständen keine nennenswerte praktische Bedeutung mehr.

d) Über *Konzerne und Konzernunternehmungen* enthielt das deutsche Recht vor 1945 nur eine Reihe einzelner Bestimmungen, darunter eine Legaldefinition in § 15 AktG:

> (1) Sind rechtlich selbständige Unternehmen zu wirtschaftlichen Zwecken unter einheitlicher Leitung zusammengefaßt, so bilden sie einen Konzern; die einzelnen Unternehmen sind Konzernunternehmen.
>
> (2) Steht ein rechtlich selbständiges Unternehmen auf Grund von Beteiligungen oder sonst unmittelbar oder mittelbar unter dem beherrschenden Einfluß eines anderen Unternehmens, so gelten das herrschende und das abhängige Unternehmen zusammen als Konzern und einzeln als Konzernunternehmen.

Obwohl sich diese Vorschrift nur auf Aktiengesellschaften und Kommanditgesellschaften auf Aktien bezieht, kann sie gegebenenfalls auch sonst Anwendung finden.

Wichtigster Konzerntatbestand ist der Fall der *Beteiligung* eines Unternehmens an einem anderen. Dabei ist zu unterscheiden:

1. Beteiligung im Sinne des Bilanzrechts (§§ 131—133 AktG): durch Aktienbesitz vermittelte, auf die Dauer berechnete Einflußnahme eines Unternehmens auf ein anderes.

---

[5] RGBl 1936, 955.
[6] RGBl 1938, 1624.
[7] RGBl 1942, 619.

2. Beteiligung nach § 15 II AktG: beherrschende Einflußnahme.
3. Zusammenfassung mehrerer Unternehmungen durch Beteiligung nach § 15 I AktG: Einflußnahme mit dem Erfolg einheitlicher Leitung der zusammengefaßten Unternehmungen (eigentlicher Konzerntatbestand).

Eine andere Einteilung mag „Beteiligung" im allgemeinen (§§ 131, 132, 15 AktG), Minderheitsbeteiligung, insbesondere Sperrminorität, einfache und qualifizierte Stimmenmehrheit und schließlich 100%ige Beteiligung (Einmanngesellschaft) unterscheiden, daneben ferner direkte, indirekte und wechselseitige Beteiligung, zwei- und mehrfache Abhängigkeit.

Eine große Bedeutung in der deutschen Praxis hatten Verträge über die Ausübung der Rechte aus Beteiligungen (Konsortialverträge); sie wurden grundsätzlich als rechtswirksam anerkannt.

Außer der Beteiligung (dingliche Konzernherrschaft) können auch rein *schuldrechtliche Beziehungen* den Konzerntatbestand begründen (Pacht-, Betriebsüberlassungs- und ähnliche Verträge, u. U. auch Interessengemeinschaften). Eine Verbindung zwischen dinglicher und schuldrechtlicher Verknüpfung ist ebenfalls möglich (Organgesellschaft, ein namentlich im deutschen Steuerrecht — §§ 2 II Nr. 2 UStG 1934, 17 UStDB — bedeutsamer Begriff).

In der Regel äußert sich die Konzernherrschaft dadurch, daß das herrschende Unternehmen kraft seiner Beteiligung an dem abhängigen in der Lage ist, auf die Bestellung der Organe desselben und damit seine gesamte Geschäftsführung Einfluß zu nehmen. Dabei können sich *Interessenkonflikte* ergeben. Sie gehören zu den interessantesten Erscheinungen des Konzernrechts. Das geltende Aktienrecht hat das frühere allgemeine Verbot der Beteiligung eines Aktionärs an der Beschlußfassung über ein Rechtsgeschäft mit ihm (§ 252 III S. 2 HGB) beseitigt und nur noch zwei konzernrechtlich bedeutsame Sonderbestimmungen beibehalten, nämlich § 114 V AktG (Ausschluß des Stimmrechts des Aktionärs wegen gewisser Beziehungen zur Sache) und § 114 VI AktG (Ausschluß des Stimmrechts für bestimmte Konzernunternehmungen und bei ähnlichen Tatbeständen). Wichtiger als formelle Stimmrechtsverbote sind freilich die Möglichkeiten zur materiellen Nachprüfung der Maßnahmen der herrschenden Gesellschaft. Nach §§ 195ff., 197 AktG kann der Beschluß einer Hauptversammlung durch Klage u. a. mit der Begründung angefochten werden, „daß ein Aktionär mit der Stimmrechtsausübung vorsätzlich für sich oder einen Dritten gesellschaftsfremde Sondervorteile zum Schaden der Gesellschaft oder ihrer Aktionäre zu erlangen suchte und der Beschluß geeignet ist, diesem Zweck zu dienen". Die Anfechtbarkeit entfällt, wenn es sich um einen Vorteil handelt, „der schutzwürdigen Belangen dient" (§ 101 III).

Von Vorschriften speziell konzernrechtlichen Charakters im Aktiengesetz seien ferner erwähnt §§ 51, 65 V, VI, 80 AktG, vor allem aber die Bestimmungen über die Publizität im Falle konzernrechtlicher Beziehungen (§§ 95 II, 112 I S. 2, 128 II Nr. 8) und über den Ausweis solcher Beziehungen in der Bilanz (§ 131) und Gewinn- und Verlustrechnung (§ 132).

Die für die Praxis wichtigsten konzernrechtlichen Vorschriften enthielt das deutsche *Steuerrecht.*

Auf dem Gebiet der Körperschaftssteuer galt zunächst das sog. Schachtelprivileg: war eine unbeschränkt steuerpflichtige Kapitalgesellschaft seit Beginn des Wirtschaftsjahres ununterbrochen an dem Kapital einer anderen unbeschränkt steuerpflichtigen Kapitalgesellschaft mindestens zu einem Viertel beteiligt, so blieben die auf die Beteiligung entfallenden Gewinnanteile körperschaftssteuerrechtlich außer Ansatz (§ 9 KStG 1934). Bestand zwischen einer Obergesellschaft und ihrer Organgesellschaft ein rechtlich bindender Gewinn- und Verlustübernahmevertrag, so wurde das Geschäftsergebnis der letzteren nach ständiger Rechtsprechung dem der Obergesellschaft zugerechnet, der Gewinn derselben also durch einen etwaigen Verlust der Organgesellschaft gemindert. Für das Gebiet der Vermögenssteuer hatte das Schachtelprivileg ebenfalls Geltung (§ 60 RBewG). Endlich waren Umsätze zwischen herrschender und Organgesellschaft sowie Umsätze zwischen mehreren von derselben Obergesellschaft beherrschten Schwestergesellschaften umsatzsteuerfrei (§§ 2 II Nr. 2 UStG 1934, 17 UStDB).

2. Sozialpolitische Organisationen

Während die Kartelle Zusammenschlüsse der Unternehmungen zum Zwecke der Beschränkung des Wettbewerbs auf dem Markt der von ihnen hergestellten Erzeugnisse sind, betätigen sich die sozialpolitischen Organisationen auf dem „Arbeitsmarkt". Die ersten dieser Organisationen entstanden in Deutschland in den 60er Jahren des vorigen Jahrhunderts als Berufsvertretungen der Arbeitnehmer in Form der Gewerkschaften. Unter ihnen waren die bedeutendsten die sog. Freien Gewerkschaften, die Hauptvertreter der revisionistischen Richtung innerhalb der sozialistischen Bewegung, die sich um eine Besserung der sozialen Lage der Arbeiterschaft im Rahmen der überkommenen Rechts- und Wirtschaftsordnung bemühte. Ihnen traten im Laufe der Jahre Vereinigungen der Industriellen und Kaufleute als *Arbeitgeberverbände* gegenüber. An Stelle des einzelnen Unternehmers, des einzelnen Arbeiters verhandelten in Zukunft die beiderseitigen Verbände über Lohn- und ähnliche Fragen. Der Individual-Arbeitsvertrag wurde mehr und mehr durch den Kollektiv-Arbeitsvertrag ersetzt. Eine ausdrückliche gesetzliche Anerkennung fand diese Entwicklung freilich erst unmittelbar nach dem ersten

Weltkrieg. Die Verordnung vom 23. 12. 1918[8] erklärte Tarifverträge durch die Beteiligten für unabdingbar (§ 1), gab dem Reichsarbeitsamt die gesetzliche Möglichkeit, „Tarifverträge, die für die Gestaltung der Arbeitsbedingungen des Berufskreises in dem Tarifgebiet überwiegende Bedeutung erlangt haben", auch über den Kreis der Beteiligten hinaus „für allgemein verbindlich zu erklären" (§ 2) und regelte die Schlichtung von Arbeitsstreitigkeiten (§§ 15ff.). Damit waren die Berufsorganisationen von Arbeitgebern und Arbeitnehmern zu entscheidenden Faktoren des modernen Arbeitsrechts geworden (vgl. auch Art. 159 und 165 I der Weimarer Verfassung vom 11. 8. 1919). Sie blieben es auch während der ganzen Zeit der Weimarer Republik. Zwischen Arbeitgeberverbänden und Gewerkschaften spielte sich das Ringen um die Arbeitsbedingungen, vor allem die Höhe des Arbeitslohnes, ab. Alle grundsätzlichen Angelegenheiten des Arbeitsverhältnisses unterlagen in erster Linie ihrer Vereinbarung, die in der Regel auf Grund von Verhandlungen, bisweilen aber auch erst nach langwierigen Arbeitskämpfen zustande kam.

Bald nach dem Beginn der nationalsozialistischen Herrschaft im Jahre 1933 wurde jedoch die bisherige Arbeitsverfassung grundlegend umgestaltet. Die Gewerkschaften sowohl wie die Arbeitgeberverbände wurden in der „*Deutschen Arbeitsfront*" zusammengeschlossen, die u. a. „die Zusammenfassung aller im Arbeitsleben stehenden Menschen ohne Unterschied ihrer wirtschaftlichen und sozialen Stellung" darstellen sollte. Die Entwicklung fand ihren Abschluß in dem „Gesetz zur Ordnung der nationalen Arbeit" vom 20. 1. 1934[9]. Das war das vorläufige Ende der sozialpolitischen Organisationen der Unternehmungen. Ihre Funktion sowohl wie die der Gewerkschaften übernahmen „Treuhänder der Arbeit", zunächst auf Grund eines Gesetzes vom 19. 5. 1933[10], später auf Grund des Gesetzes zur Ordnung der nationalen Arbeit (§§ 18ff.). Der zweiseitig vereinbarte Tarifvertrag wurde durch Richtlinien der Treuhänder für die vom „Führer des Betriebs" zu erlassende „Betriebsordnung", gegebenenfalls durch bindende „Tarifordnungen" (§ 32) ersetzt. Sozialpolitische Kampfmaßnahmen wie Streik und Aussperrung wurden für ungesetzlich erklärt.

3. Industrie- und Handelskammern, Handwerkskammern, Innungen, Fachverbände, Fachgruppen

Die *Industrie- und Handelskammern* (teilweise auch nur Handelskammern genannt) in Deutschland blicken bereits auf eine lange Geschichte zurück. Ihre Ursprünge liegen teils in den „Kaufmannschaften" der Hansestädte, teils gehen sie auf französische Vorbilder zurück.

[8] RGBl 1918, 1456.
[9] RGBl 1934, 45.
[10] RGBl 1933, 285.

Organisation und Aufgaben der Kammern waren bis zum Jahre 1933 ausschließlich durch die Gesetzgebung der einzelnen deutschen Länder geregelt. Organisatorisch stellten die Industrie- und Handelskammern durchweg öffentlich-rechtliche Körperschaften mit Pflichtmitgliedschaft dar. Alle Unternehmungen eines Bezirks, die bestimmte gesetzliche Voraussetzungen erfüllten (Aktiengesellschaften, Gesellschaften mit beschränkter Haftung, Einzelkaufleute, offene Handelsgesellschaften usw.) gehörten ihnen kraft Gesetzes an und hatten die festgesetzten Beiträge zu leisten. Die Geschäftspolitik der Kammer wurde durch die Versammlung der Mitglieder bestimmt, die von allen der Kammer angehörenden Unternehmungen gewählt wurden. Die Industrie- und Handelskammern waren für ihren Bezirk, der jeweils ein bestimmtes Wirtschaftsgebiet umfaßte, die amtlich anerkannte Vertretung der handelsgerichtlich eingetragenen Unternehmungen ohne Rücksicht auf die Art des Gewerbes (Industrie, Handel, Banken, Verkehrsunternehmungen, Versicherungen usw.). Sie hatten die Interessen von Handel und Gewerbe den Gerichten und Verwaltungsbehörden zu vertreten, Gutachten in allen die gewerbliche Wirtschaft betreffenden Fragen zu erstatten und dabei auf einen Ausgleich der verschiedenartigen Belange der ihnen angehörenden Firmen bedacht zu sein. Für Streitigkeiten derselben untereinander bildeten sie kaufmännische Schiedsgerichte. Vielfach waren sie zugleich Träger der bestehenden Börseneinrichtungen und gewisser sonstiger öffentlichrechtlicher Funktionen (Vereidigung von Sachverständigen, Abhaltung von Prüfungen). Eine organisatorische Zusammenfassung aller deutschen Kammern stellte der „Deutsche Industrie- und Handelstag“ in Berlin dar.

Für den Bereich des Handwerks entsprachen den Industrie- und Handelskammern ähnlich organisierte *Handwerkskammern*. Neben diesen bestanden zahlreiche *Innungen*, in denen jeweils die Handwerker eines einzelnen Gewerbes zusammengeschlossen waren.

Während es sich bei den Kammern um regionale Körperschaften überfachlichen Charakters handelt, waren die *Fachverbände der gewerblichen Wirtschaft* Interessenvertretungen bestimmter Wirtschaftszweige, dafür aber grundsätzlich in ihrer Wirksamkeit nicht auf ein bestimmtes Gebiet beschränkt, wenngleich vielfach regional untergliedert. Im Gegensatz zu den Kammern waren sie bis 1933 in der Regel Vereine des bürgerlichen Rechts. Die Mitgliedschaft bei ihnen war ausnahmslos freiwillig. Für den Bereich der Industrie waren sie in einer Spitzenorganisation, dem Reichsverband der deutschen Industrie, zusammengeschlossen. Ihre Geschäfte wurden nach demokratischen Grundsätzen geführt, die Verbandspolitik den Satzungen entsprechend durch die Mehrheit der Mitglieder bestimmt.

Die Gesetzgebung der nationalsozialistischen Regierung brachte auch hier eine völlige *Neuorganisation* mit veränderter Zielsetzung. Auf Grund des „Gesetzes zur Vorbereitung des organischen Aufbaus der deutschen

Wirtschaft" vom 27. 2. 1934[11] wurde die gesamte gewerbliche Wirtschaft fachlich in Reichs-, Wirtschafts-, Fach- und Fachuntergruppen, bezirklich in entsprechenden Bezirksorganisationen zusammengefaßt und gegliedert, wobei die bestehenden Wirtschaftsverbände in der Neuorganisation aufgingen. Aufgabe der Gruppen war es, ihre Mitglieder auf ihrem Fachgebiet zu beraten und zu betreuen. Die Mitgliedschaft bei ihnen war eine Pflichtmitgliedschaft. Die Leitung der Gruppen lag in den Händen ehrenamtlich tätiger Persönlichkeiten des in Betracht kommenden Wirtschaftszweiges, die durch einen „Beirat" unterstützt wurden; die Mitgliederversammlung spielte praktisch keine Rolle. Als gemeinsame Vertretung der bezirklichen Fachorganisationen der gewerblichen Wirtschaft und der von altersher bestehenden Industrie- und Handelskammern sowie Handwerkskammern wurden „Wirtschaftskammern" errichtet. Als Vertretung aller fachlichen und bezirklichen Organisationen der Industrie- und Handelskammern und der Handwerkskammern fungierte die „Reichswirtschaftskammer". Mit der zunehmenden Reglementierung des Wirtschaftslebens durch die nationalsozialistische Wirtschaftspolitik wurden sowohl die Kammern wie die Wirtschafts- und Fachgruppen der gewerblichen Wirtschaft in zunehmendem Maße zu Mitträgern dieser Reglementierung.

II. Rechtsänderungen seit 1945

Eine Darstellung des geltenden Rechts der Zusammenschlüsse von Unternehmungen begegnet insofern außerordentlichen Schwierigkeiten, als sich die *Rechtslage* in den einzelnen Teilen Deutschlands seit 1945 durchaus *verschieden* entwickelt hat. Das gilt in besonderem Maße im Verhältnis der drei westlichen zur russischen Besatzungszone und dem zur Zeit unter polnischer Verwaltung stehenden Gebiet. Im Westen Deutschlands nämlich sind die Grundlagen der abendländischen Wirtschafts- und Rechtsordnung einigermaßen erhalten geblieben. Im russischen Besatzungsgebiet dagegen hat sich mehr und mehr ein Staatskapitalismus sowjetischer Prägung durchgesetzt, während über die Entwicklung in den polnisch besetzten Gebieten Nachrichten kaum vorliegen. Ist beispielsweise die Forderung nach mehr oder minder weitgehenden Sozialisierungsmaßnahmen im Westen bisher politisches Programm einzelner Parteien geblieben[12], so sind in der russischen Besatzungszone alle größeren Betriebe enteignet und teils in sowjetrussische Aktiengesellschaften, teils in landeseigene Unternehmen eingebracht worden; dabei erfolgt der Verkauf gelegentlich durch straff geleitete Syndikate (z. B. Braunkohle). Infolgedessen erhält dort naturgemäß auch das Problem der Zusammenschlüsse wirtschaftlicher Unternehmungen eine

[11] RGBl 1934, 185.

[12] Auch Art. 41 der Hess. Verfassung hat bisher (März 1950) keine praktische Verwirklichung gefunden.

völlig andere Bedeutung als im Westen und könnte nicht ohne Darstellung der dem Osten Deutschlands gegenwärtig eigenen Wirtschaftsstruktur behandelt werden. Aber auch innerhalb der drei westlichen Besatzungszonen war die Rechtsentwicklung recht verschieden. Die französische Zone, obwohl seit längerem enger an die beiden anderen angeschlossen und ihnen auch durch eine einheitliche Währung verbunden, hatte bis zum Herbst 1949 eine selbständige Wirtschaftsgesetzgebung und -verwaltung. Das amerikanische und britische Besatzungsgebiet dagegen erhielten bereits im Herbst 1946 eine gemeinsame deutsche Wirtschaftsverwaltung mit freilich nur beschränkten Kompetenzen[13]. Doch auch hier führte u. a. die Tatsache, daß die amerikanische und die britische Besatzungspolitik keineswegs überall dieselben Ziele verfolgten, zu nicht unwesentlichen Divergenzen in der Rechtsentwicklung. Die folgende Darstellung gibt in erster Linie den gegenwärtigen Rechtszustand im *amerikanisch-britischen Besatzungsgebiet* (also den Ländern Bayern, Württemberg-Baden, Hessen, Bremen einerseits, Rheinland-Westfalen, Niedersachsen, Hamburg, Schleswig-Holstein andererseits) wieder, schließt jedoch auch Besonderheiten der *französischen Zone* (Rheinland-Pfalz, Württemberg-Hohenzollern, Südbaden) mit ein.

1. Kartelle und Konzerne

Nachdem bereits eine Reihe von Übergangsvorschriften für einzelne Rechtsgebiete (Bergbau, Eisen- und Stahlindustrie[14], I. G. Farbenindustrie A. G.[15]) Sonderregelungen gebracht hatten, ist durch die im wesentlichen gleichlautenden Vorschriften der amerikanischen und britischen Militärregierung vom 12. 2. 1947 (Amerikanisches Militärregierungsgesetz Nr. 56 und britische Verordnung Nr. 78) eine völlig neue Rechtslage geschaffen worden. Hiernach werden *Kartelle*, *Syndikate* und ähnliche Zusammenschlüsse *grundsätzlich für unzulässig erklärt*, Deutschen die Teilnahme an internationalen Kartellen verboten, *Großunternehmungen, Konzerne und Trusts* einer sorgfältigen *Überprüfung*, gegebenenfalls mit dem Ziel der *Entflechtung*, unterworfen. Voraussetzung der Anwendung des Gesetzes ist in jedem Fall eine „*übermäßige Konzentration der Wirtschaftskraft*". Das Gesetz umschreibt kasuistisch, was darunter zu verstehen ist. Dabei ist dem Ermessen der Behörde weitestgehender Spielraum überlassen. Im einzelnen wird man feststellen können:

Zur Zeit des Inkrafttretens des Gesetzes bestehende Kartelle und Syndikate können aufgelöst, die ihnen und ähnlichen Abmachungen zu-

[13] Vorl. Abkommen über die Bildung einer deutschen Wirtschaftsverwaltung v. 5. 11. 1946 (Mitt.Bl. d. Verwaltungsamts für Wirtschaft 1947 Nr. 1 S. 1). Die Organisation ist inzwischen in den Einrichtungen der neuen westdeutschen Bundesrepublik aufgegangen.

[14] Jetzige Regelung i. Gesetz Nr. 75 f. d. amerik. und brit. KontrGebiet.

[15] Gesetz Nr. 9 des Kontrollrats.

grunde liegenden Verpflichtungen aufgehoben, neue Verpflichtungen dieser Art dürfen nicht mehr eingegangen werden.

Eine Reihe von Konzernen, Trusts und ähnlichen Gebilden wird damit rechnen müssen, daß ihnen aufgegeben wird, einzelne Beteiligungen, nämlich solche, die eine monopolistische Kontrolle wirtschaftlicher Tätigkeit ermöglichen, abzustoßen.

Einer besonderen Meldepflicht, gegebenenfalls der Entflechtung, unterliegen auch Großunternehmen mit einer Belegschaft von mehr als 10000 Mann.

Die Durchführung des Gesetzes oblag zunächst der Bipartite Decartelization Commission (BIDEC), einer gemischt amerikanisch-britischen Dienststelle, unter Mitwirkung der deutschen Behörden. Im Zuge der besatzungsrechtlichen Neuorganisation Westdeutschlands ist die BIDEC aufgelöst worden. Die drei Hohen Kommissare im Gebiet der westdeutschen Bundesrepublik unterhalten je selbständige Dekartellisierungsabteilungen, die als Decartelization and Industrial Deconcentration Group (DIDEG) unter dem Economic Committee der High Commission for Germany (HICOG) zusammengefaßt sind. Die Überprüfung einiger bedeutender deutscher Konzerne durch diese Kontrollorganisationen ist im Gange.

Es besteht die Absicht, die Dekartellierungsbestimmungen der alliierten Militärregierungen künftig durch ein deutsches Gesetz zu ersetzen. Der vom Bundeswirtschaftsministerium ausgearbeitete Entwurf eines deutschen „Gesetzes gegen Wettbewerbsbeschränkungen“, der weitgehend von der amerikanischen Dekartellierungspraxis beeinflußt ist, liegt den übrigen Fachministerien vor.

Nicht ganz eindeutig ist die *Weitergeltung des bisherigen deutschen Kartell- und Konzernrechts*. Die KartVO 1923 (oben I 1b und c) muß praktisch im wesentlichen als überholt angesehen werden; im einzelnen ergeben sich manche Zweifelsfragen. Dasselbe gilt von der KartNotVO und den Bestimmungen über die Errichtung von Zwangskartellen (§ 1 ZwKartG 1933). Dagegen gilt das deutsche Konzernprivatrecht (oben I 1 d) für die bestehenbleibenden Unternehmenszusammenfassungen — und das dürfte die überwiegende Mehrzahl sein, da nur die wenigsten konzernmäßigen Zusammenfassungen eine monopolistische Kontrolle wirtschaftlicher Tätigkeit bedeuten — unverändert weiter. Auf dem Gebiete des Konzernsteuerrechts sind in Kraft geblieben das Schachtelprivileg gemäß § 9 KStG (Körperschaftssteuer) und § 60 RBewG (Vermögenssteuer) und die Anerkennung von Gewinn- und Verlustübernahmeverträgen bei Organgesellschaften (Körperschaftssteuer). Dagegen ist die Umsatzsteuerfreiheit für Lieferungen zwischen Organgesellschaften durch Art. II Ziff. 1 KontrRG 15 beseitigt. Für das französische Besatzungsgebiet ist durch das Ges. Nr. 96 des Militärbefehlshabers v. 9. 6. 1947 eine etwas abweichende Regelung getroffen worden.

2. *Sozialpolitische Organisationen*

Nach dem Ende des 2. Weltkrieges wurde alsbald die nat.-soz. „Deutsche Arbeitsfront" beseitigt und die Neubildung von *Gewerkschaften* gestattet. Die zunächst nur auf Zonenbasis zusammengefaßten Gewerkschaftsverbände haben sich inzwischen im „Deutschen Gewerkschaftsbund" eine Spitzenorganisation für das gesamte Bundesgebiet geschaffen.

Längere Zeit verging, bis die Militärregierungen auch die Wiedererrichtung von *Arbeitgebervereinigungen* genehmigten. Die zunächst in der britischen, später auch in der amerikanischen und französischen Besatzungszone neu gebildeten Arbeitgebervereinigungen haben sich zu einer Sozialpolitischen Arbeitsgemeinschaft der Arbeitgeberverbände auf Bundesebene vereinigt. Die Arbeitgeberverbände, rechtsfähige Vereine, sind zuständig jeweils für einen bestimmten Wirtschaftszweig und ein bestimmtes Wirtschaftsgebiet. Ihre Hauptaufgabe besteht wie früher darin, gemeinsam mit den Vertretungen der Arbeitnehmer, den Gewerkschaften, die Arbeitsbedingungen für ihren sachlichen und räumlichen Geltungsbereich durch Tarifvertrag festzulegen[16]. In einzelnen Ländern hat man z. T. von der Bildung besonderer Arbeitgebervereinigungen abgesehen und die Wahrnehmung der sozialpolitischen und arbeitsrechtlichen Interessen der Unternehmungen den zuständigen Fachverbänden (s. unter 3) mitübertragen.

3. *Industrie- und Handelskammern, Handwerkskammern, Innungen, Fachverbände*

Durch den Zusammenbruch von 1945 wurden die *Industrie- und Handelskammern* in ihrem Bestand und ihrer rechtlichen Organisation zunächst nicht berührt; sie waren im Gegenteil in der ersten Zeit die einzigen Träger gemeinschaftlicher Aufgaben der Unternehmungen. Inzwischen ist hierin insofern eine Änderung eingetreten, als in der amerikan. Zone das Prinzip der Pflichtmitgliedschaft bei den Industrie- und Handelskammern beseitigt wurde. Die Mitgliedschaft bei ihnen ist seitdem nur noch eine freiwillige. In der brit. und franz. Zone dagegen wurde an dem Grundsatz der Pflichtmitgliedschaft festgehalten. Gemeinsame Angelegenheiten aller Kammern wurden in der Bizone seit 1947 in einer „Arbeitsgemeinschaft der Industrie- und Handelskammern des Vereinigten Wirtschaftsgebietes" bearbeitet. Nach der Begründung der Deutschen Bundesrepublik haben die Industrie- und Handelskammern des Bundesgebiets ihre frühere Dachorganisation, den „Deutschen Industrie- und Handelstag" (s. I 3), auf verkleinerter Basis wieder errichtet. — Eine erhebliche Rolle in der öffentlichen Diskussion über die Zukunft der Kammern spielt seit dem Ende des Krieges die Frage

[16] Vgl. jetzt Tarifvertragsgesetz v. 9. 4. 1949 (GVBl d. Wirtschaftsrats d. Vereinigten Wirtschaftsgebietes 1949, 55).

ihrer sog. „paritätischen Zusammensetzung". Vielfach ist die Forderung erhoben worden, an Stelle der bisherigen, aus Vertretern der „Unternehmer" bestehenden Kammern neue Organisationen zu bilden, in der auch die Arbeitnehmer vertreten sein sollen. Bisher haben diese Bestrebungen erst in Einzelfällen zu einem Erfolg geführt.

Auch das Recht der *Handwerkskammern* und *Innungen* ist seit 1945 und noch immer in Umwandlung begriffen. Im „Zentralverband des deutschen Handwerks", dem sowohl die Zentralfachverbände wie die Handwerkskammern und Innungen angeschlossen sind, haben die Handwerksorganisationen des Bundesgebiets eine Spitzenvertretung erhalten.

Die bei Kriegsende bestehenden, auf Pflichtmitgliedschaft beruhenden fachlichen Organisationen der gewerblichen Wirtschaft (Reichs-, Wirtschafts-, Fach-, Fachuntergruppen) wurden durchweg beseitigt. Im Laufe der Jahre wurde jedoch die Erlaubnis zur Wiedererrichtung *fachlicher Interessenvereinigungen* der Wirtschaft, zunächst nur auf Länderbasis, später auch auf breiterer Grundlage, gegeben. Im Bereich des ehemaligen „Vereinigten Wirtschaftsgebiets" ist die Mitgliedschaft bei den Interessenverbänden freiwillig; in der franz. Zone bestehen Wirtschaftsverbände mit Pflichtmitgliedschaft der Angehörigen des Wirtschaftszweiges. Die wirtschaftlichen Fachverbände des Bundesgebietes haben sich als „Ausschuß für Wirtschaftsfragen der Arbeitsgemeinschaften und Wirtschaftsverbände der Industrie", jetzt „Bundesverband der deutschen Industrie" zusammengeschlossen.

Selbstverständlich überschneiden sich die Aufgaben der in erster Linie fachlich orientierten Wirtschaftsverbände und der regional abgegrenzten Kammern vielfach (grundsätzliche Fragen der Wirtschaftspolitik, Außenhandel, Steuern, Handelsrecht, gewerblicher Rechtsschutz usw.). Dieser Tatsache wird durch gemeinsame *Koordinierungsausschüsse* Rechnung getragen. Andererseits berührt beider Tätigkeit in erheblichem Maße auch das Wirken der Arbeitgebervereinigungen, deren Bezirk wiederum in der Regel über den einer Industrie- und Handelskammer hinausgeht. In einzelnen Ländern sind daher die Wirtschaftsverbände zugleich die sozialpolitischen Organisationen der Unternehmungen (vgl. oben 2). Inwieweit die Entwicklung weiter in diese Richtung führen wird, bleibt abzuwarten.

III. Zusammenfassung

Schon die vorstehende gedrängte Übersicht zeigt, daß sich das Recht der wirtschaftlichen Zusammenschlüsse seit dem Ende des zweiten Weltkriegs stark gewandelt hat. Auch wenn man von der Entwicklung in der russischen Besatzungszone und dem unter polnischer Verwaltung stehenden Gebiet ganz absieht, sind allenthalben weitgehende Änderungen des überkommenen Rechtszustandes, und zwar keineswegs etwa nur typisch nationalsozialistischer Institutionen, festzustellen. Dabei sind diese Änderungen noch nirgends auch nur einigermaßen abgeschlossen. Die Ersetzung der amerikanisch-britisch-französischen Dekartellierungs- und Entflechtungsgesetzgebung durch ein neues bzw. ergänztes deutsches Kartell- und Konzernrecht, die Ausgestaltung des sozialpolitischen Koalitionsrechts, die Schaffung eines neuen Rechts der regionalen und fachlichen Wirtschaftsorganisationen sind wichtige Aufgaben, deren Lösung dem am 14. August 1949 gewählten ersten westdeutschen Bundestag obliegt. Der deutsche Wirtschaftsjurist muß dabei vor allem die Hoffnung haben, daß an die Stelle eines auf den verschiedensten militärischen, politischen, wirtschaftlichen Konzeptionen der Besatzungsmächte und Länderregierungen beruhenden, in wenigen Jahren weitgehend zersplitterten und unübersichtlich gewordenen Rechts eine von einer klaren wirtschaftspolitischen Haltung getragene reichseinheitliche deutsche Gesetzgebung und Verwaltungspraxis tritt.

DAS RECHT AUF ARBEIT

Seine Anerkennung, Sanktionierung und Begrenzung

Von Dr. Erich Molitor
ord. Professor an der Universität Mainz
Präsident d. Obersten Arbeitsgerichts d. Landes Rheinland-Pfalz

Literatur: *Singer*, Das Recht auf Arbeit in geschichtlicher Darstellung (1895) — *Malachowski*, Recht auf Arbeit und Arbeitspflicht (1922) — *Brauer*, Recht auf Arbeit: HandWB d. Staatswissenschaften VI (4. Aufl. 1925) 1202ff. — *Weigert*, Betätigungspflicht und Arbeitslosenhilfe: *Nipperdey*, Die Grundrechte und Grundpflichten der Reichsverfassung III (1930) 484 — *Joerges*, Das Recht auf Arbeit: Deutsches Arbeitsrecht 1936, 161ff.

I. Einleitung

Arbeit gibt Anspruch auf Lohn. Lohn bedeutet Unterhalt. Unterhalt aber ist für den Arbeitnehmer zum Leben erforderlich und in Deutschland um so notwendiger, als nach zwei verlorenen Kriegen und zwei Währungsreformen die Mehrzahl der deutschen Bevölkerung kaum noch über Kapital verfügt. Der einzelne ist daher auf Arbeitsgelegenheit und Arbeit angewiesen. Will er doch — psychologisch verständlich — seinen Unterhalt nicht aus Gnade und Fürsorge, sondern als Recht. Er will ein Recht auf Arbeit.

Unter Recht auf Arbeit kann aber sehr Verschiedenes verstanden werden: Denkbar ist zunächst ein privatrechtlicher *Anspruch* des Arbeitnehmers gegen seinen Arbeitgeber *auf Beschäftigung*, weil der Arbeitnehmer nicht nur Lohn verdienen, sondern auch tatsächlich arbeiten will. Denn jeder arbeitsfreudige und strebsame Mensch hat ein natürliches Bedürfnis seine Arbeitskraft zu betätigen[1] und sich dadurch auszubilden und weiterzubilden.

Es wird freilich kein Arbeitgeber gern einen Arbeitnehmer entlohnen, ohne ihn zu beschäftigen, und jeder Arbeitgeber, der einen Arbeitnehmer nicht beschäftigen kann oder will, wird daher diesen zu entlassen suchen, um sich so seiner Entlohnungspflicht zu entledigen. Dem gegenüber besteht aber ein Interesse des Arbeitnehmers an der Erhaltung seines konkreten Arbeitsplatzes. Er wird daher ein *Recht auf die Arbeitsstelle* und, was auf dasselbe hinausläuft, auf Schutz gegen eine im gegebenen Falle ungerechtfertigte Beendigung seines Arbeitsverhältnisses ins-

[1] So besonders bezeichnend Landesarbeitsgericht (LAG) Hamm vom 2. 10. 1947, *Kassmann*, Entscheidungen des Landesarbeitsgerichts Hamm (1948) 93ff.

besondere durch Kündigung erstreben. Das deutsche Recht hat, wie zu zeigen sein wird, gerade in dieser Hinsicht eine überaus reiche Ausbildung aus sehr mannigfaltigen Gesichtspunkten erfahren.

Es ist aber natürlich möglich, daß trotzdem der Arbeitnehmer seinen Arbeitsplatz verliert oder überhaupt keinen passenden Arbeitsplatz finden kann. Dann entsteht die Frage, ob man ihm mit Rücksicht auf das eben dargelegte Interesse ein Recht auf einen anderen passenden Arbeitsplatz und damit ein *Recht auf Arbeit schlechthin* einräumt. Ein solches Recht kann sich allerdings naturgemäß nicht gegen einen bestimmten Arbeitgeber richten, sondern nur gegen die Allgemeinheit als solche, insbesondere den Staat. Es muß daher im Gegensatz zu dem vorgenannten Recht auf Beschäftigung und auf eine bestimmte Arbeitsstelle notwendig öffentlichrechtlichen Charakter tragen[2]. Damit wird freilich die Allgemeinheit vor die Frage gestellt, wie sie dem Arbeitnehmer einen passenden Arbeitsplatz verschafft und ob sie, wenn und solange sie das nicht kann, eine entsprechende Fürsorge für ihn übernehmen muß.

Das erstere wird aber von der Organisation der Arbeit in dem betreffenden Lande abhängen: Der Liberalismus, der dem einzelnen wirtschaftliche Freiheit der Betätigung läßt, wird sich auf eine bloße Vermittlung in eine vorhandene Arbeitsstelle beschränken, alles übrige aber der individuellen Initiative des einzelnen überlassen. Der Sozialismus hingegen, der nach Planwirtschaft strebt, wird bei planmäßiger Gestaltung der Wirtschaft auch und in erster Linie die vorhandenen Arbeitskräfte berücksichtigen und sie durch Berufsberatung und Lenkung in die richtigen Arbeitsstellen bringen. In einer vollkommenen, die vorhandenen Arbeitskräfte berücksichtigenden und ausnützenden Planwirtschaft kann es infolgedessen auch keine Arbeitslosigkeit geben. Ein Recht auf Arbeit wird damit hier überflüssig. Denn jeder Arbeitnehmer ist an seiner Arbeitsstelle auch notwendig und dort zu beschäftigen. Damit wird aber auch sein Recht auf die ihm zugewiesene Arbeitsstelle selbstverständlich und ein besonderer Anspruch auf Beschäftigung überflüssig, da in jeder funktionierenden Planwirtschaft kein Arbeitnehmer unbeschäftigt bleiben kann und darf. Eine solche Planwirtschaft wird freilich weitgehend von der Individualität der Arbeitskräfte absehen und im wesentlichen nur auf die Zahl der vorhandenen Arbeitskräfte abstellen müssen. Der Plan wird, eben weil er obrigkeitlich aufgestellt wird, entsprechend einer im Sozialismus sich zeigenden Neigung zum öffentlichen Recht hoheitlich gestaltet sein.

Natürlich stehen sich die verschiedenen Wirtschaftssysteme im Leben aber nicht schroff einander gegenüber. Es sind Übergänge und Zwischen-

---

[2] Über den sehr umstrittenen und in den verschiedenen Ländern keineswegs gleichmäßigen Unterschied von Privatrecht und öffentlichem Recht vgl. jetzt *Molitor*, Über öffentliches Recht und Privatrecht (1949).

lösungen denkbar und möglich. Und gerade bei solchen Übergängen wird der Anspruch auf Beschäftigung, das Recht auf den Arbeitsplatz, ein allgemeines Recht auf Arbeit praktisch bedeutsam werden. Deutschland ist nicht erst gegenwärtig hineingestellt in den Gegensatz zwischen West und Ost. Es wird deshalb in seiner hier in Frage kommenden Gesetzgebung dadurch aufs stärkste berührt. Der Schwerpunkt liegt dabei gegenwärtig weniger bei dem konkreten Beschäftigungsanspruch und dem allgemeinen Recht auf Arbeit als bei dem Kündigungs- und Entlassungsschutz, durch den dem einzelnen sein Recht auf seine Arbeitsstelle gesichert werden soll.

II. Der Anspruch auf Beschäftigung

Ein *Anspruch auf Beschäftigung* ist in Deutschland durch kein Gesetz ausdrücklich anerkannt. Das ist schon deshalb nicht der Fall, weil es in Deutschland zur Zeit an einer modernen allgemeinen und eingehenden Regelung des Arbeitsvertragsrechts überhaupt fehlt. § 615 des noch aus dem 19. Jahrhundert stammenden Bürgerlichen Gesetzbuchs (BGB) gibt dem Arbeitnehmer im Falle des Annahmeverzuges des Arbeitgebers nur ein Recht auf Lohn, kennt aber im Gegensatz zum Werkvertrag (§ 640 BGB) und auch zum Kaufvertrag (§ 433 II BGB) keine Abnahmepflicht des Gläubigers. Der Anspruch des Arbeitnehmers auf Beschäftigung ist daher schon seit längerer Zeit[3] problematisch:

1. Eine *ältere* Meinung[4] *bejahte* die Beschäftigungspflicht nur dann, wenn sie ausdrücklich vereinbart ist oder sich aus der besonderen Art der Dienstleistung oder dem Vertragszweck ergibt, also insbesondere bei Lehrlingen, die gerade durch ihre Beschäftigung ausgebildet werden sollen, aber auch bei Bühnenmitgliedern[5] im Gegensatz zu Filmschauspielern, die nur zur Herstellung eines einzelnen Films verpflichtet zu werden pflegen und daher, auch wenn sie sich hierbei nicht bewähren, nie auf längere Zeit in ihrer Betätigung stillgelegt werden. An einigen Stellen, wo der Wortlaut des Gesetzes von einer Verpflichtung des Arbeitgebers zur Beschäftigung eines ihm zugewiesenen oder wieder zugewiesenen Arbeitnehmers spricht, wie in dem Gesetz über die Be-

[3] Vgl. aus der älteren Zeit *Bewer*: Neue Zeitschr. f. Arbeitsrecht 1921, 29ff.; Leipziger Zeitschr. 1924, 97ff. und *Franke*: Neue Zeitschr. f. Arbeitsrecht 1925, 645ff.

[4] Vgl. statt vieler *Hueck-Nipperdey*, Lehrb. d. Arbeitsrechts I 3/5 (1931) 255ff. mit weiteren Schrifttumsangaben. Aus der Rechtsprechung verneinen grundsätzlich einen Beschäftigungsanspruch Reichsgericht (RG) v. 6. 2. 23, RGZ 106/272ff.; Reichsarbeitsgericht (RAG) v. 30. 11. 27, ArbRSamml. 1, 66ff.; v. 23. 7. 28, ArbRSamml. 3, 190ff.; v. 26. 3. 30, ArbRSamml. 9, 65ff.; auch noch LAG Gleiwitz v. 24. 4. 35, ArbRSamml. 24 LAG, 158ff., aber schon mit ablehnender Anmerkung von *Hueck*.

[5] Vgl. im einzelnen *Kutzer*, Das Dienstrecht der Bühnenangehörigen (1931), 286ff.

schäftigung Schwerbeschädigter v. 12. 1. 23[6] und in §§ 84ff. des früheren Betriebsrätegesetzes v. 4. 2. 20 (§§ 56ff. des Arbeitsordnungsgesetzes v. 30. 1. 34)[7], wurde klargestellt, daß damit kein Anspruch auf Beschäftigung, sondern nur das im folgenden näher zu behandelnde Recht auf die Arbeitsstelle gemeint ist. Denn es ist kein Grund ersichtlich, den zugewiesenen Schwerbeschädigten und den zu Unrecht gekündigten Arbeitnehmer anders zu behandeln als jeden anderen Arbeitnehmer. Eigenartiger liegen dagegen die Verhältnisse bei den Mitgliedern der Betriebsvertretung, weil diese durch ihr Amt darauf angewiesen sind, in dem Betrieb tätig zu sein. Doch brauchen auch sie nicht selbst beschäftigt zu werden, sondern müssen nur die Befugnis haben, sich zur Wahrnehmung ihres Amtes im Betriebe zu bewegen. In größeren Betrieben ist es sogar nicht selten üblich gerade die Betriebsvertretungsmitglieder oder einzelne von ihnen von der Arbeit freizustellen, damit sie ihr Amt besser wahrnehmen können. Ein Recht auf Beschäftigung haben sie also ebensowenig wie die anderen Arbeitnehmer des Betriebes[8].

2. In der *neueren* Zeit verstärkte sich aber in Deutschland unter dem Einfluß des nationalsozialistischen Arbeitsordnungsgesetzes die Neigung, allgemein einen Anspruch des Arbeitnehmers auf Beschäftigung anzunehmen, soweit dem kein schutzwürdiges Interesse des Arbeitgebers entgegensteht[9]. Doch lag darin kaum ein grundsätzlicher Wechsel der Anschauung. Denn auch damit wurde ein Anspruch auf Beschäftigung nur insoweit anerkannt, als er ausdrücklich zum Vertragsinhalt gemacht wurde oder sich aus der stillschweigend von den Beteiligten vorausgesetzten Geschäftsgrundlage ergibt. Der Unterschied gegen früher besteht nur darin, daß jetzt auf Grund der angeblich sozialeren Auffassung eher eine solche Geschäftsgrundlage als im Arbeitsleben üblich vorausgesetzt wurde.

Äußerungen aus *neuester* Zeit, die erkennen lassen, ob diese Linie auch jetzt noch fortgesetzt wird, fehlen fast[10] ganz. Man kann daher nicht mit Sicherheit sagen, ob trotz der veränderten Auffassung an der letzteren Ansicht festgehalten werden wird.

---

[6] Sehr bestritten! Vgl. einerseits *Knaak*, Schwerbeschädigtengesetz (1928) 48; RAG v. 9. 5. 1928, ArbRSamml. 3, 16ff.; v. 22. 8. 1929, ArbRSamml. 6, 618ff.; dagegen aber *Fülling*, Die Pflicht zur Beschäftigung Schwerbeschädigter (1923) 52ff.; *Mebes*, Schwerbeschädigtengesetz (2. Aufl. 1931) 19.

[7] *Mansfeld*, Betriebsrätegesetz (2. Aufl. 1930) 459; *Hueck-Nipperdey-Dietz*, Arbeitsordnungsgesetz (4. Aufl. 1943) 687ff.

[8] *Flatow-Kahn-Freund*, Betriebsrätegesetz (13. Aufl. 1931) 602f.; *Mansfeld*, Betriebsrätegesetz (2. Aufl. 1930) 499.

[9] So besonders *Nipperdey* in Staudingers Komm. z. BGB, (10. Aufl. 1939) Anm. 264ff. zu § 611 und das dort angeführte neuere Schrifttum, das aber hauptsächlich auf der nationalsozialistischen Auffassung beruht.

[10] Vgl. nur das eingangs angeführte Urteil des LAG Hamm v. 2. 10. 1947, *Kassmann*, Entsch. d. LAG Hamm (1948) 93ff.

Diese geringe Stellungnahme zu der Frage aus neuester Zeit ist verständlich. Denn es ergeben sich auch aus der Anerkennung eines Anspruchs auf Beschäftigung keine weitreichenden praktischen Folgen. Zwar könnte der Arbeitnehmer dann auf Beschäftigung klagen. Aber das geschieht praktisch schon deshalb selten, weil ein Arbeitnehmer begreiflicherweise nicht gern während eines bestehenden Arbeitsverhältnisses zu klagen pflegt, weil er sonst fürchten muß, durch Kündigung seine Arbeitsstelle zu verlieren. Vor allem aber ist durch § 61 IV des Arbeitsgerichtsgesetzes in Verbindung mit §§ 887ff. der Zivilprozeßordnung die Zwangsvollstreckung auf Handlungen aus einem Arbeitsvertrag ausgeschlossen, und statt dessen ist der Beklagte auf Antrag für den Fall der Nichtvornahme der Handlung nur zu einer Entschädigung zu verurteilen. Der Anspruch auf Beschäftigung ist also gegenüber einem widerwilligen Arbeitgeber doch tatsächlich nicht durchzusetzen und läuft letzten Endes auf einen Anspruch auf eine Geldentschädigung hinaus. Gegenüber dem bloßen Entlohnungsanspruch besteht nur insofern ein Unterschied, als bei der Höhe der Entschädigung neben dem Lohn auch noch das Interesse des Arbeitnehmers an der Beschäftigung berücksichtigt werden kann. Das wird dadurch erleichtert, daß das Gericht die Entschädigung nach freiem Ermessen festsetzen und dabei auch das Nichtvermögensinteresse an der Beschäftigung berücksichtigen kann. Es sind aber aus der reichlich veröffentlichten deutschen Rechtsprechung bezeichnenderweise keine Fälle bekannt geworden, wo das eine Rolle gespielt hat. Denn natürlich werden in einem solchen Fall beide Beteiligte nach einer Lösung des Arbeitsverhältnisses streben, der Arbeitnehmer, weil er sein Interesse an der Beschäftigung doch nur im Wege des im gegebenen Fall mangelhaften Ersatzes durch eine Geldentschädigung durchsetzen kann, der Arbeitgeber, weil er außer in dem Fall, daß er die vielleicht besonders wertvolle Arbeitskraft seines Arbeitnehmers einem Konkurrenten entziehen will, auch kein Interesse daran hat, daß er den Arbeitnehmer trotz Nichtbeschäftigung entlohnen und entschädigen muß. Derartige innerlich kranke Arbeitsverhältnisse werden daher doch über kurz oder lang beendet werden. Das führt aber schon zu der weiteren Frage, ob und inwieweit der Arbeitnehmer in seinem Recht auf seinen Arbeitsplatz geschützt wird.

III. Die Sicherung der Arbeitsstelle

Ein solches *Recht auf den Arbeitsplatz* kann dem Arbeitnehmer von vornherein beschränkt dadurch eingeräumt werden, daß er nur auf bestimmte Zeit eingestellt wird. Denn dann endet das Arbeitsverhältnis nach § 620 BGB zwar zu der bestimmten Zeit, aber der Arbeitgeber kann vorher jedenfalls nicht mit der ordentlichen Kündigung den Arbeitsvertrag beenden. In einem solchen nur zeitlich befristeten Recht auf den

Arbeitsplatz liegt keine ungerechtfertigte Benachteiligung des Arbeitnehmers, da dieser ja von vornherein damit rechnen muß, in dem vorbestimmten Zeitpunkt den Arbeitsplatz zu verlieren. Das ist aber schon dann anders, wenn der Arbeitnehmer höchstens oder mindestens auf bestimmte Zeit angestellt ist, denn dann muß er entweder fürchten, innerhalb der Höchstzeit oder nach Ablauf der Mindestzeit seinen Arbeitsplatz zu verlieren, indem der Arbeitgeber ihm kündigt. Das Recht auf den Arbeitsplatz ist also, wie bereits hervorgehoben wurde, gleichbedeutend mit einer Einschränkung der Kündigung[11].

1. Die *Kündigung* kann zunächst wenigstens teilweise dadurch eingeschränkt werden, daß sie durch bestimmte Fristen oder Termine gebunden ist, aber auch vollständig dadurch, daß die Kündigung ganz oder zeitweise ausgeschlossen ist, indem z. B. der Arbeitsplatz, wie ausgeführt, auf eine bestimmte Mindestzeit fest übertragen wird, wie z. B. insbesondere bei Bühnenmitgliedern, die auf eine Saison eingestellt werden, oder, wie es in Deutschland bei Behördenangestellten nicht selten ist, die nach einer längeren Bewährungszeit dauernd angestellt werden. Die Regel ist aber in Deutschland durchaus die Einstellung auf unbestimmte Zeit mit der Möglichkeit der an bestimmte Fristen und Termine gebundenen Kündigung.

Die Fristen und Termine, die bezwecken sollen, daß der Gekündigte sich auf die neue Lage einstellen und leichter einen neuen Arbeitsplatz finden kann, sind im allgemeinen gesetzlich bestimmt. Die betreffenden Bestimmungen sind aber meist dispositiv, so daß die Beteiligten durch Vereinbarung die Fristen und Termine auch verkürzen und sogar ganz davon absehen können. Bei Angestellten sind jedoch die gesetzlichen Fristen und Termine zum Teil auch zwingend, derart daß die Beteiligten die Kündigung zwar durch Vereinbarung weiter einschränken, aber nicht erleichtern können. Gelegentlich finden sich im deutschen Recht mit seiner reichen und mannigfaltigen Ausgestaltung des Kündigungsrechts auch dispositive und zwingende Kündigungsfristen und -termine nebeneinander, so daß für Vereinbarungen, die die Kündigung erleichtern, gewisse Grenzen gesetzt sind. Besonders lange und zwingende Kündigungsfristen gelten nach dem sog. Angestelltenkündigungsschutzgesetz vom 9. 7. 1926[12] für ältere Angestellte, die längere Zeit in demselben Betrieb beschäftigt waren. Praktisch haben diese Bestimmungen die Wirkung, daß diese Angestellten, soweit sie kein Recht auf Beschäftigung haben, auch schon vor Ablauf der Kündigungsfrist oder Erreichung des Kündigungstermins entlassen werden, aber bis zum Ende der Frist und

[11] Über die Kündigung im allgemeinen vgl. *Molitor*, Die Kündigung (1935), insbes. 121ff.

[12] Kommentare von *Anthes* (8. Aufl. 1932); *Baum* (5. Aufl. 1934); *Goldschmidt II* (1926); *Lenz* (1926); *Osswald* (1927); *Schneider-Stehr* (1929); *Sitzler-Goldschmidt* (1930).

Erreichung des Termins entlohnt werden müssen. Das Recht auf den Arbeitsplatz läuft damit also im Ergebnis auf eine Geldentschädigung in Form einer zeitweisen Weiterzahlung des Lohnes hinaus.

Eine Eigentümlichkeit des deutschen Rechts im Gegensatz zum Recht mancher anderer, namentlich der romanischen Länder besteht nämlich darin, daß man den genannten Kündigungsbeschränkungen nicht nur schuldrechtliche Wirkung zuschreibt, also auch eine entgegen den Bestimmungen erfolgende Kündigung zuläßt, den Kündigenden aber zu Schadensersatz verpflichtet, die genannten Kündigungsbeschränkungen haben vielmehr in Deutschland *unmittelbare Wirkung*, lassen also das Arbeitsverhältnis erst zu dem ersten zulässigen Termin enden.

2. Neben diesen Kündigungsbeschränkungen hat aber das deutsche Recht aus ursprünglich ganz anderen Gesichtspunkten auch noch einen *schuldrechtlichen Kündigungsschutz* herausgebildet, der noch weit vollkommener das Recht auf den Arbeitsplatz verwirklicht als die vorgenannten, die Beseitigung vom Arbeitsplatz doch nur hemmenden Kündigungsbeschränkungen. Man hat nämlich den in allen größeren Betrieben zu bildenden Betriebsvertretungen ein Mitwirkungsrecht auch bei den Entlassungen eingeräumt. Allerdings konnte auch die Betriebsvertretung nach §§ 84ff. des Betriebsrätegesetzes vom 4. 2. 1920[13] die Entlassung nicht hindern. Aber ihr Widerspruch gab dem Entlassenen die Möglichkeit, bei einer sozial ungerechtfertigten Kündigung auf Weiterbeschäftigung oder Zahlung einer Entlassungsentschädigung zu klagen. Das Arbeitsordnungsgesetz vom 20. 1. 1934[14] hat das in §§ 56ff. in etwas verbesserter und vereinfachter Form übernommen. Es wurde dadurch ein zwar nicht vollkommener, aber sehr beweglicher Schutz des Arbeitsplatzes erreicht, der sich besonders leicht den Bedürfnissen des Einzelfalls anpassen ließ. Leider sind diese Bestimmungen, an die sich die deutsche Praxis sehr gewöhnt hatte, durch das Kontrollratsgesetz Nr. 40 vom 30. 11. 1946 zusammen mit dem Arbeitsordnungsgesetz aufgehoben worden. Einzelne deutsche Länder haben die dadurch entstandene Lücke durch die Landesgesetzgebung ausgefüllt, sei es, wie Rheinland-Pfalz, Hessen, Baden, Bremen und Württemberg-Hohenzollern durch ein neues Betriebsrätegesetz, das im wesentlichen die Bestimmungen des alten übernahm, sei es, wie Bayern und Württemberg-Baden, durch ein besonderes Kündigungsschutzgesetz, das sich enger an die betreffenden Bestimmungen des Arbeitsordnungsgesetzes anschließt und diese fortbildet.

In den übrigen deutschen Ländern hilft man sich dadurch, daß man eine willkürliche und sozial nicht gerechtfertigte Kündigung mindestens dann als sittenwidrig und infolgedessen nichtig behandelt, wenn der Fall

[13] Kommentare von *Flatow-Kahn-Freund* (13. Aufl. 1931) 430ff. und *Mansfeld* (3. Aufl. 1930) 418ff.

[14] Kommentar von *Hueck-Nipperdey-Dietz* (4. Aufl. 1943) 673ff.

besonders kraß liegt. Dem hatte die Rechtsprechung des Reichsarbeitsgerichts schon früher vorgearbeitet, indem sie sich, wenn auch zunächst sehr zögernd, auf den Standpunkt stellte, daß auch die einseitige Gestaltungserklärung der Kündigung dann sittenwidrig und nichtig sein kann, wenn sie das Arbeitsverhältnis unter Umständen oder aus Gründen beenden will, die den Anschauungen aller billig und gerecht Denkenden widersprechen[15]. Das entsprach dem Umstand, daß schon vorher die Gesetzgebung insbesondere die Grundsatzgesetzgebung der Weimarer Verfassung in einigen Fällen aus bestimmten Gründen eine Kündigung ausgeschlossen hatte. Die genannten Entscheidungen des Reichsarbeitsgerichts waren zwar zum Teil mit dem nationalsozialistischen Rechtsempfinden begründet worden[16], beruhen aber im Kern nicht darauf, wie schon der Umstand zeigt, daß sich diese Rechtsprechung bereits vor 1933 entwickelt hat. Die Abgrenzung der sittenwidrigen und daher nichtigen Kündigung von der nur sozial ungerechtfertigten und daher nur dem Einspruch nach dem Betriebs- bzw. Arbeitsordnungsgesetz unterliegenden Kündigung war allerdings flüssig geblieben und gerade dieser Umstand legt es jetzt nahe, die sittenwidrige Kündigung zur Ausfüllung der durch die Aufhebung des Arbeitsordnungsgesetzes entstandenen Gesetzeslücke zu verwenden. Damit verstärkt sich aber der in seinem Wesen sozialistische Gedanke, daß eine sozial ungerechtfertigte Kündigung zugleich auch unzulässig sei.

Am folgerichtigsten ist dieser Gedanke in der russisch besetzten Zone durchgeführt worden, weil auch das sowjetische Arbeitsrecht überhaupt keine andere Kündigung als die außerordentliche aus bestimmten zwingenden Gründen zuläßt. Aber auch in Westdeutschland beginnt sich immer mehr die Überzeugung durchzusetzen, daß der Arbeitgeber nur dann kündigen darf, wenn Gründe in der Person oder dem Verhalten des Arbeitnehmers oder betriebliche Verhältnisse das fordern. Im Januar 1950 haben sich Vertreter der Spitzenorganisationen der Arbeitnehmer (Deutscher Gewerkschaftsbund) und der Arbeitgeber (Vereinigung der Arbeitgeberverbände) in Hattenheim über den Entwurf eines Kündigungsschutzgesetzes geeinigt, das neben den sozial ungerechtfertigten Kündigungen, zugleich auch den Kündigungsschutz der Betriebsratsmitglieder und den Kündigungsschutz bei Massenentlassungen regelt[17]. Zur Zeit (März 1950) ist ein entsprechendes Bundesgesetz für West-

[15] RAG v. 2. 5. 1928, ArbRSamml. 2, 247ff. läßt die Frage noch offen. In dem im Text genannten Sinne aber RAG v. 24. 4. 1929, ArbRSamml. 6, 96ff.; RAG v. 2. 11. 1932, ArbRSamml. 16, 297ff. und besonders RAG v. 7. 3. 1936, ArbRSamml. 26, 125ff. ebenso wie zahlreiche Entscheidungen der Folgezeit. Vgl. im übrigen über die im einzelnen sehr umstrittene Frage *Molitor*, Deutsches Arbeitsrecht (1937) 278ff. mit weiteren Schrifttumsangaben.

[16] So besonders deutlich RAG v. 18. 3. 1936: ArbRSamml. 26, 161ff.

[17] Der Entwurf ist abgedruckt: Recht d. Arbeit 3 (1950) 63ff.

deutschland noch nicht erlassen. Es dürfte aber kein Anlaß bestehen, daran zu zweifeln, daß schon sehr bald ein Bundesgesetz ergehen wird, das sich inhaltlich im wesentlichen an diesen Entwurf anschließen wird. Die oben erwähnten Sonderregelungen der Länder werden damit hinfällig werden.

3. Die ordentliche Kündigung des Arbeitsplatzes ist damit erheblich eingeschränkt und wird voraussichtlich eingeschränkt bleiben. Es liegt jedoch nahe, demgegenüber die *außerordentliche* Kündigung zu erleichtern. Denn je mehr die meist an Fristen und Termine gebundene, gelegentlich auch sonst eingeschränkte Kündigung erschwert wird, um so leichter könnte ein wichtiger Grund zur außerordentlichen Kündigung gegeben scheinen. Im Ergebnis würde dadurch also die Lage des Arbeitnehmers und sein Recht auf den Arbeitsplatz eher beeinträchtigt als verstärkt, da ja die außerordentliche Kündigung meist nicht an Fristen und Termine gebunden und meist auch von sonstigen Kündigungsbeschränkungen befreit ist. Demgegenüber beginnt sich aber neuestens die Neigung bemerkbar zu machen, auch die außerordentliche Kündigung einzuschränken, sie insbesondere dann nicht zuzulassen, wenn der Arbeitgeber seinen Betrieb dauernd oder vorübergehend einstellen oder stillegen will. So ist z. B. betont worden, daß der Arbeitgeber als Unternehmer das Risiko des Betriebes dem Arbeitnehmer gegenüber auch insofern zu tragen habe, als er selbst in einem solchen Falle dem Arbeitnehmer nur mit der ordentlichen Kündigung kündigen könne[18]. Inwieweit sich diese Ansicht durchsetzen wird, läßt sich zur Zeit noch nicht übersehen. Sollte das der Fall sein, so wäre damit dem Arbeitnehmer nicht nur ein Recht an seinem Arbeitsplatz für die Dauer seines Bestehens, sondern darüber hinaus auch eine gewisse Gewähr dagegen gegeben, daß sein Arbeitsplatz nicht plötzlich und unbegründet eingezogen wird. Der darin liegende weitgehende Eingriff in die freie Unternehmerinitiative des Arbeitgebers darf aber nicht übersehen werden.

4. Alle genannten Einschränkungen der freien Kündigung haben in der Praxis den Nachteil, daß sehr oft zweifelhaft bleibt, ob eine ausgesprochene Kündigung wirksam ist oder nicht. Das kann zu oft langwierigen Rechtsstreitigkeiten führen, während deren Dauer die Beteiligten und insbesondere auch der Arbeitnehmer einer beträchtlichen Unsicherheit unterliegen. Das sonst gelegentlich im deutschen Recht dagegen verwandte Mittel, statt die Beteiligten auf Feststellung der Fortdauer des Bestehens des Arbeitsverhältnisses klagen zu lassen, ihnen eine Auflösungsklage zu geben, die das Rechtsverhältnis erst mit Rechtskraft des Urteils erlöschen läßt, erscheint bei Arbeitsverhältnissen wenig brauchbar, weil die Verhältnisse hier meist eine schnellere vorläufige Klärung der Rechtslage erfordern, als im Prozeßverfahren möglich wäre.

---

[18] *Meissinger:* Recht d. Arbeit 1949, 45ff.

Man hat daher zunächst in einigen Fällen eine *sachliche Vorprüfung* durch eine dazu berufene objektive Stelle eingeführt, deren Zustimmung erst die Kündigung wirksam werden läßt. Die Kündigung ist also in diesen Fällen grundsätzlich ausgeschlossen und wird erst mit Erlaubnis der betreffenden Stelle zulässig[19]. Diese Form, die zuerst in den Demobilmachungsbestimmungen nach dem ersten Weltkrieg auftauchte und dann für Massenkündigungen, ferner nach §§ 96ff. des Betriebsrätegesetzes vom 4. 2. 1920 für die Kündigung von Betriebsvertretungsmitgliedern eingeführt wurde, gilt heute noch für Schwerbeschädigte nach § 13 des Schwerbeschädigtengesetzes, die auch sonst, wie noch darzulegen sein wird, ein sehr weitgehendes Recht auf Arbeit genießen. Diese zunächst nur beschränkt verwendete Möglichkeit ist dann durch die sog. Arbeitsplatzwechselverordnung vom 1. 9. 1939 auf alle Arbeitsverhältnisse ausgedehnt worden. Doch dient das, wie nunmehr auszuführen sein wird, weniger der Durchführung eines allgemeinen Rechts auf Arbeit als einer Arbeitspflicht.

IV. Die Beschaffung eines Arbeitsplatzes

Offensichtlich reicht nämlich ein bloßer Kündigungsschutz zur Sicherung des Arbeitsplatzes nicht in allen Fällen aus. Es lag daher nahe, statt dessen ein *allgemeines Recht auf Arbeit* anzuerkennen. Dieses hat bereits eine lange Geschichte hinter sich, und die französischen Theorien darüber sind auch in Deutschland viel beachtet worden[20]. Ein solches allgemeines Recht auf Arbeit lag dann besonders nahe, wenn die Gefahr einer größeren Arbeitslosigkeit bestand, wie in Deutschland nach den verlorenen beiden Weltkriegen, und wenn überdies die vorangegangene Kriegswirtschaft den Arbeitsmarkt planmäßig gelenkt hatte und Maßnahmen des Arbeitseinsatzes daher mehr oder weniger selbstverständlich erschienen. Man neigte dann freilich unter solchen Umständen dazu, statt der Rechtsseite die Pflichtseite zu betonen und dem Recht auf Arbeit auch eine Pflicht zur Arbeit gegenüberzustellen.

1. Die Weimarer Reichsverfassung vom 11. 8. 1919 sagte in Art. 163 in fast wörtlichem Anschluß an § 1 des Sozialisierungsgesetzes vom 23. 3. 1919:

> Jeder Deutsche hat unbeschadet seiner persönlichen Freiheit die sittliche Pflicht, seine geistigen und körperlichen Kräfte so zu betätigen, wie es das Wohl der Gesamtheit erfordert.
>
> Jedem Deutschen soll die Gelegenheit gegeben werden, durch wirtschaftliche Arbeit seinen Unterhalt zu erwerben. Soweit ihm angemessene Arbeitsgelegenheit nicht nachgewiesen werden kann, wird für seinen notwendigen Unterhalt gesorgt. Das Nähere wird durch besondere Reichsgesetze bestimmt.

---

[19] Vgl. dazu *Molitor*, Deutsches Arbeitsrecht 1944, 49ff.

[20] Siehe dazu die Angaben im Literaturverzeichnis.

Ein Recht auf Arbeit im eigentlichen technischen Sinn ist damit freilich nicht anerkannt, und auch die Pflicht zur Arbeit wird ausdrücklich nur als sittliche und damit außerrechtliche bezeichnet. Im übrigen blieb alles, insbesondere auch der für den Fall der Arbeitslosigkeit in Aussicht gestellte Unterhalt den darüber zu erlassenden Gesetzen überlassen.

2. Auf einem ähnlichen Standpunkt stehen auch die meisten der neuen deutschen Länderverfassungen, so Art. 20 der Verfassung von Württemberg-Baden vom 30. 11. 1946, Art. 166 und 168 der Verfassung von Bayern vom 8. 12. 1946, Art. 14 der Verfassung von Südbaden vom 28. 5. 1947, Art. 90 der Verfassung von Württemberg-Hohenzollern vom 31. 5. 1947 und Art. 8 und 49 der Verfassung von Bremen vom 21. 10. 1947. Sachlich kaum anders ist es nach Art. 28 der Verfassung von Hessen vom 18. 12. 1946 und Art. 53 der Verfassung von Rheinland-Pfalz vom 24. 5. 1947, die allerdings ausdrücklich von einem Recht auf Arbeit sprechen. Weiter gehen dagegen die Verfassungen der Länder der russisch besetzten Zone, von denen sich zwar Art. 17 der Verfassung von Sachsen-Anhalt vom 10. 1. 1947 noch einigermaßen den vorgenannten Verfassungsbestimmungen anschließt, aber Art. 15 der Verfassung von Mecklenburg vom 12. 3. 1947 und Art. 16 der Verfassung von Sachsen vom 15. 5. 1947 ihren Ländern ausdrücklich die Aufgabe stellen, durch Wirtschaftslenkung jedem Bürger Arbeit und Lebensunterhalt zu sichern und, soweit das nicht möglich ist, für seinen Unterhalt zu sorgen. Dieser Unterschied ist nicht zufällig. Es zeigt sich darin der eingangs betonte Gegensatz von West und Ost hinsichtlich des Wirtschaftssystems. Denn es wird in den genannten Verfassungen der östlichen deutschen Ländern auch nicht wie in den Verfassungen von Rheinland-Pfalz und Hessen der außerrechtliche Charakter der Arbeitspflicht und die persönliche Freiheit betont.

Im Grunde haben aber alle diese Bestimmungen etwas Unwirkliches. Es fehlt im allgemeinen die Möglichkeit, praktische juristische Folgerungen aus diesen allgemeinen Regeln herzuleiten. Sie sind vielmehr nach allgemeiner Meinung[21] bloße Programmsätze, also nicht Rechtssätze, sondern bloße Richtlinien für den Gesetzgeber, die noch der Ausführung bedürfen. Der Versuch von Bismarck in seiner Reichstagsrede vom 9. 5. 1884, aus § 2 II 19 des preußischen Allgemeinen Landrechts von 1794 ein unmittelbares Recht auf Arbeit herzuleiten, ist damals Episode geblieben und kann auch für das geltende Recht nicht anerkannt werden.

3. Die Verwirklichung dieser Programmsätze, mögen sie nun ausdrücklich ein Recht auf Arbeit aufstellen oder nicht, kann auf sehr verschiedene Weise erfolgen:

---

[21] Vgl. insbesondere *Weigert* a. a. O. und die Kommentare zur Weimarer Reichsverfassung.

Der *Liberalismus* kann von seinem Standpunkt der Freiheit der Wirtschaft keine neuen Arbeitsstellen schaffen, er kann nur für baldige und zweckmäßige Besetzung der ohnedies vorhandenen Arbeitsstellen sorgen, überließ aber auch das zunächst, abgesehen von der Bestimmung des § 655 BGB, ganz der privaten Initiative. Mit Rücksicht auf die bei der gewerblichen Stellenvermittlung eingerissenen Mißbräuche regelte man diese dann näher durch das Stellenvermittlergesetz vom 2. 6. 1910. Die nicht gewerbsmäßigen Arbeitsnachweise der beruflichen Organisationen und die gemeinnützigen Arbeitsnachweise der Gemeinden, die diese namentlich im Laufe des ersten Weltkrieges eingeführt hatten, wurden dagegen erst durch das Arbeitsnachweisgesetz vom 22. 7. 1922 geregelt. Dieses machte den Gemeinden unter gewissen Voraussetzungen die Einrichtung derartiger Nachweise zur Pflicht. Mit der Einführung der Arbeitslosenversicherung durch das Gesetz über Arbeitsvermittlung und Arbeitslosenversicherung vom 16. 7. 1927 (12. 10. 1929)[22] wurde diese Aufgabe dann von den Arbeitsämtern übernommen, die zunächst Dienststellen der selbständigen Reichsanstalt für Arbeitsvermittlung und Arbeitslosenversicherung waren und erst später auf Grund des Erlasses vom 21. 12. 1938 in der hier in Frage kommenden Hinsicht verstaatlicht wurden. Diese Arbeitsämter erhielten allmählich unter Unterdrückung anderer Arbeitsnachweise mehr und mehr eine Monopolstellung. Ferner wurde auch zwar kein unmittelbarer Benutzungszwang, aber doch mittelbar eine Meldepflicht eingeführt, die das Arbeitsnachweiswesen trotz entgegenstehender Bestrebungen immer bürokratischer gestaltete. Doch blieb bis zum zweiten Weltkrieg den Beteiligten die Wahl der Arbeitsstelle und der Auswahl des Arbeitnehmers frei.

Eine Ausnahme von dieser zunächst noch bewahrten Wirtschaftsfreiheit des Unternehmers bestand, wenn man von den Demobilmachungsbestimmungen nach dem ersten Weltkrieg und den Verboten des Abbruchs und der Stillegung von Betrieben durch Verordnung vom 8. 11. 1920 sowie den späteren Geboten der Arbeitsstreckung insbesondere auf Grund der Notverordnung vom 5. 6. 1931 absieht, nur für die Unterbringung von Schwerbeschädigten auf Grund des Schwerbeschädigtengesetzes vom 12. 1. 1923[23]. Dadurch daß jeder Arbeitgeber auf eine bestimmte Zahl von Arbeitnehmern eine entsprechende Zahl von Schwerbeschädigten einstellen muß und die Zahl der einzustellenden Schwerbeschädigten so bemessen ist, daß sie zur Unterbringung sämtlicher Schwerbeschädigter ausreicht, ist hier unbeschadet des Rechts des Arbeitgebers zur Auswahl der einzustellenden Schwerbeschädigten das Recht auf Arbeit am vollkommensten verwirklicht.

---

[22] Kommentare von *Fischer-Adam-Berghofer-Grams-Hastler* 6. Aufl.; *Berndt-Lehfeldt-Weigert-Ehlert-Syrup*, beide Loseblattausgabe.

[23] Kommentare von *Knaak* (1928); *Schneider-Günther* (1928); *Schoppen* (2. Aufl. 1930); *Loth. Richter* (2. Aufl. 1931); *Mebes* (2. Aufl. 1931).

4. Aber eine solche Ausgestaltung des Rechts auf Arbeit ist naturgemäß nur für eine verhältnismäßig kleine Gruppe von Arbeitnehmern möglich. Den übrigen kann, wenn die nötigen Arbeitsplätze fehlen und nicht geschaffen werden können, nur durch eine Entschädigung geholfen werden. Eine solche ist möglich als reine Fürsorge, die sich nicht wesentlich von der auch früher schon üblichen Armenunterstützung unterscheidet, aber auch durch Entschädigung, auf die der Betreffende ein subjektives öffentliches Recht hat[24]. Die dadurch entstehenden Kosten können auf die Allgemeinheit umgelegt, d. h. aus allgemeinen Steuermitteln bestritten werden oder ganz oder überwiegend den Beteiligten selbst auferlegt werden. Im letzteren Fall entwickelt sich die Rechtsfigur der öffentlich-rechtlichen Sozialversicherung. Von der ebenfalls gegebenen Möglichkeit der Auferlegung eines Versicherungszwanges bei einer privaten Versicherung hat das deutsche Recht keinen Gebrauch gemacht. Er eignet sich auch für die Arbeitslosenversicherung am wenigsten, weil die für eine Versicherung erforderliche Möglichkeit einer statistischen Feststellung der Wahrscheinlichkeit des Versicherungsfalles fehlt. Aus diesem Grund hat auch das deutsche Recht bei Einführung einer öffentlichen Arbeitslosenversicherung durch das bereits erwähnte Gesetz über Arbeitsvermittlung und Arbeitslosenversicherung vom 16. 7. 1927 (12. 10. 1929) den versicherten Arbeitnehmern nur einen zeitlich eng begrenzten Anspruch auf Arbeitslosenunterstützung gegeben. Die bald darauf einsetzende Wirtschaftskrise, die sehr bald zu größeren Staatszuschüssen zwang, hat dann dazu geführt, daß man auch schon innerhalb der beschränkten Zeit die Bedürftigkeit prüfte und damit schließlich immer mehr in eine Fürsorge abglitt. Nur insofern näherte man sich wieder stärker dem Grundgedanken eines Rechts auf Arbeit, als man es vorzog, die zur Verfügung stehenden Mittel statt zur unproduktiven Entschädigung lieber dazu zu verwenden, durch Zuschüsse der Wirtschaft zu helfen und so neue Arbeitsplätze zu schaffen[25]. Das entsprach der bereits in § 19 der Fürsorgepflichtverordnung vom 13. 2. 1924 vorgesehenen Möglichkeit, die Bedürftigkeit abzuwenden, indem man dem Bedürftigen Arbeit verschafft oder, soweit man ihn unterstützte, ihm dafür Arbeit zuzuweisen. Letzteres ist vor allem bedeutsam für die zahlreichen Fälle, wo Arbeitslose noch keinen Anspruch auf Versicherungsleistungen erworben oder den Anspruch bereits erschöpft haben. Einen Rechtsanspruch auf Zuweisung von Arbeit haben aber die Unterstützten in keinem Fall. Insofern besteht also kein Recht auf Arbeit.

---

[24] Vgl. über die mit der Konstruktion des subjektiven öffentlichen Rechts verbundenen Schwierigkeiten vor allem *G. Jellinek*, System der subjektiven öffentlichen Rechte (2. Aufl. 1905); *Bühler*, Die subjektiven öffentlichen Rechte (1914) und: Festgabe für Fleiner (1927) mit weiteren Schrifttumsangaben.

[25] *Wilhelmi*, Die wertschaffende Arbeitslosenfürsorge (1928).

Man beschränkte sich vielmehr mit Rücksicht auf das ungeheure Anwachsen der Arbeitslosigkeit in den Krisenjahren 1928ff. darauf, die Arbeitslosigkeit durch Maßnahmen zu bekämpfen, die in keinem unmittelbaren Zusammenhang mit dem Recht auf Arbeit standen, wie die Verordnung zur Belebung der Wirtschaft vom 4. 9. 1932, die Verordnung zur Vermehrung und Erhaltung der Arbeitsgelegenheit vom 5. 9. 1932 und die Verordnung über Maßnahmen zur Förderung der Arbeitsbeschaffung und der ländlichen Siedlung vom 15. 12. 1932.

5. Diese Bestimmungen bilden den Übergang zu der dann durch Gesetz zur Regelung des Arbeitseinsatzes vom 15. 5. 1934 eingeleiteten planmäßigen Verteilung der Arbeitskräfte, die durch die sinkende Arbeitslosigkeit und den auf einigen Gebieten sich bereits bemerkbar machenden Mangel an Arbeitskräften erforderlich wurde. Sie leiteten über den Ersten Vierjahresplan von 1936 mit zahlreichen und tiefgreifenden Eingriffen in die freie Wirtschaft und die Arbeitsverteilung unmittelbar in die Kriegswirtschaft des zweiten Weltkrieges über. Grundlegend wurde für diese die Verordnung über die Beschränkung des Arbeitsplatzwechsels vom 1. 9. 1939[26] mit zahlreichen Durchführungsbestimmungen, die allgemein die Kündigung und Einstellung von Arbeitskräften an die Zustimmung der in dieser Hinsicht verstaatlichten Arbeitsämter knüpfte.

Aber diese ganze Gesetzgebung, die im einzelnen aufzuführen hier zu weit gehen würde, war weniger durch den Gesichtspunkt des Rechts auf Arbeit als den der Pflicht zur Arbeit und der planmäßigen Verteilung der Arbeitskräfte bestimmt. Das kam besonders deutlich in der Möglichkeit einer Dienstverpflichtung zum Ausdruck, die durch Verordnung zur Sicherstellung des Kräftebedarfs für Aufgaben von besonderer staatspolitischer Bedeutung vom 13. 2. 1939 nebst der I. Durchführungsverordnung vom 13. 2. 1939 eingeführt wurde. Dieses Ziel änderte sich auch durch den deutschen Zusammenbruch im Jahre 1945 zunächst noch nicht. Im Gegenteil, der Kontrollratsbefehl Nr. 3 vom 17. 1. 1946 ist ausschließlich durch diesen Gesichtspunkt bestimmt und verlangt auch da, wo nach der Arbeitsplatzwechselverordnung keine Zustimmung des Arbeitsamts zur Kündigung erforderlich ist, eine solche zur Entlassung[27]. Aber ein Recht auf Arbeit oder auch nur ein Recht auf den Arbeitsplatz soll damit nicht anerkannt werden, wenn sich die Erschwerung des Arbeitsplatzwechsels auch praktisch nach dem bereits Gesagten in dieser Richtung auswirkt.

Erst neuestens (Frühjahr 1949) zeigt sich in Westdeutschland eine Neigung, diese strengen Bestimmungen über die Arbeitspflicht zu lockern und abzubauen. Damit wird auch die Frage nach Anerkennung eines

---

[26] Kommentar von *Bulla* (1942).

[27] LAG München v. 14. 7. 1948: Recht d. Arbeit 1, 100.

Rechts auf Arbeit erneut aufgeworfen, ohne daß schon jetzt gesagt werden könnte, ob und in welcher Art ein solches Recht anerkannt werden wird.

V. Zusammenfassung

Zusammenfassend läßt sich also feststellen, daß das deutsche Recht zwar schon seit langem Neigung zeigt, ein Recht auf Arbeit in allen seinen Formen als Recht auf Beschäftigung, als Recht auf einen bestimmten Arbeitsplatz oder auch allgemein als Recht auf Arbeit zu verwirklichen. Solange man an einer mehr oder weniger freien Wirtschaft festhält, muß man dabei freilich notwendig auf Schwierigkeiten stoßen und bleibt auf einen unzulänglichen Ersatz in Form einer Entschädigung für den Fall beschränkt, daß man das Recht auf Arbeit nicht verwirklichen kann. Ein wirkliches, auch praktisch durchführbares Recht auf Arbeit ist nur in einer vollkommen gelenkten Planwirtschaft möglich. In einer solchen wird aber mit dem Recht auf Arbeit wohl immer auch eine Pflicht zur Arbeit verbunden sein müssen, die leicht in einen Arbeitszwang ausartet. Gewiß sind Mittelwege möglich, indem man eine freie Wirtschaft durch mannigfache sozialpolitische Maßnahmen lenkt[28] oder auch bei einem Arbeitszwang wenigstens für die große Mehrzahl der Fälle den Schein des freien Arbeitsvertrages aufrecht erhält. In Deutschland bemüht man sich gegenwärtig in beiden Richtungen, im Osten mehr auf der Grundlage des Arbeitszwanges, im Westen mehr auf der Grundlage der freien Wirtschaft. Das darf aber nicht darüber hinwegtäuschen, daß im letzten Kern ein wirkliches Recht auf Arbeit in seinen verschiedenen Formen nur in Verbindung mit dem Arbeitszwang verwirklicht werden kann.

---

[28] In diesem Sinn besonders *Malachowski*, Recht auf Arbeit und Arbeitspflicht (1922).

DAS STREIKRECHT

Seine Anerkennung, Sanktionierung und Begrenzung

Von Dr. Hans Carl Nipperdey
ord. Professor an der Universität Köln

Literatur: Übersicht über Literatur und Rechtsprechung zum Arbeitskampfrecht: *Hoeniger-Schultz-Wehrle:* JahrbArbR I 28ff., II 48ff., III 19ff., IV 54ff., V 70ff., VI 153ff., VII 117ff., VIII 48ff., 125ff., IX 141ff., X 129ff., XI 143ff. Zusammenfassung der Rechtsprechung des RG bei *Dersch-Flatow-Hueck-Nipperdey*, Rechtspr. d. RG z. ArbR I 212ff., II 105 ff. — *v. Broeker*, Schadensersatzansprüche aus dem Lohnkampf (Diss. 1906) — *Melsbach*, Vertragsbrüchige Streiks und Aussperrungen (Diss. 1912) — *Schwittau*, Die Formen des wirtschaftlichen Kampfes (1912) — *Zschaler*, Boykott, Sperre, Aussperrung, Streik, Ausstand, Verruf im Lichte des geltenden Rechts (1917) — *Nipperdey*, Grenzlinien der Erpressung durch Drohung unter besonderer Berücksichtigung der modernen Arbeitskämpfe (1919) — *Bernstein*, Der Streik (1920) — *Groh*, Koalitionsrecht (1923) — *Oertmann*, Arbeitsvertragsrecht (1923) — *Kaskel*, Koalitionen und Koalitionskampfmittel (Sammelwerk 1925) — *Pohle*, Schadensersatzpflichten beim Streik (1926) — *Sinzheimer*, Grundzüge des Arbeitsrechts (1927) — *Kestner-Lehnich*, Der Organisationszwang (2. Aufl. 1927) — *Oertmann*, Sympathiestreik: ZentrBl. f. HR 1928, 48ff. — *Tietze*, Der Streikbefehl der Organisation (1928) — *Linden*, Haftung der Berufsvereine für unzulässige Kampfhandlungen (Diss. 1928) — *Matthaei*, Die zivilrechtlichen Wirkungen von Arbeitskämpfen: Festgabe f. d. 24. Anwaltstag Hamburg (1929) 137ff. — *Hintzen*, Die Haftung für Streikschäden in rechtlicher und rechtspolitischer Beziehung (1929) — Recht und Praxis des Arbeitskampfes, Herausg. Vereinigung der dt. Arbeitgeberverbände (2. Aufl. 1930) — *Brandhoff*, Vertragsbruch und unerlaubte Handlung als rechtliche Folgen eines Streikbefehls (Diss. 1930) — *Ortmann*, Einstweilige Verfügungen im Arbeitskampfrecht (Diss. 1930) — *Hueck-Nipperdey*, Lehrbuch des Arbeitsrechts (3./5. Aufl. 1931/32) — *Brack*, Unerlaubte Handlungen im Arbeitskampf (Diss. 1931) — *Oettinger*, Die guten Sitten in der arbeitsrechtlichen Rechtsprechung nach dem Kriege (1931) — *Zimmermann*, Die strafbare Aufforderung nach § 110 StGB und nach dem § 169 des amtlichen Entwurfs von 1927 unter besonderer Berücksichtigung der Aufforderung zum Streik (Diss. 1931) — *Haselbacher*, Haftung für Streikschäden (Diss. 1931) — *Reuß*, Der Streik unter dem Gesichtspunkt der unerlaubten Handlung (Diss. 1931) — *Kaskel-Dersch*, Arbeitsrecht (4. Aufl. 1932) — *Voigt*, Reichsverfassung und Streikrecht: ArbRuSchli 1932, 88 — *Bausch*, Zur Frage der Lösung des Arbeitsvertrages durch Streik und Aussperrung (Diss. 1933) — *Stiel*, Arbeitskampf und Arbeitslosenversicherung (Diss. 1933) — *Martin*, Die Freiheit der Kampfbetätigung nach Arbeits- und Wirtschaftsrecht (Diss. 1933) — *Hartung*, Der Streik (Diss. 1934) — *Maus*, Handbuch des Arbeitsrechts (1949) — *Sitzler*, Blattei-Handbuch (D-Blätter, Arbeitskampf I u. II).

§ 1 *Übersicht*

Der Streik ist die gemeinsame und planmäßig durchgeführte Arbeitseinstellung einer größeren Anzahl Arbeitnehmer innerhalb eines Berufs oder Betriebs zu einem Kampfzweck mit dem Willen, die Arbeit nach Erreichung des Kampfzieles oder Beendigung des Arbeitskampfes fortzusetzen.

1. Streik ist *Arbeitseinstellung*. Die Arbeitnehmer verweigern ohne Zustimmung des Arbeitgebers die weitere Erfüllung der Arbeitspflicht. Streik ist auch die sogenannte passive Resistenz, bei der die Arbeitnehmer nur theoretisch weiterarbeiten, aber praktisch so gut wie nichts tun (Scheinarbeit oder übertriebene Genauigkeit, sogenannter Bummelstreik). Es handelt sich um einen verschleierten Streik, der aber als Streik zu behandeln ist[1].

Der Streik bedeutet in der Regel *nicht* die *Kündigung* der Arbeitsverträge durch die Arbeitnehmer[2]. Das gilt namentlich auch dann, wenn die Arbeitnehmer den Streik vorher unter Einhaltung der Kündigungsfrist anzeigen. Auch diese Anzeige bedeutet keine Kündigung. Die Auflösung der Arbeitsverträge tritt solchenfalls erst dann ein, wenn der Arbeitgeber den Streik mit der Kündigung beantwortet. Das Gesagte gilt aber nicht, wenn die Arbeitnehmer eine regelrechte Kündigung aussprechen; auch die Kampfkündigung ist eine echte Kündigung[3].

2. Von Streik kann nur gesprochen werden, wenn eine *größere Anzahl* von Arbeitnehmern gemeinsam und planmäßig die Arbeit einstellen. Beruht die Arbeitseinstellung auf (nicht rechtswidrigem) Organisationsbeschluß, so sind die Arbeitnehmer körperschaftlich verpflichtet, dem Beschluß zu folgen. Im übrigen kann durch den Zusammenschluß einer größeren Anzahl von Arbeitnehmern zu gemeinsamem Streik eine Gelegenheitsgesellschaft nach bürgerlichem Recht (§§ 705ff. BGB) entstehen. Doch wird meist eine bloße Interessengemeinschaft ohne rechtliche Bindung anzunehmen sein. Unter Umständen genügt der Streik einer kleinen Anzahl besonders wichtiger Arbeitnehmer, um einen wirksamen Druck auf den Arbeitgeber auszuüben *(Teilstreik)*.

3. Wesentlich für den Streik ist ein *Kampfziel*, das durch das Mittel der Arbeitseinstellung erreicht werden soll. Als solche kommen in erster Linie wirtschaftliche, soziale Ziele in Betracht, aber auch politische Ziele können mit einem Streik verfolgt werden. Der sog. *Demonstrationsstreik*

---

[1] *Hueck-Nipperdey* I, 173; *Oertmann*, Arbeitsvertragsrecht 285; RGZ 111, 111; 113, 200. Über passive Resistenz bei Gruppenarbeit: *Hillenkamp*, NZfA 1931, 17.

[2] Herrschende Lehre. Vgl. statt anderer RAG Bensh. Samml. 6, 342 (305/30). Unbegründet ist die Auffassung *Hessels*, ArbR 1931, 505, daß außer der Arbeitsniederlegung noch die Sperre ein notwendiges Charakteristikum des Streiks sei.

[3] Vgl. *Hueck*, Bensh. Samml. 6, 345; RAG Bensh. Samml. 11, 358 (305/30).

kann nicht als Arbeitskampf, als „Streik" angesehen werden, eine Demonstration ist kein Kampf, der die Erreichung eines Zieles zum Zwecke hat.

4. Schließlich ist für den Streik wesentlich der *Wille* der Arbeitnehmer, das *Arbeitsverhältnis* nach Erreichung des Kampfzieles oder Beendigung des Kampfes *fortzusetzen*. Das ergibt sich ohne weiteres daraus, daß der Streik nicht als Kündigung anzusehen ist. Der Wille der Arbeitnehmer braucht nicht ausdrücklich erklärt zu werden, er folgt aus der Natur der Sache. Beantwortet der Arbeitgeber den Streik nicht seinerseits mit der Kündigung, so wird das Arbeitsverhältnis nach Beendigung des Streiks fortgesetzt, ohne daß es eines Neuabschlusses bedarf.

5. Der Verlauf eines Streiks geht in der Regel in der Weise vor sich, daß nach gescheiterten Verhandlungen der Streik von der Gewerkschaft beschlossen, eine Streikleitung eingesetzt und die Arbeit niedergelegt wird, Arbeitswillige („Streikbrecher") durch Streikposten ferngehalten werden und die Streikunterstützung der Gewerkschaften in Anspruch genommen wird. Beendet wird der Streik vielfach durch Abschluß eines Tarifvertrages, der dann ein Maßregelungsverbot und die Pflicht zur Wiedereinstellung[4] entlassener Arbeitnehmer zu enthalten pflegt.

§ 2 Streik und deutsches Bundesrecht

1. Nachdem unter der Herrschaft des Nationalsozialismus Streiks verboten waren (§§ 1, 2, 19, 36 AOG)[5], ist in einem demokratischen Staatswesen die Streikfreiheit ein *notwendiger Bestandteil* der persönlichen, natürlichen Handlungsfreiheit eines jeden Einzelnen. Das gilt allerdings in Deutschland vorläufig nur mit den durch die Besatzung bedingten Beschränkungen. Auch ist in der russisch besetzten Ostzone Deutschlands die Streikfreiheit und ein Streikrecht mehr theoretischer Natur[6].

2. Im *Bonner Grundgesetz* (Verfassung der Bundesrepublik Deutschland) ist eine Streikfreiheit oder gar ein *Streikrecht nicht verfassungsrechtlich gewährleistet.* Art. 9 GG gewährt nur wie die Weimarer Verfassung in Art. 159 das Grundrecht der Vereinigungsfreiheit, damit ist aber nur die Vereinigungsabrede unter den qualifizierten Schutz gestellt, nicht der von einer Koalition erstrebte Einzelzweck oder der Streik als Kampfmittel, dessen sich die Koalition im sozialen Kampf bedient. Man kann auch nicht deshalb Koalitionsrecht mit Kampfrecht als gleich-

---

[4] Diese Klausel hat nach § 1 Tarifvertragsgesetz jetzt normative Bedeutung, vgl. *Hueck-Nipperdey*, TVG § 1 Anm. 48; § 4 Anm. 19, 40.

[5] Vgl. Gesetz über den Treuhänder der Arbeit v. 19. 5. 1933, § 2 II und *Hueck-Nipperdey-Dietz*, AOG-Komm. § 36 Bem. 11. Siehe auch Dt. ArbR 1934, 13; *Sitzler*, a. a. O.

[6] Vgl. *Nikisch:* RdA 1949, 6; Arbeit und Sozialfürsorge 1949, 250

[7] ArbR 1928, 85; 1925, 987ff. und „Die Arbeit" 1927, 171; ebenso *Winters*, Zur Frage des Streikrechts der Beamten (1919); vgl. dagegen *Groh* a. a. O. 50 Anm. 2 und *Katzenstein* JW 1928, 274.

bedeutend ansehen, weil ein Koalitionsrecht ohne Streikrecht ein Schwert ohne Klinge sei, wie es namentlich *Potthoff* unter der Geltung des Art. 159 WeimRV behauptete. Das Koalitionsrecht enthält kein Kampfrecht. Begrifflich ist Koalition nicht identisch mit Koalitionskampfmitteln[8].

Das ergibt sich für das GG noch besonders daraus, daß ein vorgeschlagener Absatz IV zum Art. 9 ausdrücklich *gestrichen* wurde, der lautete: „Das Recht der gemeinsamen Arbeitseinstellung zur Wahrung und Förderung der Arbeits- und Wirtschaftsbedingungen wird anerkannt. Seine Ausübung wird durch Gesetz geregelt"[9].

Daraus folgt, daß der einzelne auf Grund des Art. 9 GG Dritten oder dem Gesetzgeber gegenüber keine Veränderung der Rechtslage erlangt oder erleidet, wenn er streikt. Der Streik eines organisierten Arbeitnehmers ist soweit ebensowenig privilegiert wie der eines Nichtorganisierten. Der Streik bleibt trotz Art. 9 GG und trotz etwaiger Kampfführung durch die Koalition rechtlich dasselbe, was er ohne Koalition ist: Ein Ausfluß der natürlichen Handlungsfreiheit[10].

Der Streik kann daher zwar nicht durch die Verwaltung, wohl aber durch einfaches Bundesgesetz verboten oder eingeschränkt werden. Das gilt auch gegenüber den Bürgern der Länder, in denen ein Streikrecht verfassungsmäßig gewährleistet ist (unten § 11). Denn Bundesrecht geht nach Art. 31 GG auch dem Landesverfassungsrecht vor; auf Art. 142 kann man sich gegenüber neuem Bundesrecht nicht berufen.

3. Im deutschen Recht gilt der Grundsatz der *staatlichen Neutralität* bei Arbeitskämpfen. Jeder Eingriff zugunsten der einen oder anderen Partei, der die Wirkung des Streiks zu Lasten der einen oder anderen Partei schwächen würde, ist zu vermeiden.

a) So sind die *Arbeitsämter* gehalten, im Streikfalle Vermittlungen von Arbeitskräften an den bestreikten Betrieb oder von Streikenden an andere Betriebe nur vorzunehmen, wenn sie trotz Bekanntgabe der Tatsache des Streiks verlangt wird (§ 63 AusfVO z. Arbeitslosenversicherungsgesetz = AVAVG). Verweigerung einer Arbeitsaufnahme durch einen Arbeitslosen führt zur Sperre der Arbeitslosenunterstützung. Ein berechtigter Grund für die Weigerung liegt aber unter anderem vor, wenn die Arbeit durch Streik oder Aussperrung freigeworden ist, für die Dauer des Kampfes (§ 90 II Ziff. 3 AVAVG)[11].

b) Ist die Arbeitslosigkeit durch einen inländischen Streik oder eine ausländische Aussperrung entstanden[12], so erhalten die Arbeitnehmer

[8] Vgl. *Groh* a. a. O. 61.

[9] Vgl. RdA 1949, 127.

[10] Vgl. dazu eingehend *Nipperdey*, Grundrechte und Grundpflichten der Reichsverfassung III zu Art. 159.

[11] Vgl. auch RVA. Bensh. Samml. 9, 12.

[12] Gleichgültig ist dabei, ob der Arbeitskampf rechtswidrig ist oder nicht, ob er ein organisierter oder wilder Kampf ist (RVA. Bensh. Samml. 9, 1 mit Angaben). Über die Wartezeit bei Streik ebenda 3.

während des Streiks oder der Aussperrung *keine Arbeitslosenunterstützung*. Ist die Arbeitslosigkeit durch Streik oder Aussperrung nur mittelbar verursacht[13], namentlich bei Streik außerhalb des Betriebs, des Berufskreises, so sind die Arbeitslosen zu unterstützen, wenn die Verweigerung eine unbillige Härte wäre. Dabei ist vorzusorgen, daß durch die Arbeitslosenunterstützung nicht in den betreffenden Wirtschaftskampf eingegriffen wird (§ 94 AVAVG).

c) Nicht ausgeschlossen ist das Eingreifen der Fürsorgeunterstützung für Notleidende.

d) Die *Arbeitsplatzwechselverordnung*, die vor dem Inkrafttreten des Bonner Grundgesetzes auch Kündigungen des Arbeitnehmers an die Zustimmung des Arbeitskampfes band, konnte bei einem Arbeitskampf keine Anwendung finden, da sie unter der Geltung des nazistischen Streikverbots erlassen und für den Fall des Arbeitskampfes nicht gedacht war. In den süddeutschen Dienstverpflichtungsgesetzen, die mit dem Bonner Grundgesetz nicht mehr gelten, war ausdrücklich ausgesprochen, daß sie im Streikfall keine Anwendung fanden[14]. Wenn auch die entsprechende VO Nr. 54 der britischen Militärregierung keine solche ausdrückliche Vorschrift kennt, galt doch dieser Grundsatz der staatlichen Neutralität in diesem Falle auch in der britischen Zone[15].

e) In den Ländern, in denen nach der Art der Arbeit verschiedene *Lebensmittelkarten* ausgegeben werden, darf nicht dadurch in den Streik eingegriffen werden, daß Streikenden eine schlechtere Lebensmittelkarte zugeteilt wird. Für Berlin ist ausdrücklich ausgesprochen, daß Streikende die alte Lebensmittelkarte für die Dauer des Streikes weiterbeziehen[16]. In anderen Ländern dürfte diese Frage nicht praktisch werden, da sonst nur noch in den Ländern der Ostzone unterschiedliche Lebensmittelkarten ausgegeben werden. Die Frage ist seit der Aufhebung der Lebensmittelkarten in der Bundesrepublik nicht mehr praktisch.

4. Wenn damit eine Streikfreiheit in allen deutschen Ländern möglichst ohne jede Einflußnahme des Staates gewährleistet werden soll, können doch die *Besatzungsmächte* einen Streik *unterbinden*, wenn dies aus Gründen ihrer militärischen Sicherheit oder zur Erreichung der Ziele der Besatzung erforderlich ist[17].

---

[13] Dazu RVA. RABl 1929 IV 353; 1930 IV 42, 102.

[14] § 1 des württ.-badischen Gesetzes 702 (in Kraft bis 31. 12. 1948), § 26 des hessischen Gesetzes v. 26. 6. 1947 (gültig bis 31. 12. 1949).

[15] Vgl. Zentralamt für Arbeit in: Arbeit und Sozialpolitik 1947 Nr 17,8.

[16] Vgl. VO der alliierten Kommandantur Berlin v. 31. 3. 1948 (VOBl 1948, 188), RdA. 1948, 27.

[17] Erlaß der US Militärregierung 15/543—544 v. 24. 4. 1947, dasselbe gilt aus der Natur der Besatzung heraus auch in den anderen Zonen. Vgl jetzt das Besatzungsstatut v. 10. 4. 1949 Ziff. 2 u. 3.

5. Weiter ist dann, wenn durch einen Streik die öffentliche Sicherheit und Ordnung bedroht wird, nach dem Grundprinzip des Polizeirechts ein Eingreifen der *Polizei* gerechtfertigt[18], aber nur soweit, als es unbedingt zur Abstellung der Ordnungswidrigkeit erforderlich ist.

6. Besondere Bestimmungen des Strafrechts gegen Streiks bestehen nicht. Über Einzelheiten vgl. *Hueck-Nipperdey*, Lehrbuch II § 71 F und unten § 9 unter 2.

§ 3 Der tarifwidrige Streik[19]

1. Diese Streikfreiheit besagt aber nichts über die privatrechtlichen oder öffentlichrechtlichen Schranken eines Streiks.

So ist namentlich in der Natur und dem innersten Wesen eines jeden *Tarifvertrages* (Kollektivvertrag) ein *Kampfverbot* im weitesten Sinne des Wortes begründet. Jeder Tarifvertrag will dem wirtschaftlichen Frieden zwischen Arbeitgebern und Arbeitnehmern dienen und ihn während seiner Dauer aufrecht erhalten, deshalb sollen die Tarifvertragsparteien auf den Versuch verzichten, neue Forderungen hinsichtlich der durch den Tarifvertrag geregelten Verhältnisse vor allem durch den Druck wirtschaftlicher Kampfmittel durchzusetzen. Es ist dabei gleichgültig, ob durch den Streik der Arbeitsvertrag verletzt wird oder nicht.

Diese *Friedenspflicht* ist ein notwendiger Bestandteil eines jeden Tarifvertrages, auch wenn sie nicht ausdrücklich vereinbart wurde[20]. Ein

---

[18] Die Vorschrift des ALR 10 II 17, die als Ausdruck allgemeiner Rechtsüberzeugung in ganz Preußen galt (OVG 39, 399) und darüber hinaus heute überall die Grundlage des Polizeirechts ist, lautet: „Die nötigen Anstalten zur Erhaltung der öffentlichen Ruhe, Sicherheit und Ordnung und zur Abwendung der dem Publico oder einzelnen Mitgliedern desselben bevorstehenden Gefahr zu treffen, ist das Amt der Polizei". Vgl. alsdann § 14 preuß. Polizeiverwaltungsgesetz v. 1. 6. 1931 und *Sinzheimer*, Grundzüge 283ff.

[19] Vgl. *Hueck-Nipperdey*, Lehrbuch II § 71 A, § 10, §§ 29ff.; *dieselben*, Tarifvertragsgesetz (1950) § 1 Anm. 71ff., 44ff.; *Sinzheimer*, Arbeitsnormenvertrag II, 197ff., Arbeitstarifgesetz 39, 137ff., Grundzüge (2. Aufl.), 265ff.; *Boos*, Gesamtarbeitsvertrag 297ff.; *Hueck*, Tarifvertrag 154ff., Tarifrecht 91ff.; *Nikisch*, Friedenspflicht. Durchführungpflicht und Realisierungspflicht (1932) 32ff.; *Nipperdey*, Beiträge 170, Rechtsprechung des RG zum Arbeitsrecht 1, 50ff., 2, 87ff.; *Kandeler* bei *Kaskel*, Koalitionen und Kampfmittel 102ff.; *Bringmann*, Friedenspflicht und Tarifbruch (1929); *Anthes*, NZfA 1930, 529; 1931, 81; *Erdel*, Kölner Sozpol. VierteljSchrift 1928, 95ff.; *Herschel*, Arbeitskampf und Friedenspflicht 1928, *ders.*, SchliW 1928, 413; *Tietze*, Der Streikbefehl der Organisation 41ff., 90ff.; *Molitor*, Tarifvertragsordnung 102ff., *Sitzler-Goldschmidt*, Tarifvertragsrecht 21ff.; *Nikisch*, RdA 1948, 8.

[20] Herrschende Lehre, namentlich ständige Rechtsprechung des RG: RGZ 73/92; 81/4; 85/152; 111/105; 113/197; 118/196; 119/291; RG in JW 1927, 2363; RAG in Bensh. Samml. 2, 194 (78/27). Vgl. auch *Herschel:* Arbeitsblatt 1949, 22.

Ausschluß der Friedenspflicht würde mit dem Wesen des Tarifvertrages in Widerspruch stehen und ist daher unzulässig[21]. In einem solchen Fall würde überhaupt kein gültiger Tarifvertrag vorliegen.

Auch ein angenommener oder durch Anweisung der Besatzungsbehörden gemäß Art. X 2b des KRGes. Nr. 35 bindender Schiedsspruch hat die Wirkungen eines Tarifvertrags und begründet daher ein Kampfverbot (Art. X 3).

Diese Friedenspflicht ist aber nur eine *relative*. Nur der Streik, der mit dem Tarifvertrag in Widerspruch stehende Ziele erreichen will, wird durch die Friedenspflicht untersagt. Das Ziel des Streiks muß darauf gerichtet sein, Bestimmungen des Tarifvertrags vorzeitig abzuändern oder aufzuheben[22]. Ein besonders häufiger Verstoß gegen die Friedenspflicht besteht darin, daß eine Tarifpartei eine bestimmte, objektiv unrichtige Auslegung vertritt oder unterstützt und dann kampfweise durchzusetzen versucht. Dann kämpft sie für die Änderung des Tarifs, ein solcher Streik wäre tarifwidrig.

Daraus ergibt sich im einzelnen:

a) Die Friedenspflicht gilt in der Regel nicht für Fragen, die man bewußt aus dem Tarif herausgenommen hat, weil man sie nicht regeln wollte, es sei denn, daß man sich bei der ausdrücklichen Herausnahme aus dem Tarifvertrag darüber einig war, daß diese Materie, solange der Tarifvertrag besteht, keinerlei Regelung erfahren soll[23].

b) Die Friedenspflicht besteht weiter auch nicht, soweit es sich um einen bloßen Abwehrkampf handelt, mit dem nicht das Ziel einer Tarifänderung verfolgt wird. Dabei können die Kampfmaßnahmen, die eine Tarifpartei angriffsweise zur Änderung des Tarifvertrages nicht benutzen darf, sehr wohl verteidigungsweise geltend gemacht werden. So kann eine Tarifpartei Abwehrkampfmaßnahmen ergreifen, wenn die andere

[21] Ebenso *Kaskel*, Arbeitsrecht 48, 389; *Jacobi*, Grundlehren 204; *Kandeler* bei *Kaskel*, Hauptfragen 103; *Wölblig*, Akkordvertrag und Tarifvertrag 308; *Herschel*, Kollekt. ArbR. 63; *Neumann*, Tarifrecht (1931) 125; *Sinzheimer*, *Grundzüge* 264; RGZ 113/198; 111/107; 73/92; 86/154; *Hueck*, Tarifvertrag 155, 170, Tarifrecht 91.

[22] Vgl. RGZ 73/93; 86/154; 111/107; 113/197; 118/196; 119/196; JW 1915, 407; 1927, 2363; OLG Jena JW 1928, 286; RAG Bensh. Samml. 5, 230 (346/28); RG, Bensh. Samml. 7, 573 (VI 12/29); RAG 9, 254 (497/29); 11, 396 (477/30); 12, 313 (III 218/30); *Kaskel*, *Arbeitsrecht* 389; *Hueck*, Tarifvertrag 156ff., Tarifrecht 92; *Oertmann*, Arbeitsvertragsrecht 64/65; ZBlfHR. 1928, 48; *Tietze* 41ff.; *Nipperdey*, Beiträge 170; *Sinzheimer*, Arbeitsnormenvertrag II 151ff. und Grundzüge (2. Aufl.) 265ff. und Arbeitstarifvertrag 137ff; *Groh*, JW 1927, 246; *Herschel*, SchliW. 1928, 416; *Flatow*, Gewerksch. Arch. 1925, 241: JW 1926, 575f.; *Molitor* 103f.; *Sitzler-Goldschmidt* 21.

[23] Unter bes. Umständen kann auch das Schweigen des Tarifvertrags darüber entscheiden, ob eine tarifliche Regelung offen gelassen wurde oder nicht erfolgen soll. Vgl. RAG Bensh. Samml. 11, 385 (360/30); *Kandeler* bei *Kaskel*, Koalitionen 104; *Anthes* NZfA. 1931 89.

Partei den Tarifvertrag verletzt, ohne daß sie zu kündigen braucht[24]. Auch bei einem wilden Streik oder einer wilden Aussperrung, bei denen ein Tarifvertragsbruch der Tarifvertragspartei nicht vorliegt, kann die andere Partei zu Kampfmaßnahmen schreiten, ohne die Friedenspflicht zu verletzen. Das gilt vor allen Dingen so lange, als der Kampf der Verteidigung des Tarifvertrages dient[25]. Die Zulässigkeit des Abwehrkampfes setzt also keineswegs ein tarifwidriges Verhalten der Gegenpartei voraus. Erstrebt eine Tarifpartei Ziele im tariffreien Raum und ist die andere Partei mit diesen Plänen nicht einverstanden, so kann sie sich kampfweise dagegen wenden. Der Kampf beider Parteien ist nicht tarifwidrig[26]. Kein Verstoß gegen die Friedenspflicht liegt auch dann vor, wenn eine Tarifpartei auf Grund der objektiv zutreffenden Auslegung des Tarifvertrags gegen die dieser Auslegung widersprechenden Anwendung des Tarifs durch die Gegenpartei kämpft[27].

c) Eine Friedenspflicht besteht endlich nicht, wenn Ziele verfolgt werden, deren tarifliche Regelung gar nicht in Frage kommt und auch gar nicht gewollt ist, so — ohne Rücksicht darauf, ob die Berufsgenossen inhaltlich die gleichen tariflichen Arbeitsbedingungen haben oder nicht — bei reinem[28] Sympathiestreik[29] oder bei politischem Streik.

2. Diese relative Friedenspflicht kann über ihren normalen Inhalt hinaus erweitert werden. Eine Vereinbarung einer solchen *absoluten* Friedenspflicht ist aber als ein sehr weitgehender Verzicht auf Kampfmaßnahmen nicht zu vermuten, sondern bedarf einer ausdrücklichen Willenserklärung. Aber auch die absolute Friedenspflicht gilt dann nicht,

---

[24] Keineswegs rechtfertigt aber der Abwehrkampf die Verletzung der Einzelarbeitsverträge, es sei denn, daß im Arbeitsvertrag die Voraussetzungen des § 320 BGB gegeben sind, vgl. RAG Bensh. Samml. 11, 529 (504/30).

[25] Vgl. RGZ 111/105ff.; RAG Bensh. Samml. 8, 101 (356/29), 2, 194 (78/27); 11, 396 (437/30).

[26] Vgl. RAG Bensh. Samml. 12, 163 (558/30); 13, 66 (693/30); *Nipperdey*, Rechtsgutachten über die Rechtslage im Falle des Abbaues übertariflicher Löhne durch die Arbeitgeber (1931, Deutscher Metallarbeiterverband).

[27] Vgl. RAG Bensh. Samml. 2, 117 (74/27). Die richtige Auslegung kann und muß die Tarifpartei aber u. U. vorher gerichtlich feststellen lassen, sonst handelt sie auf eigene Gefahr.

[28] Eine Verquickung des Unterstützungskampfes mit eigenen tarifwidrigen Zielen nimmt ihm schlechthin den Charakter des Sympathiekampfes, vgl. RG Bensh. Samml. 12, 313 (III 218/30), *Anthes*, NZfA 1931, 92f; *Proelß*, ArbR 1932, 77.

[29] Vgl. RGZ 86/152; RG Bensh. Samml. 7, 573 (VI 12/29); 12, 113 (III 218/30); OLG Hamburg, HansGerZ.ArbR 1927, 159. Es kommt nicht darauf an, ob der unterstützte Kampf tarifwidrig ist oder nicht. Vgl. aber auch *Herschel*, SchliW 1928, 413; *Oertmann*, ZentrBlfHR. 1928, 48ff. und *Proelß*, ArbR 1932, 80, 85, dessen Thesen aber eine Überspannung der Friedenspflicht bedeuten, wie hier *Anthes*, NZfA 1931, 92; RGZ 132/249.

wenn ein Abwehrkampf nach § 320 BGB oder § 242 BGB zulässig ist[30]. Außerdem kann auch die Friedenspflicht zu einer ausdrücklichen Garantiepflicht des Verbandes für seine Mitglieder erweitert werden, wofür auch eine ausdrückliche Garantieübernahme erforderlich ist[31].

3. Die Tarifparteien trifft aus dem Tarifvertrag auch eine *Tariferfüllungspflicht* (Durchführungspflicht), wonach sie eine planmäßige Nichterfüllung der tarifmäßig gestalteten Arbeitsverträge durch ihre Mitglieder nicht dulden dürfen. Eine Begrenzung dieser Durchführungspflicht ergibt sich aber aus der Relativität der Friedenspflicht. Die Durchführungspflicht darf nicht so weit erstreckt werden, daß sie praktisch zu einer absoluten Friedenspflicht führt. Man kann dazu weder allgemein sagen, daß bei erlaubten Zielen auch tarifwidrige Kampfmittel erlaubt seien, noch ein allgemeines Verbot aussprechen[32]. Es ist vielmehr im Einzelfall zu prüfen, ob und wieweit nach dem Willen der Tarifparteien und nach Treu und Glauben ein tariflich erlaubtes Ziel ohne Rücksicht auf einen bestehenden Tarifinhalt mit sonst erlaubten wirtschaftlichen Kampfmitteln erstrebt werden kann. Ist diese Frage zu bejahen, besteht insoweit keine Durchführungspflicht. Die Tarifpartei ist an keine anderen Schranken gebunden als diejenigen, die von der Rechtsordnung jedem Streik gesetzt sind.

4. Die Friedenspflicht als schuldrechtliche Verpflichtung trifft *nur die Tarifparteien selbst*, nicht deren Mitglieder, denn die Tarifparteien schließen den Tarif im eigenen Namen ab und sind daher allein Schuldner im Tarifvertrag. Die Mitglieder werden nur ihrem Verband gegenüber friedensverpflichtet, daraus folgt aber, daß die Tarifparteien eine Einwirkungspflicht auf ihre Mitglieder haben. Ein Streik der Mitglieder wird dann Anlaß zu einem Verstoß der Tarifpartei gegen die Friedenspflicht, wenn diese nicht auf Einstellung des Kampfes hinwirkt.

§ 4 Die Haftung bei Verletzung der tariflichen Friedenspflicht

1. Wird die doppelte Friedenspflicht aus dem Tarifvertrag, einmal eigene Kampfmaßnahmen (auch Anweisung, Unterstützung, Förderung der Mitglieder) zu unterlassen, zum anderen die Mitglieder von der Eröffnung oder Fortführung von Streiks abzuhalten, schuldhaft verletzt, tritt eine Schadensersatzpflicht der Tarifvertragspartei ein.

---

[30] Dem Abwehrkampf sind hier also erheblich engere Grenzen gezogen als bei der relativen Friedenspflicht. Die Frage ist namentlich bei Tarifbruch eines von mehreren auf einer Seite stehenden Verbandes wichtig. Vgl. Nipperdey, Bensh. Samml. Bd. 8, 108.

[31] Vgl. RG JW 1911, 1014; RGZ 111, 105; *Hueck*, Tarifvertrag 153; *Sinzheimer*, Korp. Arbeitsnormenvertrag II 252.

[32] Vgl. *Nipperdey*, Rechtsprechung des RG zum ArbR. 1, 66f. und *Anthes*, NZfA 1931, 88. Dagegen bes. *Nipperdey*, Lehrbuch II, 128.

a) Verletzt ein *rechtsfähiger Berufsverein*[33] selbst seine Verpflichtung aus dem von ihm geschlossenen Tarifvertrag, haftet er aus schuldhafter Vertragsverletzung (§ 276 BGB). Eine solche Vertragsverletzung liegt vor, wenn das höchste willensbildende Organ mit Mehrheit die betreffende Handlung und damit ihre Durchführung beschlossen hat. Durch den Mehrheitsbeschluß wird der Verbandswille erzeugt. Das Verschulden wird durch einen Rechtsirrtum nur dann ausgeschlossen, wenn er entschuldbar ist, wobei an die Entschuldbarkeit hohe Anforderungen zu stellen sind. Bloße Zweifelhaftigkeit der Rechtslage, Gerichtsurteile und Rechtsgutachten für den eigenen Standpunkt etwa über die Auslegung des Tarifs schließen das Verschulden noch nicht aus, da der Handelnde mit der Möglichkeit rechnen muß, daß die höchste Instanz seine Rechtsauffassung als unrichtig erklärt[34]. Das muß besonders heute nach einer so vielfach geänderten Rechtsauffassung gelten.

Wird die Tarifverletzung schuldhaft durch den Vorstand (§ 26 II BGB) oder einen anderen verfassungsmäßig bestellten Vertreter des Vereins in dieser Eigenschaft vorgenommen, so haftet der Verein gemäß § 31 BGB ohne die Möglichkeit des Entlastungsbeweises[35]. Das gleiche gilt für schuldhafte Vertragsverletzungen von Unterorganisationen oder deren verfassungsmäßigen Vertretern.

Wenn endlich die Tarifvertragsverletzung durch Mitglieder oder Dritte erfolgt, deren sich der Verband bei der Erfüllung des Tarifvertrags bedient (z. B. auch die Streikleitung), tritt die Haftung des Verbandes gemäß § 278 BGB ein.

Keine Haftung besteht nur dann, wenn Mitglieder oder Dritte, die keine tariflichen Funktionen für die Verbände erfüllen, tarifwidrig handeln.

b) Grundsätzlich die gleiche Rechtslage besteht, wenn ein *nichtrechtsfähiger Verein* den Tarifvertrag verletzt. Auch der nichtrechtsfähige Verein haftet selbst, wenn das oberste willensbildende Organ schuldhaft eine tarifwidrige Handlung beschließt, denn auch hier gilt das Mehrheitsprinzip.

Für schuldhafte Tarifverletzungen des Vorstandes und anderer verfassungsmäßiger Organe haftet der nichtrechtsfähige Verband nach § 278 BGB, denn der Vorstand ist der mit der Durchführung des Tarif-

[33] So meist die Arbeitgeberverbände. Der Fall spielt aber beim Streik nur selten eine Rolle, da die Gewerkschaften in der Regel nichtrechtsfähige Vereine sind. Die Innungen sind Körperschaften des öffentlichen Rechts, sie haften nach §§ 89, 31 BGB.

[34] Ständige Rechtsprechung: RGZ 110/17 (mit Nachweisen); RAG Bensh. Samml. 5, 224 (346/28); 6, 269 (661/28); 7, 533 (331/29); 8, 231 (393/29); 10, 252 (102/30); 11, 391 (477/30).

[35] Manche nehmen hier eine Haftung nach § 278 BGB an, so *Planck* § 31 Bem. 1; *Staudinger-Riezler*, § 31 Bem. 2; RGRK § 31 Bem. 3; RG in JW 1904, 5. Wie hier *Enneccerus-Nipperdey* I § 103 Anm. 12 (mit Begründung); *Oertmann*, § 31 Anm. 5. Zweifelnd RGZ 110/147.

vertrags betraute Erfüllungsgehilfe der Gesamtheit der Mitglieder. Das gleiche gilt für sonstige Erfüllungsgehilfen des nichtrechtsfähigen Vereins, für seine Unterorganisationen[36], deren Vorstände und verfassungsmäßig bestellte Vertreter und u. U. wie beim rechtsfähigen Verein für Mitglieder und Dritte[37].

Daneben haften aber beim nichtrechtsfähigen Verein in allen diesen Fällen noch diejenigen, die den Tarifvertrag im Namen (wenn auch etwa ohne Vollmacht) des Berufsvereins abgeschlossen haben, ex lege persönlich ohne Rücksicht auf Verschulden (§ 54 S. 2 BGB)[38] mit ihrem ganzen Vermögen. Zum Ausschluß dieser Haftung bedarf es einer ausdrücklichen Abmachung mit dem Gegenkontrahenten[39].

Die an sich beim nichtrechtsfähigen Verein eintretende persönliche und unbeschränkte Haftung eines jeden Mitglieds als Gesamtschuldner neben dem Verein muß beim Berufsverein als mindestens den Umständen nach ausgeschlossen gelten. Damit wird auch die Haftung des nichtrechtsfähigen Vereins auf sein Vereinsvermögen beschränkt[40].

Die Haftung sowohl des rechts- wie des nichtrechtsfähigen Vereins als auch die nach § 54 S. 2 BGB tritt auch dann ein, wenn ein Zwangstarif nach Art. X KRGes. Nr. 35 schuldhaft verletzt wurde, da er in seinen Rechtsfolgen einem frei vereinbarten Tarif gleichsteht.

2. Für die *Rechtsfolgen* einer Tarifvertragsverletzung sind die für die gegenseitigen Verträge geltenden §§ 320ff. BGB maßgebend.

a) Die andere Tarifpartei kann in erster Linie *Erfüllung* verlangen, wenn nicht Unmöglichkeit der Leistung vorliegt. Ist einer Unterlassungspflicht zuwidergehandelt, so wird in der Regel im Wege der Erfüllungsklage Unterlassung für die Zukunft[41] und Naturalrestitution unter dem

---

[36] Vgl. RGZ 73/92; 111/105 und die wichtige (allerdings für das Gebiet der unerlaubten Handlung ergangene) Entscheidung RG NZfA 1926, 703; Rechtspr. des RG zum ArbR. 2, 115ff.

[37] Natürlich haftet der Hauptverband nicht für den Bruch des von der Unterorganisation im eigenen Namen abgeschlossenen Tarifvertrags, RG in JW 1927, 2363, wohl aber kann in diesem Falle u. U. der Unterverband für Tarifverletzungen des Zentralverbandes haftbar sein.

[38] Dazu im einzelnen *Enneccerus-Nipperdey* I 336ff.; vgl. RGZ 73/104ff.; 111/111; JW 1927, 2363; RAG Bensh. Samml. 5, 224 (346/28); 10, 261 (102/30); *Grubert* bei *Kaskel*, Hauptfragen 143.

[39] Vgl. dazu auch RGZ 82/298; im Ergebnis auch *Hueck*, Tarifvertrag 188.

[40] Vgl. dazu die Übersicht bei *Oertmann*, Allgem. Teil (3. Aufl.) § 54 Erl. 3; RGZ 63/63; 74/374; 90/176; *Hueck*, Tarifvertrag 185ff.; *ders.*, NZfA 1921, 384; *Oertmann*, ebenda 304; *Grubert* bei *Kaskel*, Hauptfragen 142.

[41] Vgl. LAG Leipzig, Arbeitsgerichtliche Entscheidungen (Heymann) 2, 95ff.

[42] Insoweit handelt es sich nicht um Erfüllung (so *Sinzheimer*, Arbeitsnormenvertrag II 187, 205), sondern um Schadensersatz. Vgl. *Hueck*, Tarifvertrag 180 Anm. 8; aber auch *Molitor* 114.

Gesichtspunkt des Schadensersatzes verlangt werden können[42]. Unter den Voraussetzungen der §§ 935, 940 ZPO kann auch eine einstweilige Verfügung herbeigeführt werden[43].

b) Die gegenüberstehende Tarifpartei kann auch die Erfüllung *ihrer Verpflichtungen* aus dem Tarifvertrag bis zur Herstellung des tarifgemäßen Zustandes *verweigern* (§ 320 BGB).

c) Die Tarifpartei kann bei Verletzung von Handlungspflichten nach § 326 BGB, bei Verletzung von Unterlassungspflichten nach den Regeln über die positive Vertragsverletzung vom Vertrage *zurücktreten*. Damit wird der Tarifvertrag *ex nunc* aufgehoben[44]. Das Recht zum Rücktritt ist aber nur dann gegeben, wenn eine erhebliche Vertragsverletzung vorliegt, die den Vertragszweck derart gefährdet, daß dem Vertragsgegner nach Treu und Glauben das Festhalten am Vertrag nicht zugemutet werden kann. Hierhin gehört vor allen Dingen der Verstoß gegen die negative Seite der Friedenspflicht durch tarifwidrigen Streik. Dann bedarf es zum Rücktritt keiner Mahnung, da es sich um die Zuwiderhandlung gegen eine Unterlassungspflicht handelt, und bei ernstlicher Erfüllungsverweigerung auch keiner Fristsetzung.

d) Hält die Tarifpartei am Vertrag fest, kann sie bei Verschulden von der Gegenpartei *Schadensersatz* verlangen. Die *Mitglieder* der Tarifpartei, die aus dem Tarifvertrag als *Vertrag zugunsten Dritter* unmittelbar berechtigt sind, können dabei auch ihren Schaden ersetzt verlangen.

Hierbei ist der volle Schaden zu ersetzen, also auch der entgangene Gewinn, soweit adäquater Kausalzusammenhang zwischen der Tarifvertragsverletzung und dem eingetretenen Schaden besteht. Dabei wird unterlassene Einwirkung auf die Mitglieder meist kausal sein, während eine Haftung des Verbandes entfällt, wenn die Mitglieder trotz aller Einwirkung streiken. Im Wege der Naturalrestitution kann dann die Wiederherstellung des vorhergehenden Zustandes verlangt werden, also etwa die Aufhebung des Streiks. Vermögensschaden ist im übrigen in Geld zu ersetzen[45].

---

[43] Vgl. dazu auch *Treitel* ArbR 1925, 693; *Potthoff*, ArbR 1927, 374; *Kiesel*, ebenda 716; *Kaskel* 52; *Lion-Levy*, NZfA 1937, 745; *Meister*, NZfA 1928, 431.

[44] Zwar wirkt der Rücktritt an sich ex tunc (§ 346 BGB). Bei Dauerverträgen wie den Tarifverträgen, die z. T. erfüllt sind, bezieht sich das Rücktrittsrecht aber nur auf den noch nicht erfüllten Teil des Vertrags und wirkt dadurch wie die Kündigung. Vgl. *Hueck*, Sukzessivlieferungsvertrag 117, Tarifvertrag 184; *Molitor*, ZentrBlfHR 1929, 351.

[45] Das gilt zunächst für den Schaden, der dem Verband selbst erwachsen ist, RGZ 73/106; RAG Bensh. Samml. 11, 397 (477/30); *Hueck*, NZfA 1921, 387. Aber auch für den Schaden, den die Mitglieder selbst ersetzt verlangen können, RGZ 73/92; 113/197; RAG Bensh. Samml. 5/224 (346/28); 10, 54 (20/30).

e) Der *Schaden der* (als Dritte begünstigten) *Mitglieder* kann von der Tarifpartei ohne Abtretung *mitliquidiert* werden, da der Ersatzanspruch auf einem Schuldverhältnis beruht, das der Berufsverein im eigenen Namen, aber im Interesse der Mitglieder geschlossen hat. Es kann Zahlung an die Mitglieder, aber auch an den Berufsverein selbst verlangt werden, da die Ermächtigung der Mitglieder anzunehmen ist. Im Innenverhältnis muß dann das aus der Liquidation des Mitgliederschadens Erlangte an die Mitglieder herausgegeben werden[46].

f) Mehrere haften dabei als Gesamtschuldner (§ 427 BGB), während sich der Schadensersatzanspruch durch eigenes konkurrierendes Verschulden nach § 254 BGB mindert[47].

g) Der Vertragsgegner kann aber auch unter Verzicht auf die Fortsetzung des Tarifvertrags Schadensersatz wegen Nichterfüllung verlangen[48]. Doch ist dieses Recht nur unter den gleichen Voraussetzungen zu gewähren wie das Rücktrittsrecht. Die Schadensberechnung erfolgt dann wie oben.

§ 5 Der verbandswidrige Streik

1. Der Streik der Mitglieder eines Berufsverbandes kann gegen *Mitgliederpflichten* verstoßen, die den Mitgliedern dem Verband gegenüber obliegen.

So muß ein Streik nach den Satzungen der Gewerkschaften dem *Kampfreglement* entsprechen, das von den Verbänden aufgestellt wird[49]. Diese Regeln gelten dann für alle angeschlossenen Verbände und für alle Streiks. Die einzelnen Verbände sind dann verpflichtet, ihre Satzungen nach den Regeln zu gestalten.

2. *Verbandswidrig* ist insbesondere ein Streik, den die Mitglieder tarifgebundener Verbände *gegen den Tarifvertrag* führen. Denn auf Grund der positiven Friedenspflicht haben die Tarifparteien eine Einwirkungspflicht auf ihre Mitglieder zur Erfüllung der im schuldrechtlichen Teil des Tarifvertrags auferlegten Verpflichtungen und der

[46] Vgl. *Enneccerus-Lehmann* II § 13; *Oertmann*, Schuldrecht (5. Aufl.) Vorbem. 3b vor § 249; *Staudinger* (9. Aufl.) Vorbem. III 2c vor § 249; *Cohen-Martens*, Die Stellung des Dritten bei nicht ordnungsgemäßer Erfüllung eines gegenseitigen Vertrages zu seinen Gunsten (1925) 32ff., bes. 34; *Sinzheimer*, Arbeitsnormenvertrag II 197ff.

[47] Vgl. RG in JW 1927, 2363; RAG Bensh. Samml. 5, 224 (346/28); 8, 87 (330/29); 11, 269 (102/30).

[48] Vgl. *Hueck*, Tarifvertrag 185. Es handelt sich um die Beseitigung der beiderseitigen Leistungspflichten, an deren Stelle ein einseitiger Anspruch des Gläubigers auf Schadensersatz des ihm entstandenen Schadens tritt. Der Anspruch ist von dem Schadensersatz neben der Erfüllung zu scheiden.

[49] Vgl. Bestimmungen des Deutschen Gewerkschaftsbundes für die Führung von Arbeitskämpfen in RdA 1950, S. 71; Streikordnung des FDGB vom 18. 4. 1947.

Durchführungspflicht in ihrem positiven Sinne. Daraus kann eine Tarifpartei von der anderen verlangen, daß sie auf ihre Mitglieder einwirkt. In diesem Sinne ist auch eine Erfüllungsklage denkbar, die auch konkret die Mittel bezeichnen kann, mit denen der Verband seiner Einwirkung Nachdruck verleihen soll[50].

Es handelt sich dabei um die satzungsgemäß vorgesehenen mittelbaren *Zwangsmittel* der inneren Vereinsgewalt gegen die Mitglieder. Die Rechtsfolgen eines verbandswidrigen Streiks treten also im Innenverhältnis ein. Als satzungsmäßige Mittel kommen vor allen Dingen in Frage Warnungen, Androhung von Maßnahmen, Entziehung der Kampfunterstützung und äußerstenfalls *Ausschluß*[51]. Die klagende Tarifpartei kann aber auch verlangen, daß die Einwirkung durch *Klage des Verbandes gegen sein Mitglied* auf tarifmäßiges Verhalten erfolgt[52].

Die klagende Tarifpartei muß sich in ihrer Klage entweder für den Weg der Klage oder des Ausschlusses entscheiden, da beide Möglichkeiten zu gänzlich verschiedenen Ergebnissen führen[53].

Die Vollstreckung erfolgt dann nach den Regeln der ZPO, also nach § 888 und bei Verlangen der Klage des Verbandes gegen seine Mitglieder aus §§ 888, 894 ZPO.

---

[50] Nicht zutreffend *Sinzheimer*, Arbeitsnormenvertrag II 209; richtig *Hueck*, Tarifvertrag 179 Anm. 5. *Hueck* begründet das mit Recht aus einer analogen Anwendung des § 315 BGB. Ergreift der Verband keine Maßnahmen (die er an sich zunächst selbst bestimmen kann) gegen sein Mitglied, so kann die Bestimmung durch Urteil getroffen werden (§ 315 III BGB). Die Klage kann auf Vornahme der im Urteil nach Ermessen des Gerichts zu bestimmenden Maßnahmen lauten. Es kann auch im Urteil zunächst eine mildere Maßnahme und erst bei deren Versagen eine schärfere vorgesehen werden.

[51] Vgl. *Rohlfing*, Die Koalitionszwangsmittel bei *Kaskel*, Koalitionen 92ff.; *Biebricher*, Die Vereinsgewalt der Berufsvereinigungen gegen ihre Mitglieder (Diss. 1929); *Barthel*, Ausschließung aus Vereinen (Diss. 1926); *Hedemann*, Arch f. bürgR 38, 132; *Heinsheimer*, Mitgliedschaft und Ausschließung in der Rechtsprechung des RG (1913); *Leist*, Die Strafgewalt moderner Vereine: Schmollers Jahrb. 1926, 27; *ders.*, Untersuchungen zum inneren Vereinsrecht (1904); *Lenel*, DJZ 1913, 84; *Landmann* und *Petres* bei *Kaskel*, Koalitionen 45ff., 29ff.; *Sinzheimer*, Arbeitstarifgesetz 131ff, 140ff.; *Kestner-Lehnich*, Organisationszwang 126ff.; *Enneccerus-Nipperdey* I 323ff.; RGZ 51/392; 73/187ff.; 80/189; 82/248; 85/355; 88/402; 90/306; 93/288; 107/386; 113/321; JW 1918, 732; JW 1926, 2363.

[52] Ausgeschlossen ist aber die unmittelbare Klage des Verbandes gegen ein Mitglied der Gegenpartei. Denn der körperschaftliche Anspruch des Vereins ist nicht übertragbar und nicht pfändbar.

[53] Der Beklagte kann nicht etwa einwenden, daß er allein über die Mittel der Einwirkung zu bestimmen habe (nicht zutreffend *Sinzheimer*, Arbeitsnormenvertrag II 209). Denn die Einwirkungspflicht ist insoweit unbegrenzt, als das wirksamste Mittel angewendet werden muß. Vgl. *Hueck*, Tarifvertrag 154; *Rundstein*, ZHR 67, 504.

§ 6. Streik und Betriebsvertretung

1. Eine *gesetzliche Friedenspflicht*, wie sie in § 66 Ziff. 3 des alten Betriebsrätegesetzes für die Mitglieder der Betriebsvertretungen gegeben war, besteht heute auf überländerrechtlicher Ebene *nicht* mehr. Es gilt aber in ganz Deutschland der Art. VII des KRGes. Nr. 22, nach dem die Betriebsräte ihre Aufgaben in Zusammenarbeit mit den Gewerkschaften durchzuführen haben.

Daraus ergibt sich einerseits, daß die Betriebsratsmitglieder nicht gegen ihre Pflichten als Betriebsrat verstoßen, wenn sie sich an einem Streik nicht nur als Arbeitnehmer, sondern auch als Inhaber ihres Betriebsratsamtes beteiligen, soweit der Streik nur von den *Gewerkschaften gebilligt* wird[54].

Fehlt anderseits die gewerkschaftliche Zustimmung, so verstößt ein Arbeitskampf der Betriebsratsmitglieder jedenfalls gegen ihre Pflichten als Betriebsrat. Auch im Rahmen des Betriebes, z. B. als Kampfmaßnahme mit dem Ziel, eine bestimmte Betriebsvereinbarung herbeizuführen, ist der Streik für Betriebsratsmitglieder nur mit Zustimmung der Gewerkschaften erlaubt, auch soweit der Streik sonst nicht verboten ist[55].

2. In *Hessen* ergibt sich aber darüber hinaus aus § 30 III des hessischen Betriebsrätegesetzes eine dem alten Betriebsrätegesetz entsprechende gesetzliche Friedenspflicht des Betriebsrates. Die Betriebsratsmitglieder haben danach die Verpflichtung, alles zu unterlassen, was geeignet ist, den Arbeitsfrieden im Betrieb zu brechen oder zu gefährden und mit ihrem gesamten Einfluß auf die Wahrung des Arbeitsfriedens im Betriebe hinzuwirken. Soweit hier ein Streik von den Gewerkschaften beschlossen oder durchgeführt wird, sind die Betriebsratsmitglieder nur berechtigt, sich als Arbeitnehmer oder Gewerkschaftsfunktionär am Arbeitskampf zu beteiligen, in ihrer Eigenschaft als Betriebsrat dürfen sie sich auch am sonst erlaubten Streik nicht beteiligen[56].

Verletzt der Betriebsrat diese Friedenspflicht, so kann der gesamte Betriebsrat oder ein Mitglied wegen grober Pflichtverletzung von der Belegschaft abberufen werden (§ 25 hess. BRG). Eine Schadensersatzpflicht der Betriebsratsmitglieder kann aus § 823 II BGB hergeleitet werden.

---

[54] Dagegen spricht nicht der Erlaß der US MilReg 15/523: „Die Betriebsräte sollen sich nicht an Streiks beteiligen, . . . sie dürfen jedoch als Einzelperson an von den Gewerkschaften durchgeführten Streiks sich beteiligen"; vgl. auch *Sitzler* a. a. O.

[55] In der Ostzone ergibt sich diese enge Verbindung von Betriebsrat und Gewerkschaft daraus, daß ein eigentlicher Betriebsrat gar nicht mehr besteht, sondern durch die Betriebsgewerkschaftsvertretung ersetzt wurde.

[56] Vgl. auch *Groh*, NZfA 1925, 629; *Flatow*, NZfA 1924, 400; *Kaskel* 372 Anm. 1; RAG Bensh. Samml. 9, 52 (RB. 8/30); RG Bensh. Samml. 9, 184/185.

3. Eine über die Bestimmungen des KRGes Nr. 22 hinausgehende Einschränkung der Streikfreiheit des Betriebsrates als solchem, nicht als Arbeitnehmer, kann sich aber auch in anderen Ländern ergeben. Wenn auch in den Betriebsrätegesetzen der Länder keine ausdrückliche gesetzliche Friedenspflicht festgelegt ist wie in Hessen, so kann doch oft ein ähnliches Ergebnis aus den Bestimmungen folgen, daß der Betriebsrat dahin zu wirken hat, daß Maßnahmen unterlassen werden, die geeignet sind, das Gemeininteresse zu schädigen (vergl. Rheinland-Pfalz § 39 der LVO vom 15. 5. 1947; § 24 des badischen BRG; § 1 des württ.-badischen Gesetzes Nr. 726). Ähnliches kann sich aus § 50 des bremischen BRG ergeben, wenn durch den Streik die Bestimmungen des Mitbestimmungsrechts und deren Durchführung gefährdet werden. Auch in diesen Ländern darf dann ein Betriebsratsmitglied sich in dieser Eigenschaft nicht am sonst erlaubten Streik beteiligen. Bei einem Verstoß gegen diese Bestimmungen kann der Betriebsrat oder ein Mitglied in Baden und in Bremen wie in Hessen durch die Belegschaft abberufen werden (§ 18 I badisches BRG und § 23 bremisches BRG). Weiter besteht aber auch die Möglichkeit der Auflösung des Betriebsrats oder Abberufung der Mitglieder durch das Arbeitsgericht (Rheinland-Pfalz § 30 der LVO, Baden § 18 BRG, Bremen § 51 V BRG). Auch diese Bestimmungen können u. U. als Schutzgesetze im Sinne des § 823 II BGB anzusehen sein.

4. Wird durch die Teilnahme eines Betriebsratsmitgliedes an einem Streik ein gesetzlicher Grund zur fristlosen Kündigung gegeben, so kann in den Ländern, die dem Betriebsrat einen besonderen Kündigungsschutz gewähren, auch ein Betriebsratsmitglied *fristlos entlassen* werden (Hessen § 29 I, Rheinland-Pfalz § 59, Baden § 33 II, Württ.-Baden § 13 II Gesetz Nr. 708, Bremen § 28 II, Bayern Art. 15 II b, Württemberg-Hohenzollern § 96. II S. 3).

§ 7. Streik- und Arbeitsvertrag[57]

1. Für den einzelnen Arbeitnehmer ergibt sich aus dem Arbeitsvertrag die *Arbeitspflicht.* Diese Hauptpflicht des Arbeitnehmers aus dem Vertrag wird schuldhaft und widerrechtlich verletzt, wenn der Arbeitnehmer streikt, ohne fristgerecht zu kündigen. Die Widerrechtlichkeit wird weder durch Art. 9 GG noch durch einen Verbandsbeschluß ausgeschlossen. Auch ein unter Einhaltung der Kündigungsfrist angekündigter Streik ist widerrechtlich, da das Recht zur Kündigung nicht das Recht zur zeitweiligen Einstellung der Arbeit in sich schließt[58].

[57] Vgl. *Hueck-Nipperdey* I § 53; *Groh,* Koalitionsrecht 23ff.; *Eisner* und *Dersch* bei *Kaskel,* Koalitionen 108ff., 113ff.; *Oertmann,* Arbeitsvertragsrecht 273ff.; RGZ 119/291 (293/294).

[58] Anders die überwiegende Lehre. Vgl. statt anderer *Kaskel* 391; *Oertmann,* Arbeitsvertragsrecht 279; *Matthaei* a.a.O. 146. Diese Lehre nimmt

2. Der Arbeitgeber kann im Falle eines *vertragswidrigen Streiks* des Arbeitnehmers

a) die *Lohnzahlung verweigern* (§§ 614, 320, 323, 325 BGB),

b) den Arbeitnehmer *fristlos entlassen* (§§ 626 BGB, 123 Ziff. 3 GewO, 72 Ziff. 2 HGB) und nach § 628 BGB Schadensersatz verlangen[59],

c) nach §§ 286, 325, 326 BGB *Schadensersatz* von dem streikenden Arbeitnehmer verlangen. Gegen gewerbliche Arbeitnehmer und kaufmännische Angstellte gilt dabei § 124 b GewO.

Die streikenden Arbeitnehmer haften nach den Grundsätzen des Kausalzusammenhanges dann für den Schaden, der durch den Streik entsteht, als Gesamtschuldner, wenn der Schaden durch die Stillegung des Betriebs überhaupt entstanden ist[60]. Das gleiche gilt für jeden einzelnen einer Gruppe von Arbeitnehmern, wenn durch den vertragswidrigen Streik der Gruppe Schaden an einer Werkseinrichtung entstanden ist. Die Möglichkeit konkurrierenden Verschuldens des Arbeitgebers nach § 254 BGB ist dabei zu beachten. Ein solches Verschulden liegt aber nicht in der Ablehnung von Forderungen der Streikenden, die über die vertraglichen Abmachungen hinausgehen.

3. *Schwerbeschädigte*, denen lediglich aus Anlaß eines Streiks fristlos gekündigt ist, sind nach Beendigung des Streiks wieder einzustellen (§ 13 III Schwerbesch.-Gesetz)[61]. In der Ostzone ist allerdings dieses Schwerbeschädigtengesetz durch VO vom 3. 10. 1946 aufgehoben. Die neue VO über die Beschäftigung von Schwerbeschädigten, die auch einen besonderen Kündigungsschutz für Schwerbeschädigte schafft, sieht aber für den Streikfall keinen besonderen Schutz vor, sondern beläßt es bei der fristlosen Kündigung.

---

an, daß eine Vertragswidrigkeit nicht vorliegt, wenn der Streik unter Einhaltung der Kündigungsfrist vorher angezeigt wird, denn da der Arbeitnehmer in der Lage sei, zu diesem Zeitpunkt das Arbeitsverhältnis sogar völlig aufzulösen, könne er auch durch die Streikankündigung ein bloßes Ruhen des Arbeitsverhältdisses als ein weniger herbeiführen. Diese Ansicht ist aber aus dem Gesetz nicht zu begründen, es käme allenfalls Gewohnheitsrecht in Betracht, jedoch fehlt es dafür an einer ausreichenden Grundlage. Wie hier auch das RAG in der bedeutsamen Entscheidung Bensh. Samml. 6, 342 (662/28); ebenso RAG Bensh. Samml. 7, 493 (320/29). In dieser Entscheidung betont das RAG ausdrücklich, daß das Recht der Kündigung nicht das Recht der zeitweiligen Einstellung der Arbeit in sich schließt. Zustimmend auch *Hueck*, ebenda 345. Vgl. auch *Potthoff*, ArbR 1926, 337ff.

[59] Vgl. *Kaskel* 393.

[60] Das folgt nicht aus § 427, auch nicht aus den §§ 834, 840 BGB, die nicht anwendbar sind, sondern aus den Prinzipien des Kausalzusammenhangs. Vgl. *Groh*, Koalitionsrecht 156ff.; *Kaskel* 393; RGZ 47/248; Recht 1909 Nr. 972; *Streckwald*, NZfA 1928, 455; nicht zutreffend *Oertmann*, Arbeitsvertrag 283. Wie hier das RAG, Samml. Verein. 1932, 83 (279/31).

[61] Vgl. RAG Bensh. Samml. 13, 591 (187/31).

4. Zu den Arbeitsverträgen, die durch einen Streik ohne Kündigung verletzt werden, zählt auch der *Lehrvertrag*. Wenn auch der Lehrling in einem besonderen Treueverhältnis zu seinem Arbeitgeber und Ausbilder steht, kann doch für die Frage des Streiks nichts anderes gelten als für jeden anderen Arbeitsvertrag[62], da es sich um ein arbeitsrechtliches Verhältnis handelt und dieses ebenso wie alle anderen vom kollektiven Arbeitsrecht erfaßt wird.

5. Was die Leistung von sog. *Streikarbeit* betrifft, so ist zu unterscheiden[63].

a) Bei Arbeiten, die der Arbeitnehmer auch sonst vornimmt, ist die Tatsache, daß andere Arbeitnehmer des betreffenden Betriebes oder Gewerbes streiken, kein Grund zur Verweigerung der Arbeit. Das wäre eine unmittelbare Unterstützung der Streikenden auf Kosten des Arbeitgebers unter Bruch des Arbeitsvertrages. Will der Arbeitnehmer diese Unterstützung, so muß er am Streik teilnehmen und auch die nachteiligen Folgen des Streiks tragen.

b) Handelt es sich aber um direkte Streikarbeit, wird aber von einem Arbeiter während des Streikes gefordert, daß er die von den Streikenden bisher erledigte Arbeit übernehmen soll, so ist er dazu nicht verpflichtet. Sie wäre eine Schädigung der Streikenden und ein nicht zumutbarer Verstoß gegen den Solidaritätsgedanken, der nur dann zurücktreten müßte, wenn eine ausdrückliche Vereinbarung vorliegt oder wenn überwiegende Interessen der Allgemeinheit oder die Gefahr der Vernichtung oder unverhältnismäßigen Schädigung des Betriebes es gebieten.

c) Dagegen ist die Verweigerung der sog. „indirekten Streikarbeit", d. h. der Fortsetzung der bisher geleisteten Arbeit, zu der nur die Vorarbeiten von andern als den bisherigen, zur Zeit in Streik befindlichen Arbeitnehmern geleistet wurden, eine Verletzung der Vertragspflicht und nicht gestattet.

6. Bei *Teilstreik* besteht ein Lohnanspruch der Arbeitswilligen nicht[64]; wenn den Arbeitgeber kein Verschulden an dem Teilstreik trifft und durch den Teilstreik die Beschäftigung der Arbeitswilligen unmöglich oder nicht zumutbar ist.

---

[62] Wie hier BB 1948, 572; *Sitzler* a. a. O.; a. A. *Wollenberg*, BB 1949, 100. Er will das Streikrecht für Lehrlinge als widersinnig ablehnen, da diese ihre wirtschaftliche Stellung nicht verbessern könnten. Dies ist aber nur bedingt richtig, außerdem ist die Verbesserung der wirtschaftlichen Lage nur ein Hauptgrund für Streiks, andere Gründe sind möglich. Daß die Lehrvertragspflicht einer Verbandspflicht vorgeht, bedeutet nichts für den Ausschluß jeder Streikmöglichkeit.

[63] Vgl. *Hueck-Nipperdey*, Lehrbuch I § 31 III.

[64] Vgl. *Hueck-Nipperdey* I § 42, 7.

§ 8. Der amtswidrige Streik[65]

1. Eine *Einschränkung der Streikfreiheit* ergibt sich für die *öffentlichen Beamten.* Die Beamten stehen zum Staate in einem besonderen öffentlichrechtlichen Treueverhältnis. Mit diesem Treueverhältnis ist aber eine Streikfreiheit der Beamten nicht vereinbar. Dieser allgemein gültige Grundsatz wird in den Ländern, die ein besonderes Streikrecht gewähren, noch besonders dadurch hervorgehoben, daß dieses Streikrecht für die Beamten ausdrücklich ausgeschlossen wird, da es sich mit ihren besonderen Aufgaben nicht vereinbaren läßt. Für Württemberg-Baden ergibt sich das aus § 23 IV der Verfassung, für Hessen aus Art. 135, für Baden aus Art. 38 II 3, in Bayern aus Art. 22 II des Bayr. Beamtengesetzes vom 28. 10. 1946.

2. Ein Beamter, der streikt, kann daher im Disziplinarverfahren bestraft werden.

Unter Umständen kann der Beamte durch einen Streik auch eine ihm Dritten gegenüber obliegende Amtspflicht verletzen, so daß eine Ersatzpflicht nach § 839 oder §§ 89, 31 BGB eintritt.

3. Etwas anderes muß nur für den reinen Demonstrationsstreik gelten, da dieser als solcher keinen Arbeitskampf darstellt und die besonderen Verbote für Beamte nicht Platz greifen können. Außerdem besteht in der Ostzone kein Beamtentum mehr, so daß dort diese Einschränkung der Streikfreiheit wegfällt.

§ 9. Der Streik als unerlaubte Handlung

1. Eine unerlaubte Handlung nach § 823 I BGB liegt nur dann vor, wenn ein subjektives Recht oder eines der dort genannten Güter schuldhaft und widerrechtlich verletzt wird. Während bei einer einzelnen im Verlauf des Streiks vorgenommenen Kampfhandlung eine Verletzung des Eigentums, der Freiheit oder des Körpers liegen kann, verstößt der *Streik als solcher nicht* gegen § 823 I BGB.

---

[65] Vgl. *Brand,* Beamtenrecht (3. Aufl.) 543ff.; *Holbeck,* Das Streikrecht der Beamten in Preußen: DJZ 1919, 396; *Kulemann,* Das Streikrecht der Eisenbahner: DJZ 1919, 663; *Sinzheimer,* JW 1921, 306; *Gauß,* JW 1921, 521f; *Groh,* ArchÖffR nF. 5, 369; *Hüfner,* Streikrecht und Koalitionsrecht der Beamten: LZ 1919, 843; *Damme,* Beamtenstreik und Reichsverfassung: DJZ 1919, 785; 1920, 903; Recht 1921, 66; *Lohmeier,* PreußVerwBl 41, 87; *Allekotte,* Die Beamten und das Streikrecht (1920) 20ff.; *August Müller,* Staatsbeamtenfragen in der deutschen Republik: Recht und Wirtschaft 1920, 29ff.; *Wolfstieg,* Beamtenrecht 86ff.; nicht zutreffend *Scheibig,* Preuß VerwBl 41, 168; *Bendix,* Das Streikrecht der Beamten (1922); richtig *Ver-vier,* Meinungsäußerungsfreiheit und Beamtenrecht: ArchÖffR 1923, 1—27; *Berg,* Streikrecht der Beamten: BlfSteuerRSVuArbR 1949, 143; *Dittmar,* BB 1948, 516.

Eine Freiheitsverletzung liegt beim Streik deshalb nicht vor, weil nach richtiger Ansicht[66] unter Freiheit nur die persönliche Freiheit der Bewegung, nicht aber die Willensfreiheit oder gar die wirtschaftliche Freiheit zu verstehen ist. Außerdem fehlt es an dem Erfordernis der Widerrechtlichkeit, wenn eigene Interessen im Widerstreit mit dem Willen des anderen und mit dem vorausgesehenen Erfolg, daß dadurch das Gebiet der freien wirtschaftlichen Betätigung des anderen eingeschränkt wird, verfolgt werden.

Ebenso liegt keine widerrechtliche Verletzung des sog. „Rechts am eingerichteten und ausgeübten Gewerbebetriebe" vor, wenn man wie das Reichsgericht[67] ein solches Recht überhaupt anerkennen will[68].

Daß weder ein Tarifbruch noch die Aufforderung zum Bruch des Arbeitsvertrags unter § 823 BGB fällt, ergibt sich daraus, daß das Forderungsrecht kein sonstiges Recht im Sinne des § 823 I BGB ist.

2. Einzelne Kampfhandlungen können auch gegen ein *Schutzgesetz* verstoßen (z. B. §§ 185ff., 240, 123, 253 StGB, auch Art. 9 GG) und verpflichten dann gemäß § 823 II BGB zum Schadensersatz. Schutzgesetze, die als Sonderstrafgesetze für Arbeitskämpfe den Streik als solchen verbieten und deren Verletzung eine Schadensersatzpflicht nach § 823 II BGB nach sich ziehen könnte, bestehen nicht mehr. So sind insbesondere die Sonderstrafbestimmungen nach der Verordnung vom 10. 11. 1920 betreffs Stillegung von Betrieben, welche die Bevölkerung mit Gas, Wasser, Elektrizität versorgen, nicht mehr in Kraft, da diese Verordnung durch § 65 Ziff. 11 des AOG außer Kraft gesetzt wurde und nun richtiger Ansicht nach ebenso wie das alte Betriebsrätsgesetz durch Außerkraftsetzung des AOG nicht wieder in Kraft gesetzt worden sind.

3. Grundsätzlich ist weder der Streik noch die einzelne Streikhandlung als solche sittenwidrig. Es liegt in der Natur der Sache, daß Maßregeln

---

[66] Vgl. *Oertmann*, Schuldverhältnisse (5. Aufl.) § 823 2d; *Planck* (4. Aufl.) § 823 II 1d; RGRK § 823,7; *Warneyer* § 823 II; *v. Bröker*, Schadensersatzansprüche aus dem Lohnkampf 21ff.; RGZ 48/123; 58/28; JW 1908, 679; RGZ 97/343.

[67] Vgl. u. a. RGZ 58/29; 64/55; 73/112; 76/46; 94/249; 100/214; 102/225; 109/276; 117/412; 119/438; 126/93; 135/40; JR 1928 Nr. 829.

[68] Gegen das Recht am eingerichteten und ausgeübten Gewerbebetrieb *Nipperdey* in *Hueck-Nipperdey*, Lehrbuch II 664ff.; Die Frage des Schutzes des Unternehmens nach § 823 I BGB: Beiträge zum Wirtschaftsrecht (E. Heymannfestschrift) 1931 II 445ff.; vgl. auch *Planck* § 823 IIf.; *v. Tuhr*, Allg. Teil I 155f.; *Lehmann-Hoeniger*, *Handelsrecht* 133/134; *Rosin*, 29. DJT V 195ff., 777ff.; *Lehmann*, Grundlinien des Industrierechts 26ff.; *Nipperdey*, Wettbewerb und Existenzvernichtung (1930); *Oertmann*, Arbeitsvertragsrecht 299; *Sinzheimer*, Grundzüge 292. Da nicht jede Konkurrenzhandlung und Störung unter § 823 I BGB fallen kann, muß hier der Begriff der Widerrechtlichkeit ein anderer sein, das bedeutet aber eine Verweisung auf den Maßstab der guten Sitten; vgl. auch OLG Hamm JW 1925, 1886; *Oertmann*, DJZ 1903, 327.

im Kampf um Arbeitslohn und Arbeitsbedingungen, die darauf berechnet sind, den Widerstand des Gegners zu überwinden und deshalb einen wirtschaftlichen Druck auf ihn ausüben, mit Schädigungen des Gegners verbunden sind. Sie können nicht schlechthin als gegen die guten Sitten verstoßend angesehen werden, weil damit der ganze Streik unmöglich gemacht würde. Es müssen vielmehr besondere Begleitumstände vorliegen, die die Anwendung von § 826 BGB rechtfertigen.

Ein *Verstoß gegen die guten Sitten* liegt deshalb nur dann vor, wenn entweder das Ziel oder das Mittel dem Anstandsgefühl aller in den Kreisen des Arbeitslebens billig und gerecht Denkenden widerstreitet oder zwischen Mittel und Zweck ein unerträgliches Mißverhältnis besteht[69].

a) Dabei sind die *Ziele* nicht schon deshalb sittenwidrig, weil sie übertrieben erscheinen. So ist es niemals Aufgabe der Gerichte, die rein wirtschaftliche Frage zu untersuchen, ob etwa die Arbeitgeber eine geforderte Lohnerhöhung zu bewilligen in der Lage sind oder ein wirtschaftliches Kampfziel berechtigt erscheint[70]. Auch ideelle Ziele (wie bei Sympathiestreik[71], politischem Streik, Weigerung mit Streikbrechern zusammenzuarbeiten[72], Verweigerung von Streikbrecherarbeit[73]) sind in der Regel nicht zu beanstanden. Dagegen können Streiks, die Rache oder Maßregelung eines politischen oder gewerkschaftlichen Gegners bezwecken, unsittlich sein.

b) Das *Kampfmittel* ist nicht deshalb unsittlich, weil dadurch der Gegner mehr oder weniger schwer wirtschaftlich geschädigt wird[74]. Ein unsittliches Mittel ist auch nicht der Streik unter Bruch des Arbeitsvertrags oder unter Tarifbruch oder die Aufforderung dazu[75]. Als Mittel, die als solche unsittlich sein können, kommen in Betracht: Wahrheitswidrige, entstellende, aufhetzende Darstellungen, durch die zum Streik aufgefordert wird oder während des Kampfes werden[76], Gewaltandrohung

[69] So die ständige Rechtsprechung des RG, RGZ 104/330; 113/38; 119/291; 132/249; JW 1929, 580; JW 1930,410; RG Bensh. Samml. 1, 100 (18/27); 2, 217 (98/27); 4, 217 (296/27); 5, 253 (328/28); 6, 427 (550/28); 7, 404 (246/29); 10, 100 (18/30); früher RGZ 51/370; 54/255; 57/427; 64/52; 71/112; 76/35; JW 1908, 38; JW 1911, 43. Vgl. auch Rechtspr. des RG zum ArbR. I 212ff.; II 107ff., 244ff.

[70] Vgl. auch RGZ 64/61; JW 1913, 146 und bes. RGZ 106/127; Bensh. Samml. 7, 567.

[71] RGZ 132/249; RAG Bensh. Samml. 10, 100 (18/30).

[72] RAG Bensh. Samml. 10 (18/30) 100.

[73] Vgl. dazu *Oertmann*, AllgÖsterrGerZt 61, 119.

[74] RGZ 119/291.

[75] Vgl. auch RGZ 103/421; 119/294, 295; 132/249; Bensh. Samml. 7, 575; 8, 544; RAG Bensh. Samml. 5, 195 (231/28).

[76] Vgl. JW 1912, 749; RGZ 76/40; 105/6; 119/291; RAG Bensh. Samml. 2/226 (96/27); *Sinzheimer*, Grundzüge 290. Ob und inwieweit Kausalzusammenhang gegeben ist, muß immer genau geprüft werden.

und Gewaltdrohung, zu scharfe Mittel, wenn mildere möglich sind, Sabotageakte, Kampfhandlungen, die den wirtschaftlichen Ruin des Gegners herbeiführen[77]. Zu beachten ist, daß an sich bedenkliche Mittel u. U. dann milder zu beurteilen sind, wenn sie in der Abwehr gegen einen (nicht notwendig rechtswidrigen) Angriff verwendet werden[78].

Auch das Mittel des *Streikpostenstehens* und *Streikpostenaufstellens* ist keine unerlaubte Handlung, solange sich die Posten darauf beschränken, durch gutes Zureden die Arbeitswilligen abzuweisen. Wenn sie Gewalt oder Drohung anwenden, kann ein unter § 823 I oder II BGB fallendes Delikt gegenüber dem Arbeitswilligen vorliegen. Diese Mittel, die dem Arbeitnehmer gegenüber rechtswidrig und strafbar sind, machen aber den Eingriff dem Arbeitgeber gegenüber nicht rechtswidrig, sondern nur unter besonderen Umständen unsittlich wegen Verwerflichkeit des Mittels[79], so daß dann ein Fall des § 826 BGB vorliegen könnte.

c) Die Unsittlichkeit kann sich auch daraus ergeben, daß der zulässige Streik dem Gegner einen Nachteil zufügt, der nicht mehr in einem erträglichen Verhältnis zum erstrebten Vorteil steht[80]. Das gilt namentlich, wenn die Existenz des bekämpften Gegners vernichtet werden kann. Doch ist hier sehr vorsichtig zu prüfen, keinesfalls kann ein solches Mißverhältnis schon deshalb angenommen werden, weil eine an sich geringfügige Forderung mit grobem Geschütz durchgesetzt werden soll[81].

§ 10. Die Haftung aus unerlaubtem Streik

1. Begeht der *rechtsfähige Berufsverein* selbst durch sein höchstes willensbildendes Organ eine Kampfhandlung, die sich als unerlaubte Handlung darstellt, so haftet er nach §§ 823ff. BGB. Hat der Vorstand, ein Mitglied des Vorstands oder ein verfassungsmäßig berufener Vertreter durch eine in Ausführung der ihm zustehenden Verrichtungen begangene Handlung einem Dritten Schaden zugefügt, haftet der rechtsfähige Verein ohne Entlastungsmöglichkeit (§ 31 BGB). Hierhin zählen bei entspre-

---

[77] Vgl. die auch für den Streik gültigen Grundsätze in RGZ 51/369; 57/419; 104/327; RG in JW 1930, 580; RAG, Bensh. Samml. 1, 100 (18/27); 2, 217 (98/27); 5, 253 (328/28); 6, 427 (550/28); 7, 404 (246/29); 10, 100 (18/30); 11, 111 (233/30).

[78] Vgl. u. a. RGZ 57/418; 68/155; 92/103; 93/302; JW 1927, 113; Kart Rundsch 1924, 168; RAG Bensh. Samml. 7, 404 (246/29).

[79] Richtig RGZ 113/37, 38, es muß geprüft werden, wem gegenüber die Sittenwidrigkeit vorliegt.

[80] Vgl. RGZ 93/304; 104/330; JW 1926, 1983; Rechtsprechung des RG zum ArbR. 2, 142; RAG Bensh. Samml. 1, 100 (18/27).

[81] Die Rechtsprechung neigt allerdings dazu, in der Hauptsache für den analogen Fall des Boykotts, zunächst die Anwendung milderer Mittel zu verlangen. Vgl. RG JW 1930, 410; JW 1929, 580; RAG Bensh. Samml. 2, 217/(98/27); 5, 253 (328/28); vgl. aber auch 8, 106 (356/29).

chender Satzungsvorschrift auch der Vorstand der Unterorganisationen[82] und die Streikleitung, letztere aber natürlich nicht bei wildem Streik.

Für unerlaubte Handlungen anderer Personen, die von seinen Organen oder satzungsgemäß berufenen Vertretern zu einer Verrichtung rechtlicher oder tatsächlicher Natur bestellt sind[83], haftet der Verein nach § 831 BGB mit der Möglichkeit des Entlastungsbeweises.

Darüber hinaus trifft den Verein eine allgemeine Aufsichtspflicht; danach ist eine Unterlassung dann widerrechtlich und bei Verstößen der Handelnden gegen die guten Sitten auch unsittlich, wenn eine nach der Verkehrsanschauung anzunehmende allgemeine, fortlaufende Überwachungspflicht verletzt ist. Hier trifft den Geschädigten die Beweislast der Verletzung der Aufsichtspflicht und der Geschäftsherr haftet dann unmittelbar aus §§ 823, 826 BGB.

2. Auch der *nicht rechtsfähige Verein* (dieser Fall ist beim Streik allein wichtig, da die Gewerkschaften nicht rechtsfähig sind) haftet als Gesamtheit der Mitglieder für eigene, mit Mehrheit vom obersten Willensorgan beschlossene unerlaubte Handlungen zum mindesten nach § 830 II BGB. Eine besondere Haftung für verfassungsmäßige Organe besteht nach herrschender und richtiger Ansicht dagegen nicht[84]. Der nicht rechtsfähige Verein haftet daher nur nach § 831 BGB, gleichgültig, ob es sich um verfassungsmäßig berufene Vertreter oder um bloße Angestellte handelt. Als Entlastungsbeweis genügt dann der Nachweis, daß die Mehrheit der Mitglieder- oder Delegiertenversammlung bei der Auswahl sorgfältig verfahren ist. Eine Überwachungspflicht trifft das willensbildende Organ im allgemeinen nicht.

Der Nachweis der sorgfältigen Auswahl genügt auch, wenn Unterverbände, Streikleitung oder etwa Streikposten eine unerlaubte Handlung begangen haben, wenn nur eine genügende Organisation vorhanden ist. Denn auch den nicht rechtsfähigen Verein trifft eine allgemeine Aufsichtspflicht dahingehend, daß er Organisationsmaßnahmen treffen muß, um das Verhalten seiner Organe und Verrichtungsgehilfen zu überwachen[85], andernfalls er aus §§ 823, 826 BGB haftet.

Diese Haftung aus §§ 831 oder 823, 826 BGB ergibt sich endlich immer, wenn der Berufsverein den Streik und die Art seiner Durchführung vorher oder nachträglich genehmigt hat[86].

[82] Vgl. die wichtige Entscheidung RGZ 91/1.

[83] Vgl. RGZ 91/364; 92/345.

[84] Vgl. *Gierke*, Vereine ohne Rechtsfähigkeit 19; *v. Tuhr*, Allg. Teil I 583; *Matthaei* a. a. O., 167; *Enneccerus-Nipperdey* I 1 § 109 II 4; *Lehmann*, Allg. Teil 302; RGRK § 31 4; *Riezler* bei *Staudinger* I § 331, 12 und das RG: RGZ 91/75; JW 1913, 737; 1924, 1155; 1927, 2817.

[85] Vgl. das RG in JW 1913, 737 und bes. RG NZfA 1926, 703 = Rechtspr. d. RG 2, 115ff.

[86] Übertrieben *Weigert* bei *Kaskel*, Koalitionen 197. Vgl. auch RG NZfA 1926, 703; *Stoll*, Festschrift für das RG II 64f.

3. Als Rechtsfolge ergibt sich auch hier die *Schadensersatzpflicht.* Weiter ist die *vorbeugende Unterlassungsklage*[87] gegeben, wenn auch nur eine objektiv unerlaubte Handlung erfolgt ist und weitere Eingriffe drohen. Dabei besteht auch die Möglichkeit einer einstweiligen Verfügung, die drohende oder weitere unerlaubte Handlungen verbietet[88].

Den Anspruch hat jeder durch die unerlaubte Handlung unmittelbar Geschädigte. Zu ersetzen ist der volle Schaden, wobei die Frage des Kausalzusammenhangs genau zu prüfen ist. Als Haftungsobjekt kommt bei rechtsfähigen Vereinen nur das Vereinsvermögen in Betracht, während beim nichtrechtsfähigen Verein außer dem Vereinsvermögen jedes einzelne Mitglied des Berufsvereins als Gesamtschuldner nach § 840 I BGB haftet, da eine Beschränkung der Haftung anders als bei Verträgen bei einer Haftung ex lege nicht möglich ist.

§ 11. Streik und deutsche Länderverfassungen

1. Die vorstehenden Ausführungen gelten uneingeschränkt für die Länder Deutschlands, in denen *noch keine eigenen Länderverfassungen* bestehen (Niedersachsen, Nordrhein-Westfalen, Schleswig-Holstein, Hamburg) oder keine vom Bonner Grundgesetz abweichende Sonderbestimmungen über das Streikrecht in die Verfassungen aufgenommen sind (Bayern, Berlin).

2. In den übrigen Länderverfassungen ist aber ein *besonderes Streikrecht* festgelegt. Zwar geht Bundesrecht in jeder Form dem Landesrecht, auch den Landesverfassungen vor (Art. 31 GG). Aber Art. 142 GG bestimmt, daß ungeachtet dieser Vorschrift des Art. 31 die dem Grundgesetz nicht widersprechenden, sondern es ergänzenden Grundrechtsbestimmungen der Länder in Kraft bleiben[89].

Baden (Art. 38 II), Rheinland-Pfalz (Art. 66 II) und Württemberg-Baden (Art. 23 III) erkennen ein *Streikrecht der Gewerkschaften* im *Rahmen der Gesetze* an. Hierbei handelt es sich um einen Rechtsgrundsatz, der auf das oben ausgeführte keinen Einfluß hat, da eben die Gesetze, die hier erörtert wurden, maßgebend sind[90]. Immerhin ist zu

---

[87] RGZ 48/114; 60/6; 61/366; 116/155; RG Bensh. Samml. 9, 179; JW 1930, 410 mit zahlreichen weiteren Entscheidungen.

[88] Vgl. zusammenfassend *Ortmann,* Einstweilige Verfügungen im Arbeitskampfrecht (Diss. 1930); weiter *Meister,* NZfA 1928, 431; OLG Frankfurt a. M., NZfA 1922, 454; OLG Dresden, JW 1921, 762; OLG Stuttgart SchliW 1923, 77.

[89] Vgl. auch *Sitzler,* Blattei-Handbuch, D-Blatt ArbR. Arbeitskampf II, Der Streik.

[90] Vgl. für Württ.-Baden auch *Nebinger,* Komm. zur Verfassung von Württ.-Baden (1948) 61, der aber m. E. zu Unrecht annimmt, daß in diesem Lande nicht durch ein einfaches Landesgesetz in das Streikrecht eingegriffen werden könne.

beachten, daß in Baden und Württemberg-Baden das Streikrecht einschränkende und hemmende Abreden und Maßnahmen nichtig sind (s. auch unten 3).

3. Anders liegt es aber in den Ländern, die ein *Streikrecht als echtes Grundrecht* proklamieren. So erkennt *Bremen* in Art. 51 III das Streikrecht der wirtschaftlichen Vereinigungen an, *Hessen* in Art. 29 IV das Streikrecht, wenn die Gewerkschaften den Streik erklären. Wenn die Verfassungsbestimmungen dieser beiden Länder auch nur von „Anerkennung", nicht „Gewährleistung" des Streikrechts sprechen, ergibt sich doch aus der Form dieser Anerkennung ohne jeden Gesetzesvorbehalt, weiter aber auch aus dem Gebrauch des Wortes Streikrecht, daß es sich um einen aktuellen Rechtssatz handelt, der ein subjektives, öffentliches Recht gewährt. Dieses subjektive Recht auf den Streik ist aber in Bremen und Hessen nur gegeben, wenn die Gewerkschaften den Streik erklären. Dabei kann dieses Streikrecht auch nicht auf den rein wirtschaftlichen Streik beschränkt werden[91], sondern muß zunächst auch für den politischen und ideellen Streik gelten, da sich weder aus der Stellung der Verfassungsbestimmungen in der Verfassung noch aus dem Wortlaut der Bestimmungen eine solche Einschränkung herleiten läßt. Anders ist die Rechtslage allerdings, wenn mit einem politischen Streik ein Ziel verfolgt werden soll, das der Verfassung selbst zuwiderläuft.

Die Anerkennung dieses Streikrechts schafft ein echtes Grundrecht, das Gesetzgebung, Verwaltung und Rechtsprechung des Landes bindet, so daß es nur durch eine Änderung der Verfassung beseitigt oder beeinträchtigt werden kann, nicht aber durch ein einfaches Gesetz des *Landes*, selbst nicht im Falle eines Notstandes[92]. Darüber hinaus bindet aber diese Gewährleistung des Streikrechts auch die *einzelnen Rechtsgenossen.*

Das Streikrecht bedeutet in diesen beiden Ländern als verliehenes Recht einen echten Rechtfertigungsgrund[93]. Das bedeutet z. B., daß ein Arbeiter, der etwa in Hessen einem von den Gewerkschaften ausgegebenen Streikbeschluß nachkommt, nicht seine Pflichten aus dem Arbeitsvertrag widerrechtlich verletzt. Er hat nicht die Arbeit „unbefugt" verlassen im Sinne des § 123 Ziff. 3 GewO. Der Arbeitgeber kann dann zwar die Lohnzahlung verweigern, aber den Arbeitnehmer

---

[91] So *Dittmar*, BB 1948, 516; *Nebinger*, Komm. zur Verfassung Württ.-Baden 61; vgl. auch *Sitzler*, Blattei-Handbuch D-Blatt ArbR. Arbeitskampf I und II.

[92] Anders aber bei Bundesgesetzen, s. oben § 2 unter 2.

[93] So auch *Schnorr v. Carolsfeld*, Arbeitsrecht (1948) 102; A. A. *Dittmar*, BB 1948, 515, der in Art. 29 IV der hessischen Verfassung lediglich einen Verzicht des Staates auf Eingriff in den Streik, nicht aber ein subjektives Recht sehen will; A. A. auch *Nebinger*, Verf. v. Württ.-Baden 61; *Sitzler*, Blattei-Handbuch a. a. O. Vgl. zu dem Problem der Bedeutung der Grundrechte für das Privatrecht überhaupt *Nipperdey*, RdA 1950, Heft 4.

nicht fristlos aus wichtigem Grund entlassen. Selbstverständlich schließt die Gewährleistung des Streikrechts in diesen Ländern die Bindung der Gewerkschaften durch die tarifliche Friedenspflicht nicht aus (Bremen Art. 50 II, Hessen Art. 29 II, Württ.-Hohenzollern Art. 95 II).

4. Eine besondere Lage besteht nach der Verfassung des Landes *Württemberg-Hohenzollern* Art. 97. Hier ist das Streikrecht als Recht der Arbeitnehmer auf gemeinsame, geregelte Einstellung der Arbeit zur Verbesserung ihrer wirtschaftlichen Lage ohne Gesetzesvorbehalt anerkannt. Aus den Worten „geregelte Einstellung der Arbeit" ist zu schließen, daß nur der von den Gewerkschaften beschlossene Streik (wie in Hessen und Bremen) gemeint ist. Wichtig ist aber dort noch besonders Abs. II des Art. 97. Danach entscheidet die Gewerkschaftsleitung über den Umfang des Streiks und ist verpflichtet, die Wirkung des Streiks auf das Gemeinwohl zu erwägen und den Streik nur nach Scheitern von Verständigungsversuchen zu beschließen. Darin ist ein Schutzgesetz im Sinne des § 823 II BGB zu sehen, dessen Verletzung zu Schadenersatz verpflichtet.

§ 12. Das Streikrecht in den Verfassungsbestimmungen der Deutschen Demokratischen Republik (Ostzone)

1. Die durch Gesetz der provisorischen Volkskammer für die bisherige Ostzone in Kraft gesetzte Verfassung der Deutschen Demokratischen Republik gewährt in Art. 14 die Freiheit der Vereinigung zur Förderung der Lohn- und Arbeitsbedingungen und erklärt entgegenstehende Maßnahmen für rechtswidrig und verboten. Diese Bestimmung hat die gleiche Bedeutung wie Art. 9 des Bonner Grundgesetzes.

Jedoch lautet der Absatz II des Art. 14: Das *Streikrecht* der *Gewerkschaften* ist gewährleistet. Damit wird im gesamten Oststaat wie in Hessen und Bremen ein subjektives öffentliches Recht auf den Streik gegeben, wenn die Gewerkschaften den Streik erklären. Das ergibt sich hier wieder besonders aus der Fassung „ist gewährleistet", auch aus der Bestimmung des Art. 144, nach der die Bestimmungen der Verfassung unmittelbar geltendes Recht sind, und aus dem Fehlen jeglichen Gesetzesvorbehalts. Dem steht auch nicht entgegen, daß im Absatz II des Art. 14 nicht nochmals ausdrücklich entgegenstehende Maßnahmen für unzulässig oder verboten erklärt wurden, da sich besonders aus Art. 144 ergibt, daß es sich um einen aktuellen Rechtssatz handelt.

2. Die Länder des Oststaates müssen nach Art. 109 der Verfassung der Deutschen Demokratischen Republik eine mit den Grundsätzen dieser Verfassung übereinstimmende eigene Verfassung haben. Das ist bezüglich des Streikrechts in Mecklenburg (Art. 14 II), Sachsen (Art. 15 II) und Sachsen-Anhalt (Art. 16 II) der Fall, die zudem noch das Streikrecht einschränkende und behindernde Maßnahmen für rechtswidrig und

verboten bzw. unzulässig erklären. In Thüringen, das in seiner Verfassung keine besonderen Vorschriften über das Streikrecht kennt, und in Brandenburg, das in Art. 6 der Verfassung ein Streikrecht nur im Rahmen der Gesetze anerkennt, müssen die Vorschriften der Verfassung der Deutschen Demokratischen Republik Art. 14 gelten, da nach Art. 114 dieser Verfassung das „gesamtdeutsche Recht dem Recht der Länder vorgeht".

In den Verfassungsbestimmungen der Länder Mecklenburg, Sachsen und Sachsen-Anhalt ist jedoch auch keine Einschränkung der Streikfreiheit dahingehend enthalten, daß nur ein Streikrecht gewährleistet wird, wenn die Gewerkschaften den Streik erklären. Daraus ergibt sich, daß in diesen Ländern jedem einzelnen ein subjektives Streikrecht zusteht. Diese Bestimmungen stehen auch mit den Grundsätzen der Oststaatverfassung in Einklang und sind deshalb auch weiter gültig, auch wenn sie über Art. 14 II hinausgehen. Praktisch haben allerdings diese Bestimmungen in dem Oststaat alle keine Bedeutung, da dort durch die Art des Zustandekommens eines Tarifvertrags und die allgemeine Lenkung der Wirtschaft Kampfmaßnahmen nicht in Frage kommen.

FSC
www.fsc.org
MIX
Papier | Fördert
gute Waldnutzung
FSC® C083411

Kolibri 360 GmbH
Ferdinand-Jühlke-Straße 7
99095 Erfurt, Deutschland
produktsicherheit@kolibri360.de